西洋史

大事長編 三版

李功勤◎主編　陳逸雯、邵祖威、沈超群◎著

History of the Western World: A Handbook

推薦序

　　李功勤教授告訴我要編一本西洋史大事年表，我認為要編則應該編得有特色，否則坊間現有的出版即已充足，再編不過僅如「雞肋」——食之無味、棄之可惜，徒然浪費烹調時間。

　　如今其書完成，邀余先閱一遍，並給予意見。讀後我提了一些體例與方法上的問題，請其斟酌；但對全稿則覺得饒有新意，值得推薦。

　　所謂新意，最大者就是此大事年表的寫法：結合了簡扼的編年長編以及紀事本末的方式。也就是自上古至2015年逐年編列大事，而所編的大事則是以事件為主，簡扼的撮要敘之，使始終本末一併呈現說明。這種方式的編法，與傳統大事年表割裂事件而繫年的編法，大不相同。

　　這種編法最大的優點是：一、全書讀來頗有讀西洋大事通史的效果；二、每一事件讀來又有幫忙讀者整理大事撮要，提示該事件始終本末的效果。對於研習西洋通史以及斷代史的人有很大的助益，對於應考西洋史而做溫習準備的人，則其工具效應尤大。

　　至於其他優點，如編排條理、文字順暢，附有英文名詞以供對照參考等等，讀者閱後即能有所體會，不必序者贅言。總之，上述是我讀後的深刻印象，的確與我用過的諸多中、外大事年表不同，因此在審閱之餘，樂意應邀，為之撰序。是為序。

雷家驥

2015年8月20日
於國立中正大學研究室

三版序

西洋史對一般讀者最大困惑在於：文化多元、列國並存、宗教與文化各異，造成時間與空間混淆的困境。新版內容除了增加各篇導論和相關史事之外，其最大特色就是在附錄中，增列歐洲歷史分期表、歷代教宗簡表、人文藝術領域的百大名家、世界知名的20所人文藝術博物館，同時，為了因應全球化時代來臨，也增加重要的國際組織與會議簡介，使本書不但藉由編年與紀事本末兩種體例，使讀者迅速掌握重大史事的發展之外，再經由附錄整理，使本書更融合小事典的功能。由於本書功能完善，將是目前坊間研讀西方史事者必備的工具書。

新版由本人負責編審，其餘新增部分別由陳逸雯、邵祖威及沈超群三位年輕學者共同撰稿，並由逸雯總其成。團隊成員最大特色在於大學和研究所階段，均在名師如：高亞偉、張元、廖伯源、雷家驥、何宛倩以及具深厚神學素養的王任光神父、柯立德神父（Rev. Claude William Pollak）、戚世皓修女等人調教之下，具備深厚的史學方法和西洋歷史基礎。尤其在編撰「歷代教宗簡表」，是頗為艱難的工作，其中最重要的一段教會歷史就是從羅馬帝國發動「教難」（Period of Persecution），再經歷立為「國教」階段，到中古時期嚴重的「政教衝突」。這段錯綜複雜的史事全靠王任光神父的遺著《中古歐洲史上之政教關係》，幫助我們得以釐清全貌。此外，定期閱讀並整理相關史事也是工作團隊繁重但仍持之以恆的任務。

而本書得以出版，除了感謝諸多學界恩師的指導教誨之外，更得力於幼獅圖書公司總編輯劉淑華女士的大力支持，她對於閱讀好書的信念，經常超越營利成本的市場考量，是我們推動博雅教育最大支持者。此外，朱燕翔編輯秉承以往一貫嚴謹和負責態度，督導每個進度及檢核所有內容，實功不可沒。最後，由於豐富史料及附錄的功能性，將使本書成為研究西洋歷史文化的最佳典範。

李功勤　2015年9月1日

序　言

　　在大學講授相關西洋史課程十幾年，深感一般學生在西洋史領域的基礎非常薄弱，因此在修習以單元為專題的西洋史講學，甚或經典名著選讀等課程，皆因西洋史背景及發展脈絡支離破碎，而無法掌握其歷史變遷及其事件背後的文化推力。尤其在西羅馬帝國滅亡後（西元476年），歐洲呈現列國並存及多元文化的發展，與中國以黃河流域為文明核心的朝代興衰遞嬗有很大區別，主要在於中國歷朝典章制度與儒家為主流的思想文化是互為關聯且一脈相承，因此余英時教授批評中國歷史與西方相較，缺乏里程碑式變化。由於許多年輕學子無法掌握西洋史概況，坊間又缺乏一本能解決此學習困境的工具書，因此，促成了我們編纂這本《西洋史大事長編》的動機。

　　本書採用編年體，使讀者對於歷史事件的發展與脈絡容易掌握；另外兼採紀事本末體，也可兼具西洋通史在敘述上的完整性。坊間目前出版的大事年表失之簡略；而世界或西洋通史又篇幅繁浩，本書在敘述及編採上都彌補這些缺失，讓讀者能迅速掌握西洋史的精要性，正是本書的功效與特色。

　　本書在體例上有三大特色：

　　第一，採用編年長編及紀事本末混合體，對每個時代的重要事件及人物功績，作一簡要記載，且兼顧時代發展的連續性。

　　第二，本書範圍主要以歐洲史為軸心，但在上古史方面則包括近東與埃及地區等西方文明源頭的發展；另在近代與現代史方面，由於地理大發現與帝國主義引發的海外拓殖，使得全球化（Globalization）時代來臨，尤其在現代史方面增加國際現勢史事，對讀者在認識今日互為依存的國際社會上，必定助益良多。

　　第三，本書主題集中在政治、軍事、基督教、社會發展等四大領

域，至於文學或藝術等方面，只能擇要記載；而在英譯部分，採取國人慣用之譯名，以求統一。

《西洋史大事長編》共分五篇，約13萬字。第一篇〈文明曙光〉，時間從西元前4000年～西元前800年，地區主要包含兩河流域、波斯、希伯來、埃及、愛琴文明與其他較次要文明介紹，由於兩河流域民族眾多、互動頻繁、歷史繁瑣，故採取略古詳近，擇要記載的方式，使讀者易於掌握重點。第二篇〈希臘‧羅馬古典文明〉，時間從希臘城邦政治的西元前799年～西元476年西羅馬帝國滅亡，其中包含雅典與斯巴達的崛起與爭霸、馬其頓的亞歷山大與希臘化世界形成、羅馬興衰與該時期重要人物的記載，是了解西方文明對今日社會、政治、知識等方面影響的重要篇章。第三篇〈中古歷史與基督教發展〉，時間從西羅馬滅亡到1399年，記載歐洲列國的興起、教皇國與著名教皇、神學家等歷史大事與人物事蹟。第四篇〈大國崛起與文明躍升〉，時間從1400～1914年止，分別記載地理大發現之後，西、葡、荷、英、法、俄、奧、普、美等國興起（日本較少著墨），但也包括影響西方文明里程碑變化的重大社會思潮，如文藝復興、宗教改革、啟蒙運動、科學革命、美國獨立、法國大革命、工業革命等事件，因而本篇是了解近代西方社會、文化、霸權等領域的重要部分。第五篇〈國際現勢發展〉，歷史斷限從1915～2007年，其間世人經歷兩次世界大戰、冷戰、蘇聯解體、歐盟統合、後冷戰時期的文明衝突、中國（大陸）崛起等重要史事，世界互為依存的關係在全球化時代更加緊密，因此以國際現勢取代前面四篇以西洋史為主軸的編纂方式，使讀者更加容易掌握當今世界各國間瞬息萬變又互動頻繁的發展與最新訊息。

本書承蒙雷師家驥教授的編審，使我們在研究方法、篇章架構、

敘事筆法等方面受教良多。也感謝逸雯與超群兩位青年歷史工作者加入研究團隊，使本書在浩繁史料的搜集、編纂、查核、考訂等方面，因為有他們的敬業、專業與努力而增色甚多。本書譯名繁多，編排耗時，感謝幼獅公司朱燕翔小姐的細心、用心與精湛英文的協助，使全書更臻完備。在讀者面對複雜的西洋史事及國際現勢時，希望本書能夠發揮最佳工具書的效用，這也是我們編纂此書最主要的目的。

李功勤　2008年1月

目錄

第一篇

文明曙光

　　這片由現在的波斯灣（Persian Gulf）開始，逐漸向西北延伸，中間經過敘利亞（Syria），向南折落至巴勒斯坦（Palestine）的地區，被稱為「肥沃彎月形地帶」（Fertile Crescent）。而這裡也就成為人類最早進入文明的地區，被人稱為「文明的搖籃」。上古時代在該地區及小亞細亞（Asia Minor）產生的高等文化，我們就總稱為「西亞文明」。當地先後有阿卡德（Akkadian，閃族人建立）、烏爾（Ur，蘇美人建立）、巴比倫（Babylonian，閃族建立）、亞述（Assyrian，閃族建立）、迦爾底亞（Chaldean，閃族建立）等偉大帝國的出現。而在尼羅河（Nile River）畔的古埃及，也更豐富了近東文明的內涵，由於古埃及人相信人死後可以復活也影響了基督教，基督教至今都有耶穌死後復活的傳說。而在中亞居住的「印歐族」（Indo-Europeans），約在西元前2500年間開始向外遷徙，根據近代史學家的研究，認為印歐族最早馴服馬匹，因此憑藉騎射本領，向西進入歐洲，成為日後歐洲主人翁。至於向東南遷徙的一支又叫做阿利安人（Aryans），

進入印度半島和伊朗高原，不但成為那裡的統治者，也創造豐富的文明。而這些偉大的近東文明，為世界歷史拉開了序幕。

從楔形文字演化來看，原型楔形文字碑銘記載了幼發拉底人談生意的過程及合約文件，由此可以推知當時能夠讀寫楔形文字的人所扮演的角色相當於現代的會計，而楔形文字的產生正是因應商業活動所需，而政治及法律活動上的應用則在貿易之後。在西元前一世紀時，操閃族語的阿卡得人和若干民族一直使用楔形文字的書寫系統，在現代的敘利亞北部、伊朗和土耳其地區也發現楔形文字碑銘的遺跡，因此幼發拉底人的楔形文字書寫系統，根據柏林科學史研究所戴梅洛博士的最新研究，是幼發拉底人文明的獨立之作。根據牛津大學拜尼斯博士研究，埃及象形文字可能是在幼發拉底人開始書寫楔形文字不久後獨立發展而成，由大約七百個圖案符號組成，分成兩大類：一類是音標，一類是表意文字。例如，幾條波浪般的線條就代表水。由於書寫非常複雜且費時，逐漸演化成簡易的草書體，後來又演進為更便於書寫的簡體字。在古埃及能夠書寫象形文字的人便成為代書，而歷史悠久的代書行業也因而成為埃及象形文字的傳承者。

印度的書寫概念始於西元前三千年末期，出現在印度河谷（即現在的巴基斯坦和印度西部），而中國的書寫系統則起源

西洋史
大事長編

於西元前兩千年的末期的商朝。近來有學者指出中國的甲骨文書寫可能受到西亞和歐洲書寫系統的影響。賓州大學中文教授梅爾表示，中文筆畫和腓尼基字母有雷同之處，而在中國西部沙漠發現的人俑服飾及其他器皿上，也有西式符號；最近出土的兵馬俑盔甲仿高加索式的頭盔，再度炒熱史學界所謂「中國文化西來說」的話題。

　　歷史上的希伯來人，其實是巴比倫人對幼發拉底河南岸民族之通稱，族長亞伯拉罕（Abraham）據說是第一位見到聖經中的神所現身的人類，他的嫡子以撒（Isaac）成為第二代族長；但庶子以實瑪利（Ishmael）遭放逐到曠野，後來迎娶埃及女子為妻，成為西奈半島到約旦南部部落之間的祖先，也是傳說中阿拉伯人的始祖。雅各（Jacob）是亞伯拉罕第三代的族長，傳說在黑夜中與神的使者摔角，由於這個奇特經歷，於是上帝就吩咐雅各改名為「以色列」（與神相爭的人）。因此，雅各所生的十二個兒子的名字，後來就成為以色列十二個支族的名稱。經過很久以後，以色列人建立了王國，這個

王國往後又分裂為以色列和猶太。以色列王國各部落互相混血，終於招致民族滅絕，只剩下居住於猶太王國的人民。所以到了希臘時代，所謂的以色列人，指的就是猶太王國的人們。因此，後來就以住在猶太王國的「猶太人」這個名稱來統稱他們了。而今天在非洲的衣索匹亞，是唯一信奉「約櫃」為基礎的國家，傳說以色列國王所羅門（Solomon）與當地女王示巴（Sheba）生下兒子，成為第一任皇帝──曼涅里克一世，而衣索匹亞帝王政體一直持續到1975年，末代皇帝塞拉西據說也保有曼涅里克血統，當地在每年的1月16日都慶祝「主顯節」。目前以色列居住許多自衣索匹亞移民而來的所謂「黑色猶太人」，但近年來則成為種族衝突的嚴重問題。由於伊斯蘭國（IS）在21世紀的崛起以及伊拉克戰爭，大批古物在目前已遭毀損，是兩河流域古文明的一大浩劫。

年　期	歷史大事
約前4000	尼羅河、幼發拉底河、底格里斯河流域出現城市，又稱大河文明。 古埃及人在埃及建立城邦，發明太陽曆（Solar Calendar）。
約前3500	埃及南、北部各州分別組成上埃及（Upper Egypt）和下埃及（Lower Egypt）兩王國，創立象形文字。
約前3200	蘇美人（Sumer）開始在美索不達米亞（Mesopotamia），即兩河流域的南部建立城邦。
約前3100	蘇美人勢力逐漸崛起，發明六十進位法、楔形文字。 上埃及國王美尼斯（Menes）征服下埃及，建立統一的埃及（Egypt）王國第一王朝，史稱「古埃及」（Ancient Egypt），由法老（Pharaoh）領導。此後古埃及先後經歷33個王朝。
約前2686	埃及第三王朝建立，定都孟斐斯（Memphis）。埃及早期王朝時代結束，古王國時代開始。
約前2613	埃及第四王朝建立，國王權力達於極盛，太陽神（Re）被奉為最高神，國王自稱為太陽神之子。埃及形成由太子兼任宰相的慣例。
約前2560	位於吉薩（Giza）的古夫金字塔（Pyramid of Khufu）建造完成，被譽為古代世界七大奇蹟之一，是埃及第四王朝第二位法老古夫所建。
約前2558	卡夫拉（Chephren）繼為埃及國王，在位期間建造位於吉薩的第二大金字塔卡夫拉金字塔（Pyramid of Chephren）和人面獅身像（Sphinx）。
約前3千紀後期	亞述人（Assyria）在美索不達米亞北部建立亞述王國，開始亞述古王國時代。
約前2371	阿卡德人薩爾貢（Sargon）在美索不達米亞南部建立阿卡德王國，之後征服蘇美諸城邦，稱霸美索不達米亞南部。
約前2181	埃及古王國時代結束，陷入政治分裂。底比斯（Thebes）和赫拉克里奧波利斯（Heracleopolis）逐漸崛起，分別成為南方和北方的政

約前2181	治中心。
約前2133	埃及之中王國時代開始。
約前2000	小亞細亞（Asia Minor）的哈梯人（Hattic）與印歐語系的西臺人（Hittite）共同建立西臺。 腓尼基（Phoenicia）人開始在黎巴嫩（Lebanon）建立腓尼基城邦。 邁諾斯人（Minos）在克里特（Crete）島建立諾索斯（Knossos）王國和其他城邦，是為邁諾安（Minoans）文明。
約前1894	阿摩里人（Amorite）首領蘇姆阿布姆（Sumuabum）在美索不達米亞南部建立巴比倫（Babylon）王國，史稱古巴比倫。
約前1850	希伯來人（Hebrew）族長亞伯拉罕（Abraham）率族人遷入巴勒斯坦（Palestine），開啟希伯來族長時期。亞伯拉罕、伊薩克（Issac）、雅各（Jacob）先後成為希伯來人族長。
約前1792	漢摩拉比（Hammurabi）繼為巴比倫國王。在位期間頒布《漢摩拉比法典》（Code of Hammurabi），其中規範了許多商業行為，以「以牙還牙，以眼還眼」的報復主義最為著名。此部法典是蘇美法典的修訂本，為所有閃族人——巴比倫、亞述、迦爾底亞與希伯來人的法律依據。
約前1630	希伯來人族長雅各改名為以色列（Israel），率族人遷往埃及。希伯來人自此又稱以色列人。
約前1600	阿卡亞人（Achaea）進入希臘中部和南部邁錫尼（Mycenae）等地，征服原居於該地的民族，史稱此時期的邁錫尼為「坑墓王朝」。 諾索斯王宮遭受大破壞，但其後迅速重建，稱霸克里特島諸城邦，勢力伸展至愛琴海（Aegean）和希臘中部，是為邁諾斯王國，後世稱之為邁錫尼文明。
約前1570	何姆西斯一世（Ahmose I）建立埃及第十八王朝，並著手統一埃及南部，地方主義與貴族權力都隨之消失，埃及新王國時代開始。

西洋史
大事長編

約前1500	西臺人開始用鐵。 腓尼基人發明22個拼音字母，隨後傳入地中海，成為西文拼音文字始祖。 阿卡亞人在希臘建立邁錫尼王國，史稱此政權為「圓頂墓王朝」。
約前1482	圖特摩斯三世（Thutmose III）親政，為埃及第十八王朝以尚武著稱的法老，曾使利比亞、亞述、巴比倫、西臺及克里特島的統治者都向他納貢。由於圖特摩斯三世的赫赫武功，一些歷史學家稱他為古埃及的拿破崙。
約前1400	邁錫尼大肆破壞諾索斯王宮，克里特島上的其他城邦亦遭受大破壞，克里特文明遂衰落。邁錫尼的勢力遍布希臘各地。 傳說愛奧尼亞人（Ionia）首領提修斯（Theseus）在阿提卡（Attica）半島建立雅典（Athens）。
約前1375	埃及國王阿肯那頓（Akhenaten）推行宗教改革活動，為對抗阿蒙神（Amon）祭司，提倡崇拜阿頓神（Aton），企圖創立一神教。阿蒙神祭司和貴族反對宗教改革，引起國內大亂，宗教改革宣告失敗。
約前1334	圖坦卡頓（Tutankhaton）繼為埃及國王，在位期間將首都遷回底比斯，並與阿蒙神祭司妥協，恢復寺廟，改名為圖坦卡門（Tutankhamun）。其陵墓直至1922年才被英國人發現。
約前1319	哈列姆黑布（Horemheb）繼為埃及國王，宣布取消宗教改革，恢復對阿蒙神的崇拜。臣子拉美西斯一世篡位，自立為國王，建立埃及第十九王朝。
約前1279	埃及第十九王朝法老拉美西斯二世（Ramesses II）即位，執政期間是埃及新王國最後的強盛年代。據傳他迫害猶太人，迫使摩西帶著猶太人出走埃及，但如今已逐漸被考古證據推翻。
約前1250	希伯來人首領摩西（Moses）和約書亞（Joshua）率領族人自埃及返回巴勒斯坦，並說服他們崇拜耶和華（Yahweh），史稱「出埃及」（Exodus）。其後希伯來人在巴勒斯坦形成希伯來部落聯盟。摩西

約前1250	創立猶太教（Judaism），形成希伯來人經典《聖經·舊約》的最古部分。
約前1200	希臘人大舉入侵克里特島，希臘人各部落開始在希臘建立城邦，據傳為荷馬（Homer）史詩的創作背景。 根據希臘人傳說，邁錫尼國王阿加曼農（Agamemnon）率領希臘諸城邦進攻小亞細亞西部的特洛伊（Troy），史稱特洛伊戰爭。特洛伊城約在前1190年被攻陷，特洛伊戰爭結束，但邁錫尼從此勢衰。此城遺址在19世紀曾被考古挖掘，證明確有戰爭留下的遺跡及證據。
約前1198	埃及最後一位偉大的法老拉美西斯三世（Ramses III, 1198～1167B.C.）繼位，振興埃及國力，但此後統治者就每下愈況。
約前1125	尼布甲尼撒一世（Nebuchadrezzar I）繼為巴比倫國王，在位期間發動侵略，重振巴比倫國勢。
約前1102	傳說多利安人（Dorian）在伯羅奔尼撒（Peloponnesus）半島建立斯巴達（Sparta）王國，實行兩王並治。
約前1100	多利安人滅邁錫尼。傳說多利安人首領蒂門諾斯（Timenos）在伯羅奔尼撒半島建立阿果斯（Argos）政權。伊奧利亞（Aeolia）人首領桑圖斯（Xanthos）則在比奧提亞（Boeotia）建立底比斯政權。 希臘人大舉入侵克里特島，消滅克里特文明。希臘人各部落開始在希臘建立城邦。
約前1085	埃及第二十王朝結束，埃及分裂。埃及新王國時代結束，後期王國時代開始。
前1千紀中葉	印歐語系的塞爾特人（Celt）從中歐擴散至今德意志、法蘭西、低地國家和不列顛群島等地，在各地形成高盧（Gaul）人、加拉太（Galatia）人、布列頓（Breton）人、蘇格蘭（Scotland）人、威爾斯（Wales）人和蓋爾（Gael）人。
約前1020	希伯來部落聯盟擁立掃羅（Saul）為國王，建立以色列王國。

約前1000	希臘人開始在小亞細亞西部（稱為愛奧尼亞）和鄰近島嶼建立城邦，米利都（Miletus）和以弗所（Ephesus）興起。 以色列國王掃羅與腓利斯提人（Philistine）交戰，兵敗自殺。以色列分裂，伊什巴爾（Eshbaal）繼為以色列國王，統治北部。南部猶大（Judah）部落（支派）則另立大衛（David）為國王，建立猶大王國。 腓尼基人開始在地中海地區建立殖民城邦。
約前993	以色列國王伊什巴爾被刺殺，以色列掃羅王朝亡。以色列諸部落擁猶大國王大衛為以色列國王，以色列復歸統一。
約前961	以色列國王大衛卒，所羅門（Solomon）繼位。在位期間國勢達於極盛，建築耶路撒冷（Jerusalem）神殿。
約前922	以色列國王所羅門逝世，里霍波安（Rehoboam）繼位，以色列再度分裂。北部諸部落擁立耶羅波安一世（Jeroboam I），是為以色列國王，此後以色列經歷多個王朝。里霍波安統治南部，改稱猶大國王。
約前842	猶大國王阿哈齊雅（Ahaziah）與以色列國王吉霍拉姆（Jehoram）會面。以色列軍官耶胡（Jehu）叛變，攻殺吉霍拉姆和阿哈齊雅，推翻以色列奧米里王朝，建立耶胡王朝。猶大太后阿塔利雅（Athaliah）發動政變奪權，自立為猶大國王，並殺害大衛家族。
約前837	猶大祭司長吉霍亞達（Jehoiada）殺害國王阿塔利雅，立約亞什（Joash）為國王，恢復大衛家族的統治。
約前800	希臘人開始在義大利（Italy）南部和西西里島（Sicily）建立城邦，成為城邦政治型態。此地區其後被稱為大希臘（Magna Graecia）。 腓尼基人建立一個由努米底亞（Numidia）起沿非洲北岸至直布羅陀海峽（Strait of Gibralter）的殖民地，並於西元前6世紀逐漸發展成為一個富強的海權帝國。 荷馬史詩《伊里亞德》（Iliad）、《奧德賽》（Odyssey）約於此時完

約前800	成。前者敘述特洛伊戰爭，以阿奇里斯（Achilles）的憤怒為主題，後者敘述奧德賽戰後的流浪與歸來。

第二篇

希臘、羅馬古典文明

　　拜倫（Byron, 1788～1824）曾禮讚「希臘為西方的學校」，它的城邦式民主政治、哲學思潮、建築、神話、奧林匹亞運動會等，皆成為西方文明直接源頭與典範。

　　哈佛大學的校訓「Amicus Plato, Amicus Aristotle, Sed Magis Amica VERITAS.」強調希臘文明追求真理的精神。西元前5世紀希波克里底斯（Hippocrates）則強調醫德的重要，勉勵醫生要以病人福祉為第一要務，成為現代醫學院學生所必需遵守的誓詞。這一切都說明，古典希臘文明是西方世界第一個以知識為基礎的文明，他們崇尚自由研究的精神，推崇人為宇宙間萬物之靈，並拒絕受教士和專制君主的支配，甚至也不願在神前貶低自己。他們的哲學與科學基礎，乃是埃及人為他們所奠定的。希臘的字母系統是腓尼基的，而愛美與追求自由的精神，則極有可能受到愛琴文化的影響。

　　希臘數學的創始者是米里土斯（Miltetus）的塞利斯（Thales），他發明的幾項定理都被列入歐幾里德（Euclid）的幾何學中。畢達哥拉斯的工

作可能更為重要，它將數目創立一個精細的理論，分成奇數、偶數、素數、合成數，以及整數等，其中最重要的成就是證明直角三角形斜邊的平方等於其他兩邊平方的和。然而從幾何學中最容易看出希臘人的智慧，在希臘人眼裡，幾何學是引導人類認知宇宙本質的一個途徑。幾何學是簡單、優雅、邏輯的系統，也是最為完美的。因此希臘人認為這是個簡單、符合邏輯，並且能以數學表達的世界。牛頓和愛因斯坦，這兩位分屬17世紀和20世紀偉大的科學家都承認，唯有答案簡單，才可能近乎正確。

帝國霸圖是君王們的共同夢想，亞歷山大大帝的擴張，是統治者追求世界帝國野心的開端，其所締造的希臘化世界，影響今日巴爾幹半島與俄羅斯民族。由於西元前331年亞歷山大曾經征討印度西北部的犍陀羅（梵文Gandhara）王國（約在今天巴基斯坦白夏瓦城東北）並且建立殖民地，其佛教雕刻藝術深受古希臘風格的影響，開啟了著名的希臘式犍陀羅佛教藝術，尤其打破了「自來不以形象來表現佛陀」的印度傳統慣例，而開始製作以希臘太陽神為基準，佛像呈現出波紋髮型、高額、尖鼻、薄脣、衣褶厚重的西方人面貌。影響所及，除了印度之外，中亞以東地區，其佛像造型均有呈現犍陀羅式樣者，其流風影響中國五胡十六國時期，下及北魏，遺風仍盛。

　　羅馬以公共與實用為出發點，在政治、法律、都市規劃、全民休閒（競技場與浴池）、外科手術、語言等方面，隨著帝國持續存在近千年，使其文明影響至今。

　　帝國是一個民族大熔爐，分為拉丁語區與希臘語區，帝國公共事務的法定語言為拉丁文，但希臘文則是當然的科學用語。希臘人品味甚高且自負，堅持自己的語言文字，並排斥外來典章制度，影響至東方的敘利亞與埃及，並以藝術征服了羅馬人。然而帝國還是以武力及亞平寧大道（Appian Way），拓展疆域及文化並凝聚帝國向心力，從而建立西方歷史上第一個世界帝國（又稱羅馬和平「Pax-Romana」）。羅馬迅速擴張，有如今日美國的紐約，是當時人們的尋夢之都；使用單一的貨幣，使人聯想到今日歐盟（European Union）所發行的歐元（Euro），在極盛時期，羅馬擁有約5千萬人口，等於今日的40餘國家人口總和；但是帝國過度擴張而透支，終於難逃歷史興衰法則。

西元476年，西羅馬滅亡於日耳曼人，史家吉朋（Edward Gibbon）認為羅馬滅亡的主要原因之一，就是基督教信仰腐蝕了羅馬人的公民精神。歷史逐漸進入下一個階段了。羅馬城由於蠻族的入侵，造成排水及灌溉系統破壞，人口逐漸從鼎盛時期的百萬人口下降約4～5萬人，大片土地荒蕪，宏偉建築幾成廢墟達千年之久。但是羅馬法律中的權力分散及重視監督的精神，直接影響了美國憲法。而羅馬憲法是隨著權力關係消長而在原有憲法上做增補，而非藉革命從頭制定，英國的憲法即追尋它的腳步，此即不成文法的由來。拉丁文的口語雖然已在民間消失，但羅曼語系（Romance Languages，又稱羅馬語系）仍影響今天的法國、義大利、西班牙、葡萄牙、羅馬尼亞等國家。拉丁文則在學術、文學，以及教會等領域成為專用語言並且流傳後世。今日歐美國家，拉丁文一直是中等及高等教育重心，一些學位專有名詞，如榮譽學位（honoris causa）也常使用拉丁文。梵蒂岡第二屆大公會議（1962～1965）之前，彌撒一律使用拉丁文進行，拉丁文在西方文明中的重要性始終未曾稍減。在羅馬帝國時期被立為國教的基督教，在現今依然是西方文明的價值核心，換言之，羅馬在西方文明中，無論是在物質或性靈層次的重要性從來未曾消失，它是永恆的。

前522	墨達，平定各地起事。大流士在位期間（521～486 B.C.）與所有希臘城邦為敵。
前510	雅典平民派首領克利斯提尼（Cleisthenes）推翻僭主希庇亞斯（Hippias），擊敗貴族派首領艾薩戈拉斯（Isagoras）。克利斯提尼任雅典執政官。前508年，克利斯提尼推行民主改革，將全國分為10個地方性部落和30個「三分之一區」，設置500人會議和50人團以掌握政權，將公民權賦予外國居民，擴大公民階級，被稱為「雅典民主之父」。雅典至此確立奴隸主民主政治，並創制「陶片流放制」（Ostracism）。
約前509	布魯特斯（Brutus）領導羅馬人民起事推翻塔爾昆王朝（Tarquin Dynasty），成立羅馬共和國，由兩名行政長官（後改稱執政官〔Consul〕）統治，由百人團會議選舉。
前500	希臘哲學家、數學家兼天文學家畢達哥拉斯（Pythagoras，約580～500B.C.）病逝。
前499	愛奧尼亞諸城邦紛紛脫離波斯獨立，波斯戰爭爆發，直至前450年結束，又稱波希戰爭。
前494	羅馬平民為反抗貴族壓迫，發動第一次撤離運動，全體遷往阿文丁（Aventine），俗稱為聖山，使羅馬失去防衛力量。貴族被迫向平民讓步，設置保民官（Tribuns，又稱護民官）、營造官和平民會議，以保障平民權利。自此平民與貴族開始長期鬥爭。
前490	前492年，大流士一世派遣其女婿馬當納斯（Mardonius）進攻巴爾幹半島中、南部各希臘城邦，由於海軍遭遇風暴使陸軍無援而退兵。前490年，波斯北路軍攻陷厄立特利亞（Eritria）但南路軍被雅典在馬拉松（Marathon）戰役中大敗，波斯軍撤出希臘，結束第二次戰役。
前481	希臘諸城邦在科林斯（Corinth）舉行會議，組成第一次希臘（Hellas）聯盟，共同對抗波斯，並決議由斯巴達統率聯軍。

前480	8月，波斯軍第三次遠征希臘，在溫泉關（Thermopylae）戰役中擊敗斯巴達軍，並攻占雅典。9月20日，雅典在薩拉米（Salamis）海戰中大破波斯海軍。
前479	斯巴達在普勒提亞（Plataea）戰役中大破波斯軍，波斯從此放棄西征企圖。希臘諸邦以底比斯支持波斯為由，進攻底比斯，解散比奧提亞聯盟，並在底比斯建立民主政體。同年斯巴達退出第一次希臘聯盟，第一次希臘聯盟瓦解。
前478	雅典與愛琴海諸島和愛奧尼亞諸城邦組成提洛（Delos）聯盟，又稱第一次雅典海上聯盟，以聯合對抗波斯。聯盟設全盟會議和金庫於提洛島上，雅典代表阿里斯泰迪茲（Aristides）任議長。雅典乃建立其海上霸權。
前471	希臘城邦蒂吉亞（Tegea）反叛斯巴達，與阿果斯組成第一次反斯巴達同盟。前470年爆發蒂吉亞戰爭，又稱阿卡地亞戰爭，阿卡地亞地區諸城邦參加第一次反斯巴達同盟，約前469年敗於斯巴達。 羅馬平民發動第二次撤離運動，迫使貴族承認保民官為平民會議主席。
前464	斯巴達發生地震，希洛人乘機發動起事。希洛人進攻斯巴達，被擊退，退守伊索米山（Ithome）。前461年斯巴達軍攻陷伊索米，准許希洛人遷往諾帕克特斯（Naupactus）。
前462	雅典平民派放逐其元首賽門（Cimon）。平民派領袖厄菲亞爾特（Ephialtes）任雅典統治者，削除貴族會議的權力。同年雅典與麥加臘（Megara）結盟，其後又與阿果斯和帖薩利（Thessaly）結盟，威脅伯羅奔尼撒聯盟的地位。
前461	厄菲亞爾特遭暗殺。伯里克利斯（Pericles）繼任平民派領袖和雅典統治者。議會除有權批准或否決議院所提法案外，也獲得立法權力，並建立平民法庭及陪審團制度。
前460	伯羅奔尼撒聯盟與雅典爆發第一次伯羅奔尼撒戰爭（Peloponnese War）。

前456	希臘悲劇的創立者阿契拉斯（Aeschylus, 約524～456 B.C.）病逝，悲劇的本源是祭祀酒神狄奧尼索斯（Dionysus）。
前451	羅馬平民要求制定法典。羅馬乃成立10人立法委員會，以貴族阿皮厄斯·克洛迪厄斯（Appius Claudius）為主席，制定10個表法。次年又成立另一10人立法委員會，再制成兩個表法，與前一年的10個表法，合稱《十二木表法》（Law of Twelve Tables）。阿皮厄斯·克洛迪厄斯非法延長10人委員會的任期。前449年平民發動第三次撤離運動，迫使10人委員會辭職。
前445	雅典與斯巴達訂立《三十年和約》，雅典放棄陸上霸權，斯巴達則承認雅典的海上霸權。第一次伯羅奔尼撒戰爭結束。
前443	雅典統治者伯里克利斯當選首席統帥，掌握最高政權，在任期間雅典之奴隸主民主政治獲得最大發展，國力達到極盛。
前432	希臘最偉大雕塑家菲迪亞斯（Phidias, 500～432B.C.）病逝，其代表作品是帕德嫩神廟及宙斯神廟的雕塑，至今仍有若干作品保存於大英博物館。
前431	5月，雅典與斯巴達為爭奪霸權而爆發第二次伯羅奔尼撒戰爭。
前425	「歷史之父」希羅多德（Herodotus, 484～425 B.C.）逝世，著有《歷史》（The Histories）。
前421	雅典與斯巴達訂立《尼希厄斯（Nicias）和約》，雙方休戰50年。阿果斯、科林斯、曼蒂尼亞（Mantinea）、伊利斯（Elis）和卡爾西迪西（Chalcidice）聯盟不滿和約，組成阿果斯聯盟。
前411	雅典寡頭派發動政變，成立400人臨時委員會掌握最高政權，實行寡頭統治。在薩莫斯島（Samos）的雅典海軍拒絕承認該政府，選舉思拉西貝勒斯（Thrasybulus）和思拉西勒斯（Thrasyllus）為統帥以對抗寡頭政府。阿爾西比亞德（Alcibiades）返回雅典，與寡頭派對抗。寡頭派欲向斯巴達投降，溫和派領袖西拉梅尼茲（Theramenes）廢除400人臨時委員會，另成立5,000人政府。

前404	斯巴達圍攻雅典，雅典發生克利奧方（Cleophon）領導主戰派與西拉梅尼茲領導主和派的鬥爭，主戰派失敗，克利奧方被處死。雅典與斯巴達達成和議，決定雅典解散提洛聯盟，並與斯巴達結盟，雅典喪失霸權，第二次伯羅奔尼撒戰爭結束。斯巴達迫使雅典廢除民主政體，成立30人委員會（俗稱三十僭主），克里蒂厄斯（Critias）任主席，西拉梅尼茲掌權。克里蒂厄斯奪權，處死西拉梅尼茲。思拉西貝勒斯領導民主派反抗30人委員會。
前399	雅典哲學家蘇格拉底（Socrates, 469～399B.C.）逝世，生前教導人們追求具普世價值的真、善、美。
前395	波斯促使雅典、底比斯、科林斯、阿果斯、麥加臘、比奧提亞諸邦和優卑亞（Euboea）等組成第二次反斯巴達同盟，並進攻斯巴達。科林斯戰爭爆發。
前387	斯巴達海軍司令官安塔爾西德斯（Antalcidas）與波斯簽訂《國王和約》，俗稱《安塔爾西德斯和約》，規定愛奧尼亞諸城邦歸屬波斯，其餘諸城邦獨立，科林斯戰爭結束。
前377	雅典與底比斯組成第二次雅典海上聯盟，對抗斯巴達。
前376	自這一年起，羅馬平民連續10年選舉利西尼厄斯（Licinius）和塞克斯蒂厄斯（Sextius）為保民官，以與貴族對抗。前367年終於迫使貴族讓步，通過《利西尼厄斯－塞克斯蒂厄斯法案》，減輕債務、限制占地，並准許平民擔任執政官等公職。
前371	斯巴達與雅典訂立和約，底比斯拒不承認和約。斯巴達攻底比斯失敗，斯巴達喪失霸權，底比斯繼起稱霸希臘諸城邦。次年，底比斯攻斯巴達，伯羅奔尼撒聯盟瓦解。
前368	敘拉古與迦太基爆發戰爭，迦太基穩住在南義大利的霸權。
前359	腓力二世（Philip II）繼為馬其頓國王。
前357	雅典的盟邦紛紛背叛雅典，與雅典爆發第一次聯盟戰爭，又稱第一次同盟國戰爭。前355年雅典戰敗，第二次雅典海上聯盟瓦解。

前347	雅典哲學家柏拉圖（Plato, 427～347 B.C.）逝世，生前創立理念論哲學，著有《理想國》（The Republic）等。柏拉圖的哲學思想為中古時代基督教神學的重要基礎之一。
前340	拉丁聯盟諸邦不滿羅馬的壓制，發動反羅馬起事，拉丁戰爭爆發。前338年羅馬擊敗拉丁聯盟諸邦，使之成為其殖民地或屬國。拉丁聯盟瓦解。
前338	馬其頓國王腓力二世擊敗希臘諸城邦，召開科林斯會議，組成第二次希臘聯盟（又稱科林斯聯盟），自任霸主兼聯軍統帥。希臘諸城邦成為馬其頓屬國。
前336	腓力二世被刺殺，亞歷山大（Alexander, 356～323 B.C.）繼位。
前334	馬其頓進攻波斯，大敗波斯軍，史稱「亞歷山大東征」。愛奧尼亞諸城邦脫離波斯，成為馬其頓附庸國。
前333	馬其頓征服小亞細亞，入侵敘利亞，在伊蘇斯（Issus）戰役大敗波斯軍。
前332	馬其頓征服敘利亞和埃及，埃及之後期王朝時代結束。亞歷山大在埃及建亞力山卓城（Alexandria）。自此馬其頓國王兼任埃及國王，亞歷山大結合波斯、希臘、埃及、西亞的文化，稱為「希臘化世界」（Hellenistic World）。
前330	7月，波斯國王大流士三世（Darius III）逃至巴克特里亞（Bactria），被巴克特里亞省督貝蘇斯（Bessus）殺死，波斯阿赫門尼斯王朝亡。貝蘇斯自立為波斯國王，改名為阿塔薛西斯四世（Artaxerxes IV）。
前329	馬其頓征服巴克特里亞，擒殺阿塔薛西斯四世，滅波斯。
前327	5月，馬其頓軍越過興都庫什山（Hindu Kush），入侵印度。
約前324	摩揭陀人旃陀羅笈多（Chandragupta）發動反馬其頓起事，將馬其頓軍逐出印度。旃陀羅笈多奪取摩揭陀政權，建立摩揭陀（Maurya，孔雀王朝）。
前323	6月13日，亞歷山大逝世，部將為爭奪政權，各據一方，互相混戰。同年，雅典聯合希臘諸城邦組成第三次希臘聯盟，反抗馬其頓。

前322	馬其頓軍殲滅雅典海軍，第三次希臘聯盟瓦解。馬其頓軍進駐雅典，摧毀雅典民主政體，成立寡頭政府。 希臘哲學家兼科學家亞里士多德（Aristotle, 384～322B.C.）逝世，著有《政治學》、《形而上學》、《物理學》等，為古典希臘文化的集大成者。
前310	亞歷山大的將領托勒密一世（Ptolemy I）占據埃及，建立埃及托勒密王朝。前305年托勒密一世正式稱王。
前300	伊比鳩魯（Epicurus）享樂學派與芝諾（Zeno）斯多噶學派（Stoicism）創立，其中斯多噶學派影響羅馬法律中的自然法精神。
前287	荷丁西斯法（Hortensian Law）通過，規定不論議會批准與否，羅馬政府均受羅馬國民會議的約束。
前285	歐幾里德（Euclid, 323～285 B.C.）病逝，生前代表作《幾何學原理》（Elements of Geometry）是研究幾何學公認的依據。
前279	塞爾特人入侵馬其頓，俘殺馬其頓國王托勒密·西羅納斯（Ptolemy Ceraunus）。馬其頓托勒密王朝結束。
前276	安提戈納斯二世（Antigonus II）率領希臘諸城邦擊潰塞爾特人，征服馬其頓，復辟馬其頓安提戈納斯王朝。至此亞歷山大三世的霸權帝國大致被劃分為三部分：敘利亞、馬其頓和埃及。
前264	西西里島南方城市敘拉古（Syracuse）出兵默塞納（Messana），默塞納向羅馬和迦太基求援。羅馬占領默塞納。敘拉古遂聯合迦太基圍攻默塞納，第一次布涅克戰爭（Punic War）爆發。
前241	羅馬殲滅迦太基海軍，第一次布涅克戰爭結束。迦太基放棄西西里島，羅馬合併西西里島西部，將東部劃歸敘拉古。
前238	撒丁尼亞島（Sardinia）的迦太基僱傭軍叛變，羅馬趁機取得撒丁島和科西嘉島（Corsica）。
前230	被稱為「泛希臘的哥白尼」的亞利斯塔迦斯（Aristarchus, 310～230B.C.）病逝，他是首位主張「太陽中心說」的天文學者。

前48	（Cleopatra VII）。克麗奧佩特拉七世與凱撒結盟，擊敗托勒密十二世。同年凱撒任羅馬執政官，任期5年，並被授予獨裁權力。前47年托勒密十二世被殺，克麗奧佩特拉七世遂掌握埃及最高權力。
前46	龐培之子塞克斯特斯·龐培（Sextus Pompey）聯結努米底亞起事反對凱撒。凱撒擊敗塞克斯特斯·龐培，並攻滅努米底亞。同年凱撒頒布新曆法，稱為凱撒曆，次年實施。在以後十數個世紀此曆法成為西方各國的公用曆法。
前44	3月15日，羅馬貴族派在元老院刺殺凱撒，此次暗殺加快共和的結束。
前43	羅馬平民派領袖安東尼（Anthony）與貴族派元老爆發內戰，是為後三雄內戰。同年7月屋大維（Octavius）奪取羅馬政權。11月安東尼、屋大維和雷比達（Lepidus）結盟，史稱「第二次三巨頭統治」，又稱「後三雄」。後三雄掌握政權，大殺反對派，沒收貴族派財產。當時著名的哲學家兼法學家西賽羅（Cicero, 106～43B.C.）被安東尼所派刺客殺害。他在《論共和國》中提出一種超乎政府法令而且具有永恆正義最高法律概念，人具此權力因此政府不得對此權力攻擊。
前42	後三雄擊敗貴族派元老，瓜分諸省：安東尼得東方諸省；屋大維得西方諸省；雷比達得阿非利亞和高盧。
前31	9月2日，屋大維擊敗安東尼，安東尼逃往埃及。屋大維自此取得羅馬政權，連任羅馬執政官9年。
前30	屋大維攻陷埃及，安東尼和女王克麗奧佩脫拉自殺。羅馬併吞埃及。至此屋大維剷除所有政敵，後三雄內戰結束。
前27	1月13日，羅馬元老院授予屋大維「奧古斯都」（Augustus）尊號，開創羅馬帝國，建立專制的元首政治。屋大維自立為第一公民（Princeps）兼元帥（Imperator），後來演變為「皇帝」（Emperor），建立羅馬帝國朱里厄斯－克洛迪厄斯（Julius-Claudius）王朝。創立「皇帝崇拜」，啟發羅馬人愛國心。統治義大利及所屬地方44年，開啟兩百年盛世，是為「羅馬和平」（Pax Romana）。

前25	古羅馬建築師維特魯威（Marcus Vitruvius Pollio, 約70～25 B.C.）逝世，著有《建築十書》，是目前發現最早的建築理論作品。達文西依照他著作的描述畫出著名的《建築人體比例圖》（又名維特魯威人），在代表宇宙秩序的方和圓中，放入一個人體。
前4	猶太國王大希律王（Herod the Great）逝世，羅馬控制猶太王國。
約28	猶太宗教家耶穌（Jesus）開始在巴勒斯坦傳道，創立基督教（Christianity）。
約30	羅馬以謀叛罪處死耶穌。耶穌之使徒彼得（Peter），原名西門（Simon），繼起領導基督教。彼得為後世奉為首任羅馬主教（Bishop）。
64	羅馬君王尼祿（Nero），在位期間暴虐無道。羅馬城發生大火，人民謠傳為尼祿縱火。尼祿嫁禍於基督教徒，殺害保羅（Paul），並頒布嚴酷的行政命令，展開長達300年的迫害基督教行動。
66	猶太人起事反抗羅馬，爆發第一次戰爭。
68	6月9日，羅馬禁衛軍反叛尼祿，元老院宣布尼祿為公敵，尼祿自殺，羅馬朱里厄斯－克洛迪厄斯王朝亡。從此軍隊干涉第一公民選拔，介入政治活動。
69	7月1日，羅馬軍官韋帕薌（Vespasian）被軍隊擁立為元首，建立羅馬弗萊維厄斯（Flavius）王朝。
70	9月7日，羅馬軍敉平猶太人起事，第一次猶太戰爭結束，將猶太併為羅馬的一省，猶太城邦政治史宣告結束，猶太人大量自巴勒斯坦向外移居。
79	8月24日，龐貝城被維蘇威火山爆發的火山灰覆蓋。
80	羅馬圓形大競技場建立。
96	9月18日，羅馬弗萊維厄斯王朝亡。元老院選出涅爾瓦（Nerva）為皇帝，建立羅馬安東奈納斯（Antoninus）王朝。

98	1月，圖拉真（Trajan）繼為羅馬皇帝，在位期間進一步擴張領土，為羅馬全盛時期。
132	羅馬企圖在耶路撒冷建立殖民地，並在耶和華神殿舊址建築朱比特（Jupiter）神殿。猶太法學家阿基瓦（Akiba）和科赫巴（Cocheba）發動反羅馬起事，第二次猶太戰爭爆發。135年羅馬鎮壓猶太人起事。
135	羅馬拆除耶路撒冷聖殿，並將所有猶太人驅逐出猶太行省，同時將該地改名為巴勒斯坦（Palestine）。
180	奧理略皇帝（Marcus Aurelius, 121～180）逝世，「羅馬和平」全盛時期結束。
192	12月31日，羅馬元首康茂德（Commodus）被刺殺，羅馬安東奈納斯王朝亡。
193	6月，羅馬軍官塞維勒斯（Severus）被軍隊擁立為元首，建立羅馬塞維勒斯王朝。
212	羅馬元首卡拉卡拉（Bassianus Caracallus）頒布《卡拉卡拉敕令》，將羅馬公民權授予國內所有自由民。
235	3月，羅馬禁衛軍發動政變，推翻元首塞維勒斯·阿歷山大（Severus Alexander），羅馬塞維勒斯王朝亡。此後羅馬陷入政治混亂，政變頻繁，史稱「三世紀危機」。
260	6月，羅馬各地軍團紛紛擁兵自立，出現「三十僭主」。軍官波斯圖姆斯（Postumus）割據高盧，建立高盧帝國。
268	克洛迪厄斯二世（Claudius II）繼任羅馬元首，政局漸趨穩定。
273	波斯宗教家摩尼（Mani）遭統治階級殺害，他在波斯創立摩尼教（Manichaeism）。
274	高盧聯合羅馬鎮壓內亂，羅馬乘機攻滅高盧，高盧復併歸羅馬。
284	11月20日，羅馬軍隊擁立近衛軍長官戴克里先（Diocletian），戴克里先廢除元首稱號，改稱皇帝（Dominus，意即君主），羅馬成為名副其實的獨裁政體。

286	羅馬軍官卡拉烏西厄斯（Carausius）割據不列顛（Britain），建立不列顛帝國。 3月1日，戴克里先升副帝麥克米連（Maximian）為皇帝，並把羅馬分為東、西兩部：戴克里先統治東羅馬；麥克米連統治西羅馬。另設兩名副帝，戴克里先立格利里厄斯（Galerius）為副帝，統治伊利里亞；麥克米連立君士坦希厄斯一世（Constantius I）為副帝，統治高盧，史稱「四帝共治」。
313	西羅馬皇帝君士坦丁一世（Constantine I）與東羅馬皇帝利西尼厄斯（Licinius）協議，頒布《米蘭敕令》（Edict of Milan），又稱《寬容敕令》，宣布所有宗教平等，發還先前基督教徒被沒收的財產，正式結束對基督教的迫害。
324	君士坦丁一世重新統一羅馬，建立羅馬君士坦丁王朝。
325	君士坦丁召集基督教徒在尼西亞（Nicaea）召開第一次普世教會會議，俗稱為尼西亞會議，以解決亞略（Arius）教派與阿薩納西厄斯（Athanasius）教派之間的紛爭。前者由亞力山卓神父埃里厄斯領導，主張基督與上帝異體；後者由亞力山卓主教阿歷山大領導，主張基督與上帝同體。會議通過阿薩納西厄斯教派為正統，埃里厄斯教派為異端。會議並授予亞力山卓、安條克和羅馬主教以特權。這也開啟政府干涉教會之例，爾後在拜占庭（Byzantium）逐漸形成政教合權，教會完全受政府控制。
330	5月11日，君士坦丁一世將羅馬首都遷往拜占庭，並改地名為君士坦丁堡（Constantinople）。
361	羅馬朱利安（Julian, 331～363）繼位，他是希臘文化崇拜者，反對基督教，被基督教史學家稱為「朱利安叛教者」（Julian the Apostate）。
364	3月28日，羅馬再次分裂為東、西兩部分：瓦倫斯（Valens）統治東羅馬；瓦倫提尼安一世（Valentinian I）統治西羅馬。

374	匈奴人渡頓河（Don），侵襲東哥德人（Ostrogoth），其後又侵襲其他民族。
376	西哥德人（Visigoth）渡多瑙河（Danube），開始民族大遷徙。同年西哥德人不堪東羅馬壓迫，發動起事，並建立西哥德政權。此後在西歐各地先後興起一系列蠻族政權。
378	8月9日，東羅馬皇帝瓦倫斯親征西哥德人。西哥德人首領弗里特根（Fritigern）在阿德里雅堡（Adrianople）戰役大破羅馬軍，擊殺瓦倫斯。
392	東羅馬皇帝狄奧多西一世（Theodosius I）頒「三八〇」法令，宣布以基督教為國教，象徵基督教勢力龐大，埋下日後中古政教衝突的種子。與此同時也下令禁止奧林匹亞運動會。
394	9月6日，狄奧多西一世重新統一羅馬，建立狄奧多西王朝。
395	1月17日，狄奧多西一世逝世，羅馬分裂為東羅馬帝國（Eastern Rome，俗稱拜占庭帝國）和西羅馬帝國（Western Rome）兩部分。西羅馬軍事長官斯蒂利科（Stilicho）掌握西羅馬政權。
402	西羅馬帝國遷都拉文納（Ravenna）。
409	蘇維匯人（Suebi）、汪達爾人（Vandal）、阿蘭人（Alan）越庇里牛斯（Pyrennes）山脈入侵西班牙。蘇維匯人首領赫爾默里克（Hermeric）在西班牙西北部建立蘇維匯王國。汪達爾人分裂為阿斯丁汪達爾人（Asding Vandal）和西林汪達爾人（Siling Vandal）。
410	西哥德統治者阿拉里克一世攻陷羅馬，縱兵大掠，拉丁西方各省先後陷於日耳曼人之手，新王國取代過去的帝國。
429	汪達爾人首領率族人攻入北非。
430	聖奧古斯汀（St. Augustine, 354～430）病逝，生前發表《上帝之城》（The City of God），強調人類歷史乃上帝意志的展現，得到救贖的人將進入天國。
約434	匈奴王阿提拉（Attila）繼位，在位期間國勢達於極盛，稱霸東歐，有「上帝之鞭」之稱。

799B.C.-476 A.D.

440	9月29日，利奧一世（Leo I）繼為羅馬教廷領袖，後世奉為首任羅馬教宗（Pope）。
451	在卡爾西頓（Chalcedon）舉行第四次普世教會會議，俗稱卡爾西頓會議，確定基督教之「二性論派」教義為正統，並把「一性論派」斥為異端。自此信奉「一性論」的基督教東方各教派被稱為「非卡爾西頓派教會」（Non-Chalcedonian Churches），包括波斯聶斯托留（Nestoria）派教會、敘利亞雅各布（Jacob）派教會、亞美尼亞（Armenian）教會、埃及科普特（Copt）派教會、衣索比亞（Ethiopia）教會等。
451	羅馬城主教定於一尊，規定羅馬主教在宗教事務有最高特權，君士坦丁堡主教居次。
453	「上帝之鞭」阿提拉（Attila, 406～453）逝世，生前多次率領大軍入侵羅馬帝國。
455	皇帝瓦倫提尼安三世（Valentinian III）頒布詔書，命令所有西方主教皆須聽命於教宗。 6月，汪達爾人攻陷羅馬，大掠全城。
476	西羅馬軍官奧多阿克（Odoacer）廢黜皇帝羅慕洛斯·奧古斯都（Romulus Augustulus）。奧多阿克名義上奉東羅馬皇帝芝諾（Zeno）為全羅馬皇帝，但他才是實際上的西羅馬統治者。傳統史家以476年9月4日末代皇帝羅慕洛斯被趕出都城，為西羅馬滅亡之日。

第三篇

中古歷史與基督教發展

西羅馬帝國滅亡後，希臘羅馬的傳統、日耳曼人的活動，以及基督教的領導等要素構成了中古歷史的發展。各民族的君王總在有意與無意間，以羅馬帝國的繼任者自居，企圖重建羅馬帝國的榮光。無論是在羅馬接受加冕的查理曼（Charlemagne），或是第三羅馬的伊凡三世（Ivan III），甚至是源於羅馬自身卻已漸行漸遠的拜占庭帝國君主，後世皆可在他們的行事與統治中見到羅馬的遺風餘韻。

這是一個國王、主教、莊園、佃農、騎士的封建時代，日耳曼人、法蘭克人、哥德人、盎格魯薩克遜人、俄羅斯人紛紛拓展政治領域，並孕育出以基督教文明為基礎的多元文明。紛亂的政局需要精神層面的強力慰藉，基督教成為人們心靈的寄託，教皇與神學家們改革了教會弊端也豐富了教義的內涵；但是政教間的衝突，終究造成教皇國的衰弱。

法蘭克國王查理曼除了建立顯赫武功之外，也聘請許多有學問的教士出任「宮廷學校」（Palace School）的教師，西元789年間，他曾

下令各主教教堂附設學校，使各地人民有入學受教育的機會，後來也被世人尊稱為「文明啟導者」（The Civilizer）。西元814年查理曼過世之後，其後世子孫於843年簽訂「凡爾賽條約」（Treaty of Verdun），將原有帝國分為三部分：即現今法國地區的西法蘭克王國、今德國西部的東法蘭克王國，以及今日義大利北部一帶的查理曼帝國。而當時的西法蘭克王國已採用「變體的拉丁文」（Lingua Romana），東法蘭克王國採用流行於當地的日耳曼語（Lingua Teudesca），今天歐洲的荷蘭、德國、英國（愛爾蘭採用Celts語言）是屬於日耳曼語系，兩種語系（羅曼與日耳曼）兼容並蓄的國家有比利時及瑞士。至於歐洲的中部和東部國家，如捷克、斯洛伐克、保加利亞、塞爾維亞、波蘭等國都是斯拉夫語系，而且除了波蘭是天主教外，其餘都是信奉東正教的國家。這些都是構成歐洲多元文化的特色。

由於東法蘭克王國又稱為「日耳曼」（Germany），所以「日耳曼人」一詞也逐漸縮小為專指在日耳曼境內說德意志語的一群人而言。在鄂圖一世（Otto I, 936～973）繼位為王後，先後擊敗捷克人（Czechs）以及匈牙利人，並取得「東馬克」（Ostmark），這就是後來奧地利（Austria）的起源。962年鄂圖一世親赴羅馬城，由教皇約翰十二世（John XII）

西洋史
大事長編
41

舉行加冕典禮，稱為「羅馬人的皇帝」，東法
蘭克王國也因此改稱為「神聖羅馬帝國」（Holy
Roman Empire），國祚長達800多年，直到19世
紀被拿破崙解散，並將各邦國重新組織萊茵同盟
（Confederation of the Rhine）。神聖羅馬皇帝
法蘭西斯二世從1804年起便已改稱奧皇法蘭西斯
一世，1806年8月6日，正式放棄神聖羅馬皇帝之
號，於是神聖羅馬帝國才正式走入歷史。

　　11世紀，基督教在西方和東方的教會因為複
雜的政治、經濟與神學理論分歧等因素，而永久
分裂為羅馬公教（Rome Catholic Church）及希
臘正教（Greek Orthodox Church）。到了中古
後期，西歐的封建政治逐漸進入民族國家，城市
與商人的同業公會（Guild）出現。隨著十字軍
（Crussade）東征，義大利逐漸崛起，成為歐洲
貿易網路的操盤手，而歐陸的沿海貿易不但取代
莊園經濟，也產生市民階級（Bourgeoisie），由
於他們地位介於貴族、教士及農奴（serf）之間，
故又稱為中產階級（Middle Class），並構成近代
歐洲歷史的主要部分。

位於君士坦丁堡的東羅馬帝國（又稱拜占庭帝國）是東方基督教文明的領導者，但卻持續遭受日漸崛起的回教勢力攻擊，使其不斷加強防禦而成為一座堡壘帝國。帝國在基督教教義中提升了聖母地位，也是人間皇帝之母。為了保護耶路撒冷而號召十字軍；但卻因其財富遭到義大利商人與十字軍覬覦，並於1204年被攻陷，從此逐漸衰弱。相對的，義大利商人掌握回教世界行銷商品的地中海貿易路線而富裕，大批東羅馬學者避難義大利，麥第奇（Medici）家族獎勵藝術，一場文藝復興（Renaissance）盛宴登場，義大利被讚賞為15世紀的「歐洲學校」，而歐洲歷史也將要擺脫中古世界而邁入一個飛躍的里程碑。

　　在東羅馬帝國於1054年被鄂圖曼土耳其帝國（Ottoman Empire）消滅之後，俄國的伊凡三世（Ivan III, 1462～1505）於1478年娶東羅馬末代君王君士坦丁九世（Constantine IX Paleologue）之姪女蘇菲亞（Sophia Paleologue），因此自認繼承拜占庭傳統和東正教的保護者，他在1472年採用東羅馬皇帝「專治者」的稱號，並以皇帝（Czar，俄文稱Tsar）為號，莫斯科自認是所謂「第三羅馬」。伊凡三世之孫伊凡四世（「恐怖的伊凡」，Ivan IV, the Terrible, 1533～1584）係與伊莉莎白女王同時期的人物。他開始與西方往來，也向外擴張征服西伯利

亞和向西發展（受阻於瑞典和波蘭）。伊凡四世
刻意壓制貴族（boyars），建立集權政治。1547
年，他加冕為俄皇（Czar of Russia），是第一個
正式採用此頭銜的俄君。1613年，伊凡四世第一
后的姪孫邁克·羅曼諾夫（Michael Romanov）
為俄皇，是為羅曼諾夫王朝之始。在羅曼諾夫王
朝時期，莫斯科大主教尼孔（Nikon Patriarch of
Moscow）於1653年起，命令往後在禮讚時必須
遵守君士坦丁堡正教的教儀，呼三聲「哈利路
亞」（Halleluia，由二增三），同時以三指交叉
以代表十字架（三位一體）而非原來的二指（基
督二性）。其背後動機是俄國正往烏克蘭發展，
而這些地區係用較古老的希臘儀式。一直到19世
紀末，所有俄皇在加冕時所用的皇冠及王袍都沿
用拜占庭時期的規格，這種以羅馬帝國繼承人自
居的崇拜，影響到20世紀一位名叫希特勒（Adolf
Hitler）的日耳曼人。

年 期	歷 史 大 事
493	東哥德人狄奧多利克（Theodoric）征服義大利半島，執政33年，政績斐然。在他死後，東哥德再度衰弱。
約6世紀	聖本篤（St. Benedict, 480～547）起草拉丁基督教界僧侶的生活準則，包括貧苦、服從、勞動、獻身宗教。被譽為西方修道院制度的創立者。
511	11月，法蘭克國王克羅維一世（Clovis I）逝世，其四子瓜分法蘭克領土，法蘭克分裂為梅茨（Metz）、蘇瓦松（Soissons）、巴黎（Paris）和奧爾良（Orleans）四個王國，他所建立的梅洛文王朝（Merovingian Dynasty）保有法蘭克王位直到751年。
527	4月4日，查士丁尼一世（Justinian I, 483～565）繼為東羅馬帝國皇帝，在位期間收復部分失土，重振國勢，並於529年編成《查士丁尼法典》（Codex Justinianus），為西方法律的範本。其任內建立的聖索菲亞大教堂建立，其設計象徵基督的內在與性靈的特性。
568	倫巴底族（Lombard）入侵並控制義大利半島大部分地區，直到第八世紀後期才被查理曼（Charlemagne）征服。
570	伊斯蘭教（Islam）先知穆罕默德（Mohammed, 570～632）出生於麥加。
590	9月3日，格利葛雷一世（Gregory I, 540～604）繼任羅馬教宗，在位期間擴大教宗權力，並擴充世俗統治權。生前強調「懺悔」及「煉獄」，教會稱他為「偉大的格利葛雷」。
約612	穆罕默德開始在麥加（Mecca）傳教，創立伊斯蘭教。
622	7月16日，麥加貴族鎮壓伊斯蘭教。傳說穆罕默德於是日（實應為7月2日）率門徒逃奔麥地那（Medina），史稱「聖遷」（Hijrah），又稱「出走」、「大遷徙」。同年穆罕默德在麥地那建立阿拉伯政權，實行神權統治，西方稱為薩拉森（Saracen）帝國，是為阿拉伯「正統」時期。歷史上所記載回教時代的公元，都自此時期開始。

632	6月7日，穆罕默德逝世，阿布‧巴克爾（Abu Bakr）繼任，稱教主為哈里發（Caliph），此後成為伊斯蘭教教主的頭銜。
634	8月23日，阿布‧巴克爾逝世，奧馬爾（Umar）繼任教主。在位期間發動對外擴張，使阿拉伯成為霸權帝國。
661	1月24日，阿拉伯教主阿里（Ali）卒，哈桑（al-Hasan）繼位。同年約7月穆阿維亞一世（Muawiyah I）自立為教主，定都大馬士革，建立阿拉伯（奧米亞王朝〔Umayyad Dynasty〕）。穆阿維亞一世攻哈桑，哈桑被迫退位，阿拉伯之「正統」時期結束。自此伊斯蘭教正式分裂為遜尼派（Sunni，奉教主穆阿維亞一世為首領）和什葉派（Shiah，奉教長哈桑為首領，追尊阿里為首任教長）。
687	宮相丕平二世（Pepin II）掌握法蘭克大權，成為法蘭克王國的實際統治者。
711	阿拉伯軍入侵西印度的信德（Sind），伊斯蘭教開始傳入印度。 阿拉伯和柏柏爾人（Berber）聯軍渡越直布羅陀（Gibralta）海峽，入侵伊比利（Iberia）半島。同年7月擊敗西哥德，征服西班牙大部分地區。西哥德殘餘勢力退守納博訥（Narbonne）。
714	法蘭克宮相丕平二世逝世，查理‧馬太爾（Charles Martel）繼任宮相掌權，又名「鐵槌查理」（Charles the Hammer）。查理執政期間實施采邑制度，其後采邑成為貴族的世襲領地。
718	阿拉伯軍攻西班牙阿斯圖里亞斯（Asturias）山區，遭西哥德貴族佩拉約（Pelayo）擊退。佩拉約建立阿斯圖里亞斯王國。此後在伊比利半島先後興起多個基督教政權，抗擊穆斯林（即伊斯蘭教徒）的入侵，並致力收復被穆斯林占領的領土，史稱「收復失地運動」。
719	查理‧馬太爾征服紐斯特里亞（Neustria），重新統一法蘭克。
725	義大利北部城市威尼斯（Venice）取得獨立，成立威尼斯政權。自此在義大利先後興起多個城市共和國。
726	東羅馬皇帝利奧三世（Leo III）頒發反對聖像崇拜的詔令，發動人

726	民反對教會，史稱「東羅馬破壞聖像運動」。
732	阿拉伯軍入侵高盧南部，查理在鮑鐵爾（Poitiers）戰役大破阿拉伯軍，阻遏阿拉伯進一步入侵。
741	10月22日，查理·馬太爾逝世，由其二子卡洛曼（Carloman）和「矮子」丕平（Pepin the Short, Pepin III）繼承宮相之位，並瓜分法蘭克的領地。
747	丕平成為法蘭克唯一宮相，掌握最高權力。
8世紀後期	北歐的諾斯曼人（Norsemen），又稱維京人（Viking），開始侵襲歐洲各地。其後東歐的斯拉夫人（Slavonia）和匈牙利人（Hungarian）亦向東遷徙，是為第二次民族大遷徙。
約751	矮子丕平推翻法蘭克梅洛文王朝，成為法蘭克「卡洛林王朝」（Carolingian Dynasty）的創建者。
756	矮子丕平攻倫巴底（Lombardy），奪取部分領土。矮子丕平將拉文那（Ravenna）、彭塔波利斯（Pentapolis）等地獻給羅馬教宗斯提芬二世（Stephen II），史稱「丕平的捐獻」（Donation of Pepin）。自此羅馬教宗掌握世俗統治權，形成羅馬教皇國。
768	9月24日，法蘭克國王矮子丕平卒，二子卡洛曼和查理一世（Charles I）同時繼位，瓜分法蘭克領土。
771	12月4日，查理一世，俗稱查理曼（Charlemagne, 742～814），成為法蘭克唯一國王。在位期間征服法蘭西、德意志和義大利北部，國勢達於極盛。封建制度和農奴制度亦於此時確立。
774	6月，查理曼攻滅倫巴底。次月查理曼兼稱義大利國王，建立義大利王國。
800	查理曼在羅馬加冕「羅馬皇帝」尊號，開啟查理曼與當時教皇利奧三世（Leo III）世俗與教會之間的隸屬問題。
843	東羅馬政府與教會妥協，恢復聖像崇拜，結束破壞聖像運動。查理曼死後，三個孫子於是年簽訂《凡爾登條約》（Treaty of

843	Verdun）瓜分法蘭克：路德維希二世（Ludwig II）統治東法蘭克（East Frank）；洛泰爾一世（Lothaire I）統治中法蘭克（Middle Frank），兼領義大利，並保留「羅馬皇帝」尊號；查理二世統治西法蘭克（West Frank）。自此形成今日德國、義大利和法國三國之雛型。
約870	挪威人發現冰島（Iceland）。
871	4月15日，阿爾弗烈德（Alfred）繼為英格蘭國王，在位期間力抗丹麥人入侵。
879	英格蘭與丹麥訂立《威德摩爾和約》（Treaty of Wedmore），規定以泰晤士河（Thames）和利亞河（Lea）為界，將英格蘭分為兩區：以北為丹麥人區，由丹麥人統治；以南歸英格蘭統治。
882	諾夫哥羅德公爵奧列格（Oleg）征服基輔（Kiev），改稱基輔大公，改國名為基輔大公國。
10世紀	義大利北部城市聖馬利諾（San Marino）取得獨立，成立聖馬利諾政權。其政權今日仍受國際承認，義大利境內另有聖馬爾他騎士團（Sovereign Military Order of Malta）及教皇國（Vaticana）等兩個有歷史意義的小國。
10世紀初	丹麥國王戈爾姆一世（Gorm I）占領今瑞典南部斯堪尼亞（Scania），建立斯堪尼亞王國。
914	3月，若望十世（John X）繼任羅馬教皇。在位期間羅馬元老西奧菲拉克特（Theophylact）、其妻西奧多勒（Theodora）及其女、前教皇塞吉厄斯三世（Sergius III）的情婦馬羅齊亞（Marozia）干預教廷事務，史稱「淫婦政治」。928年5月馬羅齊亞監禁若望十世，自此羅馬教廷由馬羅齊亞及其子艾伯里克二世（Alberic II）專權。至954年權力始重歸教皇。
929	奧米亞（Umayyad）家族在西班牙的哥多華（Cordova）建立政權，俗稱「白衣大食」。
953	斯韋比亞公爵盧道夫（Ludolf）聯合洛林公爵康拉德（Konrad）起

953	事反對德意志國王鄂圖一世（Otto I）。954年馬扎爾人（Magyar）入侵德意志。955年起事者被迫投降，並與鄂圖一世聯合抵抗馬扎爾人。8月10日德意志和諸侯聯軍在累赫菲爾德（Lechfeld）戰役中大破馬扎爾人，阻遏馬扎爾人進一步西侵。
962	2月2日，德意志國王鄂圖一世由教皇若望十二（John XII）加冕「羅馬皇帝」尊號，部分史家以此日為神聖羅馬帝國建立之日。
約963	德意志併吞義大利。此後「義大利國王」成為部分德意志國王的尊號，但僅為虛銜。
981	挪威人埃里克（Eric）發現格陵蘭（Greenland）島。
987	5月21日，法蘭克國王路易五世（Louis V）逝世，無嗣，西法蘭克亡。權臣休·卡佩（Hugues Capet）繼立，稱法蘭西國王，建立法蘭西王國卡佩王朝。
1000	歐洲各地盛傳世界末日將至，導致人心惶惶，直至1001年始漸趨穩定。 挪威人萊夫·埃里克森（Leif Ericsson）到達今加拿大（Canada）東北部。此後挪威人曾多次到北美洲探險，但並未建立永久居留地。 羅曼尼（Romany）人，俗稱「吉卜賽」（Gypsi）人，從北印度遷至西亞，其後遷入歐洲，成為流徙於歐洲各國的少數民族。部分因紐特（Inuit）人，俗稱「愛斯基摩」（Eskimo）人，到格陵蘭島定居。 丹麥和瑞典瓜分挪威。
1013	丹麥國王斯文一世（Sven I）兼任英格蘭國王，建立英格蘭丹麥王朝。此後英格蘭由丹麥王朝和薩克遜王朝交替統治。
1016	11月30日，丹麥人克努特（Cnut）奪取英格蘭政權，重建英格蘭丹麥王朝。1019年克努特繼任丹麥國王，稱克努德一世（Knud I）。在位期間征服挪威，稱霸北海地區，形成北海帝國。
1045	義大利西北部城市米蘭取得獨立，成立米蘭政權。
1054	君士坦丁堡普世宗主教麥克一世（Michael I）反對義大利南部的諾

1054	曼僧侶歸羅馬教皇管轄，復因西方教會堅持「聖靈來自於聖父以及聖子」，東方則主張聖靈來自於聖父，造成神學分歧，與羅馬教皇利奧九世（Leo IX）發生激烈爭執。利奧九世宣將麥克一世革出教門。基督教遂正式分裂為羅馬公教（Roman Catholic Church, 亦譯作羅馬天主教）和希臘正教（Greek Orthodox Church, 又稱東正教）。羅馬公教以羅馬教皇為首，希臘正教以君士坦丁堡普世宗主教為首。
1059	教皇尼古拉斯二世（Nicholas II）公布有名的「選舉教宗條例」，杜絕外來政治力干涉，規定選舉教宗是樞機主教獨有權力，選舉後再將經過情形通知日耳曼皇帝。教會也建立大主教團（College of Cardinals）以作為選舉教宗的團體。
1061	路卡（Lucca）繼任教皇，取名亞歷山大二世（Alexander II），直到1064年才為日耳曼當局接受，這是尼古拉斯法令首次獲得勝利。
1066	諾曼第公爵征服英格蘭，史稱「諾曼征服」。因兼任英格蘭國王稱威廉一世（William I），建立英格蘭諾曼王朝，史稱「征服者威廉」（William the Conqueror）。
1073	4月22日，伊爾德布蘭多（Ilderbrando）繼為羅馬教皇，改名為格利葛雷七世（Gregory VII, 1020～1085），大力推行改革，宣布教廷權力至高無上，重申「神聖交易」、「教士結婚」及「俗人授職」的禁令，禁止皇帝侵占教會的權益。
1076	神聖羅馬皇帝亨利四世（Henry IV, 1056～1106）企圖加強王權，與羅馬教皇格利葛雷七世發生主教授職權之爭，即爭奪對主教的任命權。亨利四世宣布廢黜格利葛雷七世，格利葛雷七世亦宣布廢黜亨利四世，並將其革出教門。德意志各地諸侯乘機反叛亨利四世。次年1月亨利四世被迫向教皇請求赦罪，教皇遂於2月恢復亨利四世的教籍。
1080	羅馬教皇格利葛雷七世再次將亨利四世革出教門。1083年亨利四世攻陷羅馬，格利葛雷七世召阿普利亞公爵羅伯特・吉斯卡爾（Robert Guiscard）入援。1084年羅伯特・吉斯卡爾攻陷羅馬，驅逐

1080	亨利四世，大肆劫掠羅馬，格利葛雷七世流亡至薩勒諾（Salerno）。
1085	羅馬教皇格利葛雷七世於5月25日病逝，他的最後一句話是「我愛正義，憎恨罪惡，因此流亡而死！」
1095	羅馬教皇烏爾班二世（Urban II）召開克勒蒙（Clermont）宗教會議，號召組織十字軍遠征以拯救「聖地」巴勒斯坦。次年發動第一次十字軍遠征，征服敘利亞部分地區。
1098	十字軍將領、阿普利亞王子博希蒙德一世（Bohemond I）割據敘利亞北部之安條克（Antioch），建立安條克政權。此後十字軍在敘利亞－巴勒斯坦先後建立四個十字軍國家，與當地的穆斯林政權對峙。 3月10日，十字軍將領博杜安一世（Baudouin I）自稱埃德薩伯爵，在敘利亞北部建立埃德薩（Edessa）伯國。
1099	第一次十字軍東征攻陷耶路撒冷。同年7月17日下洛林公爵戈弗萊六世（Godefroi VI）兼任耶路撒冷國王，建立耶路撒冷王國，為敘利亞諸十字軍國家的盟主，自號「聖墓的保護者」。 義大利西北部城市熱那亞（Genoa）取得獨立，成立熱那亞政權。
約1105	義大利北部諸城市公社以米蘭和帕維亞（Pavia）為中心，分別形成米蘭聯盟和帕維亞聯盟。
1108	法蘭西北部城市拉昂（Laon）以重金自其所屬主教區之主教購得成立自治城市的權利，並向國王路易六世（Louis VI）奉獻厚禮，獲得特許狀。此後法蘭西境內多個城市亦獲得特許狀，成為獨立於地方封建領主的特許城市。1112年拉昂所屬主教區之主教撤銷該城之自治權，並賄賂路易六世，使其撤銷拉昂的特許狀。拉昂市民起事，殺死主教。路易六世會同法蘭西北部諸侯鎮壓起事，被擊敗。拉昂遂得以保存其自治權。
1113	2月15日，在耶路撒冷成立聖約翰（Saint John）醫院獨立騎士團，簡稱醫院騎士團（Hospitalers）。

約1118	在耶路撒冷建立基督貧苦武士和所羅門聖殿騎士團,簡稱聖殿騎士團(Knights Templar),以保護基督教朝聖者。
1147	羅馬教廷發動第二次十字軍遠征,1149年因戰爭失利而撤軍。
1152	腓特烈一世(Frederick Barbarossa, 1122~1190, 外號「紅鬍子」)繼任德意志國王,在位期間多次入侵北義大利,干涉教廷內政,「義大利政策」為其畢生努力追求的目標。中古政教衝突進入第二回合。
1155	6月18日,腓特烈一世獲得「神聖羅馬皇帝」尊號,至此遂正式出現「神聖羅馬皇帝」尊號。
1159	教皇亞歷山大三世繼位,但不被「皇帝派」樞機接受,展開流亡,並不斷號召義大利「反日耳曼」力量對抗腓特烈,米蘭成為反抗勢力中心。
1167	義大利北部諸城市組成第一次倫巴底聯盟,以對抗德意志,倫巴底聯盟戰爭爆發。
1183	6月25日,腓特烈與第一次倫巴底聯盟簽訂《康士坦茲和約》(Treaty of Constance),第一次倫巴底聯盟承認日耳曼的宗主權,但日耳曼須放棄在各城市任命官吏的權利。不久,腓特烈淹死於第三次十字軍東征途中。
1187	10月4日,埃及蘇丹薩拉丁(Saladin)攻陷耶路撒冷,耶路撒冷王國自此退守阿克(Acre)。在13世紀結束前,所有十字軍建立的各小國全被消滅。
1189	德意志北部城市漢堡(Hamburg)取得自由市地位,成立漢堡政權。 9月3日,諾曼第公爵理查(Richard)兼任英格蘭國王,稱理查一世(Richard I),又稱獅心王理查。同年羅馬教廷發動第三次十字軍遠征,由神聖羅馬帝國皇帝腓特烈、英格蘭國王理查一世和法蘭西國王腓力二世(Philippe II)率領,史稱「帝王十字軍」。
1190	德意志籍十字軍人組成耶路撒冷聖瑪麗(Saint Mary)醫院條頓

1190	（Teuton）騎士團，簡稱條頓騎士團。
1192	霍亨索倫（Hohenzollern）家族開始統治德意志中部之紐倫堡（Nurnberg）伯國。 英格蘭國王理查一世與埃及阿尤布國王納西爾一世（al-Nasir I）簽訂和約，阿尤布允許基督教徒自由前往耶路撒冷朝聖。十字軍撤軍，第三次十字軍遠征結束。
1197	托斯坎尼（Toscana）諸城市成立佛羅倫斯（Florence）政權，由貴族統治。
1198	1月8日，岡底（Lothario Conti）繼任羅馬教皇，改名為英諾森三世（Innocent III, 1160～1216）。在位18年期間教皇權勢達於極盛，凌駕各國君主，並且成立宗教裁判所，組織十字軍和托鉢僧團，擴大教廷勢力，是中古少有的一位偉大教宗。英諾森強調自己為「天主代表」，在教皇領導下才能實現「天主之城」。
1201	羅馬教廷發動第四次十字軍遠征。
1202	羅馬教廷向波羅的海（Baltic）地區的斯拉夫人發動十字軍遠征，約1204年成立立窩尼亞（Livonia）寶劍兄弟會，簡稱「立窩尼亞兄弟會」。 11月12日，范達美二世（Valdemar II）繼為丹麥國王，在位期間組織十字軍，征服波羅的海地區，形成北海第二霸權帝國。
1204	4月12日，第四次十字軍東征攻陷君士坦丁堡，大肆掠奪。皇帝阿歷克修斯五世（Alexius V）出走，東羅馬安吉勒斯王朝（Angelus Dynasty）亡。君士坦丁·拉斯克里斯（Constantine Lascaris）自立為皇帝，旋逃至小亞細亞之尼西亞（Nicaea），建立東羅馬拉斯克里斯王朝，俗稱尼西亞帝國。此後在小亞細亞和巴爾幹半島先後出現多個反十字軍政權，抗擊十字軍入侵。同年東羅馬貴族阿歷克修斯一世（Alexius I）在小亞細亞東北部的特雷比松（Trebizond）建立特雷比松帝國。麥克一世（Michael I）則割據埃皮魯斯（Epirus），建立埃皮魯斯政權。

1204	5月9日，十字軍推舉佛蘭德爾伯爵鮑德溫九世（Boudewijn IX）兼任東羅馬皇帝，稱博杜安一世（Baudouin I），建立東羅馬（拉丁政府），俗稱拉丁帝國。名義上為巴爾幹地區諸十字軍國家的宗主，實際上僅能控制首都及鄰近地區。此後在巴爾幹地區先後興起多個十字軍國家。
1208	法蘭西西南部阿爾比（Albi）興起阿爾比派，又稱為純潔派（Cathari）。後以彼得・華爾多（Peter Waldo）為領袖，發起異端運動，以圖盧茲（Toulouse）為中心，稱為華爾多派（Waldo）。羅馬教廷組織阿爾比十字軍，前往鎮壓異端運動，史稱阿爾比派戰爭。1213年阿爾比十字軍敉平異端運動，大殺阿爾比派教徒。
1215	聖多明尼克（St. Dominic）建立黑袍教團（Dominican Order），主要任務在對付異端，是中古時代教皇的審判者。 羅馬教會第四次拉特蘭（Lateran）會議，將「化體論」（Doctrine of Transubstantiation）列為聖禮的一部分；教士主持聖餐禮時，確實與神合作，以達將麵包與酒化為耶穌基督的身體與血的奇蹟。 6月15日，英格蘭地方男爵迫使國王約翰簽署《大憲章》（Magna Carta），規定國王不得逮捕、監禁自由人或沒收其財產；非經大會議同意，國王不得徵收額外稅捐等，是為英格蘭君主立憲制度之雛型。同年8月約翰宣布《大憲章》無效。地方男爵起事反對約翰，並支持法蘭西王子路易（Louis）爭奪英格蘭王位，第一次男爵戰爭爆發。1216年10月18日約翰卒，28日亨利二世（Henry III）繼位。1217年9月11日路易與亨利三世簽訂和約，放棄爭奪王位，結束戰爭。
1217	十字軍東征，以進攻埃及為目標，因為尼羅河氾濫而撤退，宣告失敗。
1218	第一次蒙古西征（1218～1223），由成吉思汗率領；因中亞國家花剌子模殺害蒙古商人及使者，成吉思汗遂親率大軍討伐花國。另一支蒙古軍北越高加索山，破欽察等部，大敗阿羅斯（俄羅斯）聯軍，至黑海北岸而還。

1225	阿奎納（Thomas Aquinas, 1225～1274）出生於義大利南部，其名著《神學概論》（Summary of Theology）強調宇宙的理性；19世紀教皇利奧九世（Leo IX）推崇其為致力學術研究的大師與嚮導。阿奎納也是煩瑣哲學（Scholasticism）的代表人物。
1226	聖方濟（St. Francis, 1182～1226）逝世，生前創立托缽制度。
1227	神聖羅馬帝國皇帝腓特烈二世發動第六次十字軍遠征，旋因病撤軍，羅馬教廷將其革出教門。1228年腓特烈二世再次領軍東征，教廷乘機組織教皇十字軍，入侵西西里。1229年腓特烈二世與埃及阿尤布簽訂和約，取回部分聖地，並撤軍西返驅逐教皇十字軍。
1235	6月，欽察可汗拔都發動第二次蒙古西征。1237年起攻入俄羅斯南部，擊敗欽察人，並征服俄羅斯諸邦。其後攻入波蘭、匈牙利、奧地利、義大利、保加利亞、羅馬尼亞，造成極大破壞，史稱「黃禍」。
1240	瑞典入侵俄羅斯，諾夫哥羅德公爵亞歷山大在涅瓦（Neva）河戰役擊敗瑞典軍，亞歷山大取得 「涅夫斯基」（Nevksy）稱號，由於他阻止俄國天主教化，被東正教封為「聖人」。
1242	4月5日，諾夫哥羅德公爵亞歷山大在派普斯湖（Peipus，俄羅斯稱楚德湖〔Chudskoye〕）的冰上擊敗條頓騎士團，史稱「冰上激戰」，又稱派普斯湖戰役。條頓騎士團被逐出俄羅斯。
1248	法王路易九世發動第七次十字軍東征（1248～1254），進攻埃及阿尤布王朝，被埃及馬木留克兵團擊敗，路易九世被俘，1250年以大筆贖金贖回。阿尤布王朝也於1250年被馬木留克王朝取代。
1254	5月21日，神聖羅馬帝國皇帝康拉德四世（Konrad IV）逝世，神聖羅馬帝國霍亨斯陶芬（Hohenstaufen）王朝亡。此後神聖羅馬帝國無正式皇帝統治，但存在若干非正統皇帝，史稱「大空位時期」。
1258	6月，英格蘭議會通過《牛津條例》（Provisions of Oxford），規定設立15人議會為國王顧問，迫國王亨利三世接受。此屆議會遂有「瘋狂議會」之稱。此後亨利三世與議會不斷進行鬥爭。
1261	7月25日，東羅馬尼西亞皇帝麥克八世攻陷君士坦丁堡，推翻拉丁

1261	政府,東羅馬重歸統一。同年8月15日麥克八世廢黜拉斯克里斯王朝皇帝約翰四世(John IV),拉斯克里斯王朝亡。至此麥克八世單獨統治全國。
1262	挪威兼併冰島。
1263	聖馬利諾開始實行由兩名執政官並治之制,延續至今。
1264	英格蘭反王派起事反對亨利三世,第二次男爵戰爭爆發。1265年反王派首領蒙特福特(Simon de Montfort)擊擒國王亨利三世,迫使亨利三世簽訂《劉易斯調解書》(Mise of Lewes),恢復《牛津條例》之規定。蒙特福特召開議會(史稱蒙特福特議會),成為日後英格蘭議會之雛型。蒙特福特掌權,保王派起而反抗,擊殺蒙特福特。1267年反王派與亨利三世達成和議,結束戰爭。
1270	法王路易九世領導第八次十字軍東征,進攻突尼西亞穆斯林哈夫斯王朝。路上發生流行病,路易九世染病身亡,軍隊撤退。
1273	9月29日,日耳曼諸侯選舉斯韋比亞公爵魯道夫一世(Rudolf I)兼任神聖羅馬皇帝,大空位時期結束。奧地利公爵奧塔卡爾(Otakar)企圖爭奪德意志王位,與魯道夫一世爆發戰爭。次年魯道夫一世擊殺奧塔卡爾,推翻奧地利巴奔堡(Babenberg)王朝。魯道夫一世兼任奧地利公爵,建立哈布斯堡(Habsburg)王朝。
約1281	小亞細亞之突厥人(其後稱為突厥人〔Osmanli Turk〕,或稱土耳其人〔Turkey〕)首領鄂斯曼一世(Osman I)反叛羅姆國,建立土耳其(Osman)政權,俗稱鄂圖曼(Ottoman)帝國或土耳其帝國。
1291	馬木路克(Mamluk)帝國發動埃及十字軍戰爭。同年5月19日攻陷阿克,滅耶路撒冷王國,消滅十字軍在巴勒斯坦的最後據點,至此十字軍遠征結束。醫院騎士團遷往塞浦路斯島(Cyprus Island)。
1294	教皇鮑尼法斯八世(Boniface VIII, 1235～1303)即位,在位期間企圖阻止民族國家發展,遭遇空前慘敗,教皇領導地位從此一蹶不振。

1297	蘇格蘭人華萊士（Wallace）發動反英格蘭起事，蘇格蘭獨立戰爭爆發。1305年華萊士被英格蘭俘殺。1306年羅伯特一世（Robert I）繼起領導起事，於同年3月27日建立蘇格蘭布魯斯（Bruce）王朝。
1302	「美男子」法王腓利四世（Philip IV, the Fair, 1268～1314）出兵逮捕教皇鮑尼法斯八世，數日後教皇去世。在法國影響下，1309～1377年教皇定居法國境內的亞威農（Avignon）；基督教史稱為「巴比倫之囚」。
1303	義大利北部異端教派使徒兄弟派首領多爾欽諾（Dolcino）和馬格里特（Margaret）在皮德蒙特（Piedmont）發動農民起事。羅馬教廷組織十字軍，於1307年敉平起事。
1309	條頓騎士團征服西普魯士（即波梅雷利亞〔Pomerelia〕），在馬里恩堡（Marienburg）建立據點，形成條頓騎士團政權。
1314	法王腓力四世將聖殿騎士團重要成員以「異端」罪名，處以火刑並解散其組織。
1321	義大利詩人但丁（Dante Alidhier, 1265～1321）逝世，其名著《神曲》（Divine Comedy）內容包含〈地獄〉、〈煉獄〉、〈天堂〉三部分，雖譴責教會的統治，但仍然未擺脫基督教神學的觀點。
1337	英法百年戰爭（1337～1453）開始，戰爭結束後，英法逐漸形成民族國家。 義大利畫家與建築師喬托（Giotto di Bondone, 1267～1337）逝世，他被譽為西方歐洲繪畫之父。
1347	東羅馬貴族所擁立的皇帝約翰六世（John VI）攻陷君士坦丁堡，驅逐在位的東羅馬皇帝約翰五世（John V）。塞爾維亞人占領馬其頓。 一種流行性淋巴腺鼠疫自亞洲傳入西西里，俗稱黑死病，其後傳播至歐洲各地，造成2,400萬人死亡。
1356	12月25日，德意志頒布《黃金詔書》（la Bolla d'Oro），正式確定勃蘭登堡侯爵、薩克遜－維滕堡公爵、波希米亞國王、萊因王權伯

1356	爵、科隆選侯－大主教、特里爾選侯－大主教和美因茲選侯－大主教為德意志七大選侯（Elector），擁有選舉德意志國王之權，並規定德意志諸侯有自主權，德意志之政治分裂局面遂成定局。
1360	12月，英格蘭與法蘭西簽訂《布雷蒂尼和約》（Treaty of Bretigny），法蘭西放棄吉延（Guyenne）、加來（Calais）等地；英格蘭國王則放棄法蘭西王位，並釋放法蘭西前國王返國復位。
1361	丹麥與漢薩聯盟（Hanseatic League）爆發第一次漢薩聯盟戰爭。1362年漢薩聯盟戰敗。1363年雙方簽訂和約，漢薩聯盟被削減在丹麥之特權。
1368	丹麥貴族發動起事，驅逐國王范達美四世（Valdemar IV）。同年丹麥與漢薩聯盟爆發第二次漢薩聯盟戰爭。1370年范達美四世返國復位，與漢薩聯盟簽訂《斯特拉爾松和約》（Treaty of Stralsund），丹麥重新承認漢薩聯盟之特權，並同意其有權干涉丹麥的王位繼承。
1374	佩脫拉克（Franceseco Petrarca, 1304～1374）病逝，被後人尊為文藝復興文學之父。
1375	文藝復興第二位偉人薄伽丘（Giovanni Boccaccio, 1313～1375）逝世。他最佳作品《十日談》（The Decameron）諷刺教會，並樹立散文典範。
約1376	英格蘭牧師威克里夫（John Wycliffe）發表《世俗統治》（On Civil Dominion）一書，在英格蘭掀起反教廷運動，其信徒形成羅拉德（Lollardy）派。
1378	4月8日，普里尼亞諾（Prignano）繼任教皇，改名為烏爾班六世（Urban VI），將教廷遷回羅馬，重建羅馬教廷。同年9月20日，部分樞機主教另選羅伯特（Robert）為教皇，改名為克萊門特七世（Clement VII），在亞威農設立教廷，與羅馬教廷並立，羅馬公教大分裂時期開始，對教皇地位的削弱影響至大。
1396	匈牙利國王日格蒙德（Zsigmond）組織反土耳其十字軍，進攻土耳其。同年9月25日土耳其在尼科波利斯（Nicopolis）戰役中大破十字軍。自此匈牙利屢遭土耳其軍隊侵略。

1398	宗教改革運動的先驅胡斯（Jan Hus, 1370～1415）任波希米亞布拉格（Prague）大學教授，開始進行反教廷運動，史稱「胡斯運動」，其後形成胡斯派（Hussitism）。

第四篇

大國崛起與文明躍升

　　全球化（Globalization）時代，由葡、西兩國的航海家揭開了序幕，唐吉訶德的長矛與阿姆斯特丹女神的手按地球，都指引歐洲人前往一個未知的新世界。

　　地理大發現帶領人類找尋新領地、新財富與新精神，葡萄牙、西班牙、荷蘭、法國、英國因此先後稱霸海洋。中國雖不是為了尋求商機，卻也同時搭上了這股熱潮，在明朝鄭和的帶領下，艦隊規模較其他歐洲航行家哥倫布、麥哲倫和達伽馬大上數倍。這段東方與西方不同訴求的航行，近來已成為全球化與跨文化交流的研究熱點。

　　學者認為，從17世紀以迄，只有荷蘭、英國、美國這三個國家算得上是超級霸權，因為它們憑藉獨創的經貿制度、穩定的政治制度、強大的軍事科技力量而稱霸一時。歷史也證明荷蘭由於腹地窄小及大英帝國殖民地崩解，而相繼退出世界舞臺中心，而其他後發國家在歷史的競賽下，也從無打敗先進國家實例。到了19世紀，俄國、德國、日本等後進強國也逐漸崛起，並且引

發了第一次世界大戰（1914～1917），戰後的美國即將在不久之後的將來稱霸世界。

由於1215年「大憲章」的典範，英女王的寬容，光榮革命之後的「權利法案」帶給英國的議會政治，使英國朝君主立憲政體發展，英國從此遠離革命風暴並加速內部的凝聚力，成為西方文明中近代議會政治和君主立憲制度的典範。中國北京大學歷史系教授錢乘旦認為：「英國最早建立了現代國家制度，例如：內閣制、君主立憲制、兩黨制、政府對議會責任制等。這樣的政治制度能夠使國家長治久安，長久地保持一種穩定的狀態，所以對經濟發展是有利的。」從1588年戰勝西班牙的無敵艦隊，到1688年的光榮革命，在整整一個世紀裡，英國正式確立了議會高於王權的政治原則，並建立君主立憲制。一方面調整內部制度，一方面積極對外擴張。光榮革命前後的英國，人口大量增長，商業和手工業迅速發展，對外貿易成為越來越重要的國計民生。持續的海外擴張和殖民貿易，帶動了對商品的需求，也帶來了18世紀的工業革命。科學意識和市場意識，提高了英人普遍的知識水準，在各種因素複合之下，英國成為世上第一個工業化國家，開創了影響深遠的自由主義經濟模式，建立起「日不落帝國」。倫敦，也在19世紀取代阿姆斯特丹成為歐洲金融業的中心。

14世紀時，蕞爾小國荷蘭由捕魚的傳統改變及創新，發展出龐大的海上貿易，荷蘭的商船往來於世界各國，伴隨著商業貿易的發展，城市逐漸興旺。在荷蘭獨立之前，西班牙是荷蘭貿易的主要來源，荷蘭獨立後，西班牙禁止荷蘭商船進入。1602年，荷蘭聯合東印度公司成立，在短短5年內，每年都向海外派出50支商船隊，遠超過西、葡船隊的總和，後來更吸引了一批喀爾文教派的信徒來到阿姆斯特丹。1609年，世上第一個股票交易所誕生在阿姆斯特丹，當大量的金銀幣以空前的速度循環流通時，荷蘭的經濟血脈開始變得擁堵，於是荷蘭建立了現代經濟的核心領域──銀行。著名社會學家韋伯（Max Weber）在《基督新教倫理與資本主義精神》一書中即指出：荷蘭將資金投資新式工商業，成為歐洲最早誕生資本主義的國家；但荷人殖民第一次重挫則是明朝鄭成功的收復臺灣。不過在17世紀的阿姆斯特丹，已經發展成為歐洲金融業的重心。今日荷蘭的教育系統培養出良好的經商人才，荷蘭學生畢業要會說3種語言，因為荷人自認是大國，唯

有聽懂他國語言，才能參與國際事務。17世紀時，面積只相當於兩個北京的荷蘭，憑藉一系列現代金融和商業制度的建立，締造了一個稱霸全球的商業帝國。

　　相較於荷蘭與英國先後稱霸海洋，最早擁有龐大殖民地的西班牙則逐漸沒落，由於不斷的外拓與戰爭，以及通貨膨脹大量損耗掠奪而來的財富，再加上帝國對宗教事務的狂熱並且敵視工商業，曾經驅逐大批猶太人移民荷蘭一帶，這樣的結果，社會自然缺乏競爭力。1713年，由於西班牙哈布斯堡王朝絕嗣，由法國國王路易十四之孫腓力五世繼承西班牙王位，西班牙則將直布羅陀割予英國，英國在該地建立軍事要塞及海軍基地，從此控制大西洋與地中海之間航道。在路易十四在位期間，也曾派遣耶穌會精通數學的宣教士來到中國，當時在位的是甚好數學的清聖祖康熙帝，耶穌會士在當時參與製作了數學用表（資儀器）、十位元盤式手搖計算機、銅鍍金簡平儀、半圓地平日晷等儀器；另外也有各種藝術品，其中包括路易十四玻璃肖像，是中法文化與藝術的交會。此外，伊莉莎白一世於1603年逝世並絕嗣，於是從蘇格蘭迎來詹姆士六世（James VI）成為英格蘭的詹姆士一世，並開啟司圖亞特王室（House of Stuart）。於是在歷史淵源上，蘇格蘭與英格蘭兩地因王室關係而維繫特殊情感。

西洋史
大事長編

這600多年的歷史，其實蘊含深刻的歐洲文化基礎；從文藝復興、宗教改革、科學革命、啟蒙運動、工業革命等里程碑式進展，無處不包括豐富的人文結合科學的文化底蘊；不但使歐洲文明快速躍升，也因為在以武力拓殖的全球化過程中，改變了世界的權力結構。古老的中國被以武力敲開了紫禁城門，亞洲、非洲、拉丁美洲許多國家或地區，也迅速成為西方士兵、商人和傳教士等三方勢力入侵下的殖民地，他們支配了當地的政治和經濟利益，也瓦解傳統的土著文化，其結果是埋下今日南北貧富的差距及文化帝國主義衝突的根本原因。

1789法國大革命爆發，帶給法國人民動盪與戰爭，我們可經由雨果的《悲慘世界》一窺真相。但巴黎卻由喜愛古羅馬建築的拿破崙仿效古羅馬城市規劃重披巴黎新衣，代表作品有羅浮宮西側的凱旋門「Arcde Triomphe du Carrousel」及星型廣場上的凱旋門。1840年其遺骸被迎回巴黎安葬於巴黎圓頂教堂。近代巴黎建設則奠基於其姪子拿破崙三世，他任命塞納省長的奧斯曼男

爵（Barron Georges Eugène Haussmann, 1853～1870）更新
都市規劃興建築，在20年間獲中央全力支持而大刀闊斧建設，
共完成137公里林蔭大道與600公里下水道系統，另有巴黎歌
劇院、星型廣場等連結12條道路而呈輻射狀；公共設施包括教
堂、公廁、報亭、圖書館、時鐘，另有聖厄金聖瑟西爾教堂及
巴黎菜市場，後兩座建築完全是金屬結構，充分反映19世紀工
業革命的建築表現。巴黎在1878、1889、1900年接連舉辦三次
世博會，成為引領前衛風潮的國際文化重鎮，劇場、豪華百貨
公司、聲色場所、高級餐廳、電影及馬戲團等娛樂，使巴黎成
為令人神往的花都。1900年的世博會吸引超過5千萬參觀者，
人數直到1970年才被大阪世博會超越。1900年世博會中新藝術
（Art Nouveau）的風格大放異彩，1900年配合世博會營運的
巴黎地鐵出口站，其設計完全採用金屬與玻璃搭配呈現出動態
性的表現；另有著名奧塞車站（Grre d'Orsay）於1900年正式
啟用，1985年改為展示印象派為主的奧塞美術館，是19世紀巴
黎金屬結構中最具代表性的建築，也帶動世界各地將老舊建築
改造成展覽空間風潮。1878年建造下水道系統，1884年巴黎使
用大垃圾桶，其名稱為「Poubelle」，就是紀念當年塞納省長
普貝爾（Eugène Poubelle）的推動。1878年首度使用電力照明
的路燈出現在巴黎歌劇院廣場。1872年英國慈善家華萊士（Sir

Richard Wallace）捐贈巴黎60多座鑄鐵雕像的飲水設施。1898年，雷諾公司開始生產小型汽車成為知名品牌。由於巴黎在19世紀末進行完善又宏偉的都市計畫，成為全世界的都城典範，在施植明的《閱讀巴黎──建築群象與歷史印記》的內容中印證了海明威所言「巴黎正是一場流動的盛宴」，足以稱為近代西方的永恆之城。

年 期	歷 史 大 事
1409	6月26日，亞威農比薩宗教會議召開，決議廢黜羅馬教皇格利葛雷十二世（Gregory XII）和亞威農教皇本篤十三世（Benedict XIII），另選菲拉爾伊（Philargos）為教皇，改名為亞歷山大五世（Alexander V），形成三教皇並立。
1415	8月24日，葡萄牙亨利王子（Prince Henry of Navigator, 1394～1460）率領船隊抵達摩洛哥的休達（Ceuta），建立殖民地。而明朝鄭和遠航始於1405年，最遠達非洲東岸。
1417	4月18日，紐倫堡伯爵腓特烈（Frederick）兼稱勃蘭登堡選侯，稱腓特烈一世（Frederick I），建立勃蘭登堡霍亨索倫王朝。 11月11日，君士坦斯宗教會議另選科隆納（Colonna）為教皇，改名為馬丁五世（Martin V），宣布重新統一羅馬公教，重設羅馬教廷。亞威農教皇本篤十三世拒絕退位，羅馬公教會予以罷黜。羅馬公教之大分裂時代結束。
1428	貝德福公爵約翰圍攻奧爾良，1429年4月法人貞德（Jeanne d'Arc）組織民軍抵抗英人。5月，貞德擊敗約翰，解除奧爾良之圍。1430年貞德被俘，於1431年5月30日在里昂（Rouen）被以「異端」罪名處死。
1434	佛羅倫斯銀行家麥第奇（Medici）家族科西莫（Cosimo）奪取佛羅倫斯政權，自此麥第奇家族世襲統治佛羅倫斯。
1436	法蘭西收復巴黎，並於1453年擊敗英格蘭。英格蘭國王亨利六世放棄法蘭西王位，喪失法蘭西全部領土，百年戰爭結束。
1438	法蘭西頒布《國是詔令》（Pragmatic Sanction of 1438），宣稱宗教會議的權力高於羅馬教皇。
1448	葡萄牙開始在撒哈拉沙漠以南的非洲建立殖民地。1503年起建立亞洲殖民地。1532年起建立南美洲巴西殖民地。
1449	羅倫佐（Lorenzo de'Medici, 1449～1492）出生，其家族最後一位貴族安娜瑪麗亞（Anna Maria Luisa de'Medici, 1667～1743），遺言

1449	是：「麥第奇家族的最後財產，不得運出佛羅倫斯，應妥為保存，以供後人瞻仰。」因此，麥第奇家族的財產就作為佛羅倫斯的遺產，保留到現在。
1453	5月29日，鄂圖曼土耳其攻陷君士坦丁堡，東羅馬帝國亡。
1455	英格蘭約克公爵理查（Richard）聯合沃爾維克（Warwick）伯爵理查二世（Richard II）反抗國王亨利六世。因約克家族配戴白玫瑰，沃爾維克屬蘭卡斯特家族，配戴紅玫瑰，史稱玫瑰戰爭（Wars of the Roses）。1485年，瑞奇蒙（Richmond）伯爵亨利（Henry）起事，於同年8月22日推翻約克王朝，建立都鐸（Tudor）王朝，稱亨利七世（Henry VII）。玫瑰戰爭結束。
1468	2月3日，德國發明活字版印刷術鼻祖古騰堡（Johannes Gensfleisch zur Laden zum Gutenberg, 1398～1468）在貧困中去世。
1469	伊比利半島的卡斯提爾王國（Castile）女王伊莎貝拉與亞拉岡（Aragón）國王腓迪南結婚，奠定西班牙統一基礎。
1472	莫斯科公爵伊凡三世娶前東羅馬公主蘇菲亞（Sophia Paleologus），稱莫斯科為第三個羅馬，自為皇帝，即俄文「沙皇」（Tzar）。
1488	2月，葡萄牙探險者迪亞士（Bartholmeu Dias, 1450～1500）發現南非好望角，開闢大西洋和印度洋之間的新航路。
1492	10月12日，哥倫布（Christopher Columbus, 1446～1506）率船隊到達美洲加勒比海，史稱發現新大陸。哥倫布誤以為到達印度，後人遂將加勒比海諸島稱為西印度群島（West Indies），把美洲土著稱為印第安人（Indian），原意為印度人。
1493	5月4日，教皇亞歷山大六世（Alexender VI）主持西班牙與葡萄牙協議，劃定兩國西半球勢力範圍之分界線。次年6月7日簽訂《托爾德西拉斯（Tordesillas）條約》，將兩國勢力範圍分界線向西移，是為托爾德西拉斯線，又稱「教皇子午線」。開啟大國瓜分殖民地。
	8月19日，馬克西米連一世（Maximilian I）繼任奧地利大公兼德意

1493	志國王,並於1496年重新統一哈布斯堡家族。
1498	5月22日,葡萄牙探險者達伽馬(1469~1524)航行到達印度,開啟了由西歐通往東亞的新航路,以傳教及香料為目的。
15世紀末	英格蘭貴族開始大規模圈占農村公地和農民耕地,將之改為牧場,以發展養羊業,史稱「圈地運動」。
1502	9月,佛羅倫斯探險者亞美利哥‧韋斯普奇(Amerigo Vespucci)為葡萄牙完成在巴西的航行,最終確定哥倫布所到達之「印度」其實為一個「新大陸」。後世遂以亞美利哥之名把新大陸命名為亞美利加洲(America, 中文簡稱美洲)。
1503	教皇朱理二世(Julius Ⅱ)為興建聖彼得教堂而發行贖罪券(Indulgences),此為13世紀士林派神學家發展出來的理論,爾後利奧十世(Leo X)在1517年亦委託民間富格家族(Fuggers)的銀行發行。
1508	德意志國王馬克西米連一世得到羅馬教廷同意,自號「神聖羅馬皇帝」。此後德意志國王不再到羅馬接受加冕為皇帝,而是在登位後自動取得「神聖羅馬皇帝」的尊號。
1509	2月2日,葡萄牙海軍在第烏(Diu)擊敗阿拉伯人和印度人的聯合艦隊。自此葡萄牙取得印度洋海上霸權。次年占領果阿(Goa)作為葡屬印度(Portuguese India)的首府。 4月22日,英格蘭國王亨利七世(Henry VII)逝世,亨利八世繼位。
1511	8月10日,葡萄牙攻滅馬六甲(Malacca),控制馬六甲海峽。同年,前馬六甲國王馬哈茂德一世(Mahmud Shah I)逃奔馬來半島南部的柔佛(Johore),改稱柔佛國王,建立柔佛王國(馬六甲王朝)。
1512	德意志各邦國舉行科隆議會,將240個邦國(不包括波希米亞和普魯士)歸屬10個區域:奧地利、巴伐利亞(Bavaria)、斯韋比亞(Swabia, Suabia, or Svebia)、法蘭科尼亞(Franconia)、上萊因(Upper Rhine)、下萊因(Lower Rhine)、勃艮第(Burgundy)、威斯特法里亞(Westphalia)、上薩克遜(Upper Saxony)和下薩克遜

	（Lower Saxony）。各區域設有自己的議會。
1512	在1434～1494年曾長期統治佛羅倫斯達60年的麥第奇（Medici）家族於1512年與1530年再次掌權。1569年將佛羅倫斯共和國改為托斯卡尼大公國（Grand of Tuscany），世襲大公之職。
1513	羅倫卓·麥第奇（Lorenzo de Medici）之子約凡尼（Glivovanni）當選教皇，稱為利奧十世（Leo X），使羅馬取代佛羅倫斯的政治中心地位。其任內完成由拉斐爾、米開朗基羅所設計的聖彼得大教堂（St. Peter's Church）。
1514	土耳其入侵波斯，伊土戰爭爆發。此後兩國為爭奪高加索（Caucasus）南部、庫爾德斯坦（Kurdistan）和伊拉克進行長期戰爭。 4月，羅馬教廷在匈牙利組織反土耳其十字軍，同年5月多沙（Dozsa）發動十字軍進行反封建起事，史稱「十字軍起事」，建立匈牙利共和國。7月匈牙利政府敉平起事。匈牙利召開議會，通過法令，剝奪農民的人身自由和土地權，史稱「野蠻議會」。
1516	摩爾（Sir Thomas More）出版《理想國》（Utopia），揭發社會弊端，1537年被英王亨利八世處死。 神聖羅馬帝國皇帝查理五世（Charles V, 1500～1558）於1516年繼承西班牙、那不勒斯（Naples）、西西里三國王位，1519年又繼承歐洲著名王室哈布斯堡家族奧地利大公（Archduck of Austria）的爵位與轄地，並於1520年當選神聖羅馬皇帝。
1517	10月31日，德意志神學家馬丁·路德（Martin Luther）發表《九十五條論綱》，攻擊贖罪券，指責羅馬教廷腐敗，宗教改革運動開始。
1519	葡萄牙探險者麥哲倫（1480～1521）開始環繞地球之航行。3月15日發現菲律賓。1521年4月27日麥哲倫在菲律賓群島遭土著所殺，其部屬卡諾（del Cano）繼續率領船隊航行，僅剩一船取道印度洋及好望角，並於1522年返國，完成環繞地球一周之航行。此次航行證實地球是圓的，開啟了西方人探尋太平洋諸島的歷史。1565年西班牙

1519	開始在亞洲太平洋地區建立殖民地。其壯舉有如美國登陸月球。
	瑞士神學家茲文格利（Zwingli）在蘇黎世推行宗教改革運動，組織新教會，並且與公教貴族爆發內戰。自此瑞士諸州遂分裂為新教州和公教州。
	達文西（Leonardo de Vinci, 1452～1519）逝世，最具代表性名畫為〈蒙娜麗莎的微笑〉；但引起後世廣泛討論的則是壁畫〈最後的晚餐〉。
1520	天花病經西班牙殖民者傳播至阿茲特克人。其後天花病在美洲散播，造成大量美洲土著死亡。
	教皇利奧十世正式譴責馬丁·路德，神聖羅馬皇帝查理五世（Charles V）也頒布《伏爾姆斯詔書》（Edict of Worms）制裁；但詔書並未執行。
	10月21日，葡萄牙航海家麥哲倫率船隊首次進入南美洲南端海峽，後來便命名為麥哲倫海峽。
1521	1月3日，馬丁·路德因神學觀點不同，被羅馬教宗開除教籍。
	4月21日，西班牙國王卡洛斯一世兼奧地利大公卡爾一世把奧地利君位讓予腓迪南一世（Ferdinand I）。哈布斯堡家族遂分為西班牙哈布斯堡支系和奧地利哈布斯堡支系。
	5月，德意志召開沃爾姆斯宗教會議，頒布《沃爾姆斯敕令》，宣布馬丁·路德為異端。薩克遜庇護馬丁·路德。其後在德意志部分邦國形成新信仰路德派（Lutheranism），又稱信義會，德意志諸侯分裂為公教派和路德派兩派。
1522	法蘭西入侵義大利，第一次哈布斯堡－瓦羅亞（Hapsburg-Valois）戰爭爆發。1525年2月24日，西班牙在帕維亞戰役（Battle of Pavia）擊敗法蘭西軍，俘法蘭西國王佛蘭西斯一世（Francis I）。1526年1月14日，法蘭西簽訂《馬德里條約》，承諾放棄佛蘭德爾、阿圖瓦和勃艮第。佛蘭西斯一世被釋返國。

1522	12月24日，土耳其將醫院騎士團逐出羅德斯島。
1524	西班牙設立印度各區事務委員會，負責管理其美洲殖民地。
1525	4月8日，條頓騎士團總團長霍亨索倫家族亞伯特（Albrecht）改信路德派，改稱普魯士公爵，建立普魯士政權。
1526	5月22日，法蘭西與羅馬教廷、威尼斯和佛羅倫斯組成科涅克（Cognac）聯盟，共同對抗西班牙。同年7月24日，西班牙入侵義大利，第二次哈布斯堡－瓦羅亞戰爭（又稱科涅克聯盟戰爭）爆發。1529年8月3日，法蘭西與西班牙簽訂《康布雷條約》（Treaty of Cambrai），法蘭西和威尼斯放棄在義大利的部分領地。 8月29日，土耳其在第一次摩哈赤（Mohacs）戰役中擊殺匈牙利國王拉約什二世（Lajos II）兼波希米亞國王路德維克（Ludvik）。同年10月23日，奧地利大公腓迪南一世兼任波希米亞國王，自此奧地利長期兼領波希米亞。
1527	5月17日，佛羅倫斯爆發起事，麥第奇「王朝」被推翻。起事者成立起事政府，於1529年選舉卡爾杜奇（Karduchi）為行政首長。約1531年西班牙攻陷佛羅倫斯，佛羅倫斯前統治者亞歷山德羅（Alessandro）復辟麥第奇「王朝」。 6月21日，馬基維利（Niccolò di Bernardo dei Machiavelli, 1469～1527）逝世，生前名著《君王論》及《論李維》，提出君主為了保持美譽不惜私下採取邪惡手段，在政治上切割了現實主義與理想主義。
1529	德意志召開斯佩耶爾（Speyer）議會，重申對路德派之禁令。路德派諸侯提出抗議，自此遂有「抗議宗」，亦譯作「新教」（Protestantism）之稱號。
1530	西班牙將地中海中部的馬爾他（Malta）群島封予醫院騎士團，同年10月26日，醫院騎士團占領馬爾他群島，重建政權，自此又稱馬爾他獨立軍事騎士團。

1533	英格蘭國王亨利八世因婚姻問題與坎特伯雷（Canterbury）大主教克朗默爾（Cranmer）發生衝突，被羅馬教廷革出教門。次年英格蘭通過《最高法案》，授予亨利八世以英格蘭教會最高元首之稱號。自此英格蘭教會遂脫離羅馬公教，改而隸屬於國王，形成英格蘭教會（Anglicanism），亦稱聖公會（Episcopal Church）。
1534	西班牙貴族羅耀拉（Loyola）創立耶穌會（Society of Jesus），捍衛羅馬公教。
1536	伊拉斯莫斯（Desiderius Erasmus, 1466～1536）逝世，他開啟荷蘭、比利時與盧森堡的文學與哲學復興史，倡導自由主義哲學。 喀爾文（John Calvin）出版《基督教規則》（Institutes of the Christian Religion），主張克制天性、傳教工作、反對暴政，其理論最接近聖奧古斯汀思想。 4月，法蘭西再次入侵義大利，第三次哈布斯堡－瓦羅亞戰爭爆發。
1538	6月18日，法蘭西與西班牙簽訂《尼斯（Nice）停戰協定》，協議停戰10年。
1541	土耳其入侵匈牙利，併吞匈牙利中部地區，並立匈牙利國王伊昂・西吉斯蒙德・扎波里耶（Ioan Sigismund Zapolyai）兼為特蘭西瓦尼亞親王，建立特蘭西瓦尼亞親王國，統治匈牙利東部。至此匈牙利被分割為三部分：東部為特蘭西瓦尼亞，西部為奧地利統治，中部併歸土耳其帝國。1547年土耳其與匈牙利簽訂《五年休戰條約》，匈牙利僅保有小部分領土，並須向土耳其納貢。 6月，瑞士宗教改革領袖喀爾文取得日內瓦的政權，在日內瓦進行宗教改革，實行神權統治，形成喀爾文派（Calvinism），又稱改革會（Reformed Churches）。至此形成新教三大宗派：路德派、英格蘭教會和喀爾文派。其後又繼續出現其他新教宗派，其中較重要者包括：公理派（Congregationalism）、浸禮派（Baptist Churches）、衛斯理派（Wesleyanism，又稱循道派〔Methodism〕）、貴格派

1541	（Quakerism）、五旬節派（Pentecostalism）、虔誠派（Pietism）和復興派（Restorationism）。
	英格蘭國王亨利八世兼稱愛爾蘭國王，建立愛爾蘭王國。
1542	法蘭西與西班牙爆發第四次哈布斯堡－瓦羅亞戰爭，以尼德蘭作為主戰場。1544年9月18日兩國簽訂《克雷西庇（Crespy）條約》，各自放棄部分屬地。
1543	5月24日，波蘭天文學家哥白尼（Nicolas Copernicus）發表《天體運行論》，提出太陽中心說。科學革命開始，中古西方世界的宗教玄想主義逐漸被科學精神取代。
1545	羅馬教皇保祿三世（Paul III, 1468～1549）召開特蘭托（Trent）宗教會議，決議改革教會陋習，恢復宗教裁判所（Inquisition），由耶穌會推行反宗教改革運動。
1547	1月16日，莫斯科公爵兼弗拉基米爾大公伊凡四世改稱俄羅斯沙皇（Tzar of Russia），建立俄羅斯帝國留里克王朝。同年6月26日伊凡四世親政。
16世紀中葉	喀爾文派傳入法蘭西，稱為胡格諾（Huguenot）派，在法蘭西掀起宗教改革運動。法蘭西貴族分裂為兩派，分別是以吉斯家族為首的公教派和以波旁家族為首的胡格諾派。
1552	德意志路德派諸侯聯合部分公教諸侯擊敗德意志國王卡爾五世。1555年9月25日，卡爾五世與諸侯訂立《奧格斯堡宗教和約》，確認諸侯有宗教自由。
1553	7月19日，瑪麗一世（Mary I）繼為英格蘭國王。同年瑪麗一世與西班牙王子腓力（Felipe）結婚，改信羅馬公教。自1555年起，開始迫害新教徒，人稱「血腥瑪麗」。
1556	法蘭西與羅馬教廷結盟，入侵義大利，第五次哈布斯堡－瓦羅亞戰爭爆發。1557年法蘭西軍被擊敗。1559年4月3日，法蘭西與西班牙簽訂《卡托－康布雷西（Cateau-Cambresis）和約》，法蘭西放棄在義大利所占的領土，義大利諸戰爭終告結束。

1556	1月16日，西班牙國王兼德意志國王查理五世放棄西班牙君位，其子腓力繼為西班牙國王，稱腓力二世（Felipe II）。9月1日，卡爾五世放棄其德意志君位，奧地利大公腓迪南一世兼任德意志國王。卡爾五世的領地被分別劃歸奧地利和西班牙的哈布斯堡家族：前者統治奧地利、波希米亞、匈牙利等地；後者統治西班牙、那不勒斯、西西里、勃艮第區域（即尼德蘭地區）以及美洲諸殖民地。
1557	葡萄牙侵占中國南方之澳門（Macau）。
1558	11月17日，英格蘭國王瑪麗一世逝世，同父異母妹妹伊莉莎白一世（Elizabeth I）繼位。在位期間通過「最高法案」（Act of Supremacy），英王為教會最高領袖。
1559	英國國會再通過《最高統領法》及《禮拜統一條例》（Act of Uniformity），女王稱為英國教會唯一的「最高監理者」，1563年通過「39條信款」，使英國國教變成籠統含混、兼容並蓄的新教。
1560年代	喀爾文派傳入英格蘭，形成清教派（Puritanism）。其後清教派發起清教運動，反對英格蘭教會和專制王權。
1561	11月28日，俄羅斯擊滅立窩尼亞條頓騎士團政權，其領土被分割，北部地區併歸瑞典和立陶宛；南部則由波蘭控制，波蘭封總團長凱特勒（Kettler）為庫爾蘭（Kurland）公爵，建立庫爾蘭公國，統治南部地區。次年3月5日，立陶宛大公兼稱立窩尼亞親王，成立立窩尼亞政權，但立窩尼亞戰爭持續進行。
1562	法蘭西之胡格諾派發動起事，宗教戰爭（又稱胡格諾戰爭）爆發。
1563	丹麥和瑞典為爭奪北歐霸權，爆發北方七年戰爭。1570年兩國簽訂《斯德丁（Stettin）條約》，結束戰爭。
1564	米開朗基羅（Michelangelo Buonarotti, 1475～1564）逝世，其最大成就是完成梵蒂岡教皇的西斯汀私人禮拜堂（Chapel of Sistine）的系列壁畫，其中〈最後的審判〉被稱為世界最著名畫作。 7月25日，奧地利大公腓迪南一世逝世，三子分立，奧地利哈布斯堡家族遂分裂為奧地利系、提羅爾系和斯提里亞系。

1572	印加國王圖帕・阿馬魯一世（Thupa Amaru I）起事反抗西班牙，失敗，印加亡。
	8月24日，法蘭西胡格諾派教徒在聖巴塞羅繆（Saint Bartholomew）節齊集巴黎，慶祝那瓦爾國王亨利三世（Henri III）與法蘭西公主瑪格里特（Margaret）的婚禮。法國太后與吉斯公爵亨利一世密謀策畫襲擊，屠殺胡格諾派教徒數千人，史稱「聖巴塞羅繆慘案」。
1576	尼德蘭7省在根特（Ghent）開會，訂立《根特協定》，誓言爭取獨立，組成同盟。
	法蘭西內戰各方簽訂《沙特諾瓦（Chastenoy）和約》，給予胡格諾派優厚條件。吉斯公爵亨利一世不滿，組成公教聯盟（俗稱神聖聯盟）以對抗胡格諾派，以國王亨利三世為首領。亨利三世下令在全國禁止新教。
1578	英格蘭在北美洲建立殖民地，開始形成英格蘭殖民帝國，史稱「第一帝國時期」。
1579	1月6日，尼德蘭西南部諸省退出革命，並組成阿拉斯（Arras）聯盟，企圖聯合西班牙以對抗北方各省。1581年，北方各省（荷蘭、西蘭、烏得勒支〔Utrecht〕、格爾德蘭〔Gelderland〕、格羅寧根〔Groningen〕、弗里斯蘭〔Friesland〕、上艾瑟爾〔Overyssel〕、佛蘭德爾和布拉邦特〔Brabant〕）宣布脫離西班牙獨立，組成烏得勒支聯盟。威廉一世任荷蘭省執政官。其後佛蘭德爾和布拉邦特遭西班牙擊敗，被迫退出聯盟。
1580	1月31日，葡萄牙國王亨利（Henri）逝世，無嗣。西班牙國王腓力二世兼稱葡萄牙國王，控制葡萄牙。自此葡萄牙國勢衰落。
1581	7月26日，烏得勒支聯盟各省合併成立尼德蘭聯省共和國。政權具有邦聯性質，各省保留獨立地位。荷蘭執政官威廉一世任尼德蘭執政官，自此奧蘭治（Orange）家族世襲統治尼德蘭，形成尼德蘭奧蘭治「王朝」。南方各省繼續處於西班牙統治下，稱為西屬尼德蘭（Spanish Netherlands）。

1582	1月，俄羅斯與波蘭簽訂停戰協定。次年8月又與瑞典簽訂停戰協定，放棄所侵占的立窩尼亞領土。立窩尼亞戰爭結束。
	3月1日，羅馬教皇格利葛雷十三世（Gregory XIII）頒布新曆法，由此年10月15日起實施。此後格利葛雷曆（俗稱「新曆」）逐漸取代朱里厄斯曆（俗稱「凱撒曆」、「舊曆」），並成為全世界的公用曆法。
1585	宗教戰爭復起，因戰事發生於法蘭西國王亨利三世、那瓦爾的亨利和吉斯公爵亨利，故稱「三亨利戰爭」。
1588	5月，公教聯盟發動起事，驅逐國王亨利三世，組成16人委員會（以吉斯公爵亨利一世為首），統治巴黎。同年12月23日，亨利三世派人刺殺亨利一世。
	7月31日，英格蘭在無敵艦隊之役中擊潰西班牙無敵艦隊，自此西班牙不但喪失海上霸權，也使帝國走入強國尾聲。
1589	那瓦爾的亨利即位，稱亨利四世，成為波旁王室（House of Bourbon）第一位君王，以塞納河附近的羅浮宮（Louvre）為王廷。
1590	俄羅斯與瑞典再度爆發戰爭。1595年兩國簽訂《特辛那（Teusina）條約》，結束俄羅斯的25年戰爭。
1594	3月，法蘭西國王亨利四世獲全國承認，法蘭西全國統一，宗教戰爭結束。
1596	包汀（Jean Bodin, 1530～1596）逝世，他於1576年出版《國家論》（La Republique），主張「君權神授」，認為君主是唯一的統治者，不受法律約束。
1598	1月7日，俄羅斯留里克王朝亡。權臣高篤諾夫（Boris Godunovt）建高篤諾夫王朝。
	4月13日，法王亨利四世（Henry IV）頒布《南特詔書》（Edict of Nates），訂定羅馬公教為法蘭西具統治地位的宗教，並給予胡格諾派與公教徒同等的政治權利。
	9月2日，俄羅斯滅西伯利亞王國，開始征服西伯利亞。

1600	英格蘭東印度公司於孟買成立,享有對印度貿易的專利權。英格蘭開始在亞洲進行殖民擴張。
1602	3月20日,尼德蘭東印度公司於巴達維亞(今爪哇島的雅加達)成立,開始在亞洲和美洲建立殖民地,形成尼德蘭殖民帝國。
1603	3月24日,英格蘭女王伊莉莎白一世逝世,無嗣,都鐸王朝告終。蘇格蘭國王詹姆斯六世(James VI)兼任英格蘭國王,史稱詹姆斯一世(James I),開啟斯圖亞特(Stuart)王朝在英格蘭的統治,為英國最後一代的專制王朝。
1604	法蘭西東印度公司成立,開始在亞洲和美洲建立殖民地,形成法蘭西殖民帝國。 葡萄牙設立印度各區事務委員會,負責管理其東方殖民地和巴西事務。
1606	莎士比亞(William Shakespeare, 1564～1616)創作之戲劇《李爾王》(King Lear)進行首演。
1608	德意志新教諸侯組成新教聯盟,以萊因王權選侯腓特烈四世(Friedrich IV)為首領。次年7月10日,公教諸侯組成公教聯盟,以巴伐利亞公爵馬克西米連一世(Maximilian I)為首領,相互對抗。 12月9日,《失樂園》(Paradise Lost)作者,英國詩人米爾頓(John Milton, 1608～1674)誕生於倫敦。
1609	中國茶葉透過尼德蘭東印度公司首度輸入歐洲。 4月9日,西班牙與尼德蘭訂立《十二年休戰協定》,承認尼德蘭七省獨立,同意尼德蘭聯合共和國的存在。南部地區(比利時諸省)仍歸西班牙統治,統稱西屬尼德蘭。
1610	英格蘭殖民者入侵美洲土著波瓦坦人(Powhatan)的土地,爆發衝突。此後西方各國殖民者(包含之後的美國)與北美洲土著爆發多場戰爭,統稱為印第安戰爭。 7月17日,瑞典趁俄羅斯內政不安,進而入侵,史稱「英格里亞戰爭」

1610	（Ingria War）。
1613	2月21日，俄羅斯貴族們推舉羅曼諾夫（Mikhail Romanov）為沙皇，開啟羅曼諾夫（Romanov）王朝，結束混亂時期。
1616	莎士比亞逝世，其代表作品《威尼斯商人》、《羅密歐與茱麗葉》、《哈姆雷特》等均膾炙人口且影響後世。 西班牙作家塞凡提斯（Miguel de Cervantes, 1541～1616）逝世，其代表作品《唐吉訶德》（Don Quixot），內容嘲諷西班牙傳統封建制度及貴族，也象徵西班牙國勢的衰弱，被譽為第一部現代小說。塞凡提斯也是西班牙的文學王子。
1617	2月27日，英格里亞戰爭結束，俄羅斯與瑞典簽訂《斯托爾波沃和約》（Peace of Stolbovo），俄羅斯喪失波羅的海出海口。
1618	5月23日，波希米亞爆發反奧地利起事，起事者攻入布拉格王宮，將親奧地利參議官擲出窗外，史稱「擲出窗外事件」。奧地利進攻波希米亞平亂，引爆日耳曼各邦、丹麥與瑞典君主聯合反抗哈布斯堡干涉，史稱「三十年戰爭」。
1619	8月26日，波希米亞起事後成立之新政府選舉萊因王權選侯腓特烈五世（Friedrich V）兼任波希米亞國王，是為貝德里希二世（Bedrich II）。次年11月8日，奧地利在白山（White Mountain）戰役擊敗波希米亞和萊因軍，貝德里希二世逃奔尼德蘭。奧地利恢復對波希米亞的統治，實行高壓政策，史稱「黑暗年代」。
1620	11月11日，一群英格蘭清教徒航行到達北美洲鱈魚角（Cape Cod），簽訂《五月花號協定》（Mayflower Compact），以普利茅斯（Plymouth）為據點建立自治體，為日後英屬北美自治殖民地的雛型。
1621	6月3日，尼德蘭西印度公司成立，享有非、美兩洲貿易專利權。
1623	6月，尼德蘭人向美洲土著購得今美國曼哈頓島（Manhattan），建立新尼德蘭（New Netherland）殖民地。1653年改稱新阿姆斯特丹（New Amsterdam）。

1624	尼德蘭殖民者入侵中國明代轄下的臺灣島。1626年西班牙殖民者入侵臺灣島。 8月13日，利希留（Cardinal Richelieu）任法國首相，主政18年。掌政期間加強中央集權，獲得路易十三全力支持。
1625	丹麥國王克里斯蒂恩四世（Christian IV）介入三十年戰爭，成為德意志新教邦國的首領，三十年戰爭之丹麥階段開始。 3月27日，英格蘭國王詹姆斯一世逝世，查理一世（Charles I）繼位，實行專制統治。
1626	英人培根（Francis Bacon, 1561～1626）逝世，生前提出「歸納法」（Induction Method）的新治學法。 西班牙人抵臺灣最東點，命名「聖地牙哥」（San Tiago，即今三貂角）；再進雞籠港，命名「聖三位一體」（Santisima Trinidad）；隨後在今和平島登陸築城，取名「聖薩爾瓦多」（San Salvador）。
1628	4月，瑞典國土古斯塔夫二世（Gustavus II）介入三十年戰爭。 6月7日，英格蘭國王查理一世被迫接受國會草擬的《權利請願書》（Petition of Right），內容包含所有未經國會通過的租稅均為非法、禁止士兵駐紮私人住所、禁止隨意監禁人民、禁止平時實施戒嚴令。 西班牙人占領滬尾（今淡水），並築城取名為「聖多明哥」（San Domingo，即今紅毛城）。
1630	德國數理學家兼天文學家克卜勒（Johannes Kepler, 1571～1630）逝世，生前證明行星循橢圓形軌道繞太陽運行，而非圓形軌道，影響了牛頓（Issac Newton）的萬有引力原理。
1632	俄羅斯在西伯利亞東部建立雅庫茨克城，作為在遠東擴張的中心。
1635	尼德蘭占據了原屬葡萄牙的巴西東北部伯南布哥省與臺灣。1642年尼德蘭驅逐西班牙殖民者，臺灣遂成為尼德蘭殖民地。

1635	5年30日，奧地利與德意志新教邦國簽訂《布拉格和約》（Peace of Prague），結束三十年戰爭之瑞典階段。
1636	法國與瑞典結盟，共同對抗西班牙和奧地利，三十年戰爭之瑞典－法國階段開始。法國與西班牙爆發法西戰爭。 哈佛學院設立於麻薩諸塞殖民地，1639年麻州大法庭正式定名，即今日哈佛大學（Harvard University）。
1639	俄羅斯擴張至鄂霍次克海，併吞西伯利亞大部分地區，征服西伯利亞三大河流——鄂畢河、葉尼塞河和勒拿河的流域。1640年俄羅斯開始入侵西伯利亞東北角，在約1650年征服馬加丹地區。
1640	5月5日，英格蘭國王查理一世欲開徵新稅而召開11年未曾舉行的國會，與國會代表爆發衝突。11月3日，查理一世被迫再度召開議會，史稱「長期議會」。 5月12日，巴塞隆納爆發反西班牙政府之革命，風潮遍及卡塔羅尼亞（Catalonia）。1652年10月遭西班牙政府軍鎮壓。 12月1日，葡萄牙推翻西班牙統治，起事者推舉布拉干薩公爵約翰四世（John IV）為葡萄牙國王，葡萄牙恢復獨立。
1641	1月，尼德蘭攻陷馬六甲，尼德蘭遂取代葡萄牙控制馬六甲海峽。 12月1日，英格蘭議會向查理一世呈遞《大諫章》（Grand Remonstrance），斥責他種種不當的措施，並將他數位親信大臣逮捕處死。英格蘭國王查理一世因受國會刺激，決定以武力壓制國會。
1642	義大利天文學家伽利略（Galileo Galilei, 1564～1642）逝世。生前因證明哥白尼太陽中心說，而被宗教裁判所（又稱異端裁判法庭）判決軟禁。直到1984年始由教宗若望保祿二世公開承認教會行為是錯誤，伽利略獲得平反。 8月22日，英格蘭清教派反抗王權，發動起事，革命派（又稱圓顱黨）與保王派（又稱騎士黨）爆發嚴重衝突，是為第一次英格蘭內

1642	戰。 12月4日，法國首相利希留逝世，馬薩林（Cardinal Mazarin）繼任首相。
1643	5月14日，「太陽王」路易十四（Louis XIV）繼任法國國王，在位期間重用利希留培植的繼任人馬薩林，使法國維持王權專制。他有一句名言是「朕即國家」（Lètat Cèst moi）。 9月，愛爾蘭宣布脫離英格蘭獨立，議會取得最高權力。1652年英格蘭征服愛爾蘭。
1645	荷蘭人格老秀斯（Huogo Grotius, 1583～1645）逝世，他倡導君主專制，著有《戰爭與和平法》（Law of War and Peace），被公認為國際法的主要創始人之一。
1646	5月5日，英格蘭國王查理一世逃奔蘇格蘭被擒，英格蘭和蘇格蘭此後由議會統治，英格蘭議會由長老派掌權。1647年1月30日，蘇格蘭將查理一世交予英格蘭議會，第一次英格蘭內戰結束。
1648	英格蘭保王派在各地起事，第二次英格蘭內戰爆發，未幾革命派擊敗保王派。1649年1月30日，查理一世被處決。革命派與保王派之間的一系列衝突，史稱「清教徒革命」（Puritan Revolution）。 自然神論（Deism）創始者邱伯萊（Lord Herbert of Cherbury, 1583～1648）逝世。 10月24日，三十年戰爭之參戰各國簽訂《西發里亞條約》（Treaty of Westphalia），內容規定日耳曼各邦擁有領土主權，使神聖羅馬帝國形同虛設，並確認瑞士和尼德蘭之獨立。長期戰爭造成中歐嚴重毀壞，也為日後國際爭端埋下種子。德意志之三十年戰爭和尼德蘭之八十年戰爭雖結束，但法西戰爭繼續進行。
1649	3月17日，英格蘭廢除君主制和議會貴族院（即上議院），由議會平民院（即下議院）和國務會議統治。 5月19日，英格蘭宣布與蘇格蘭、愛爾蘭合併，成立英格蘭、蘇格蘭

1649	和愛爾蘭聯合體,建立共和政體。蘇格蘭和愛爾蘭拒絕承認。
1650	笛卡兒(René Descartes, 1596〜1650)逝世,曾提出純理演繹法(deductive method),名言有「我思,故我在」、「給我延伸與運動,我就能構造宇宙」。 6月24日,蘇格蘭前王子查理二世(Charles II)返蘇格蘭,被議會立為蘇格蘭國王。次年9月3日英格蘭擊敗蘇格蘭,10月17日查理二世逃奔法國,英格蘭遂正式合併蘇格蘭。 7月,因葡萄牙支持斯圖亞特王朝,英格蘭向葡萄牙發動英葡戰爭。葡萄牙戰敗,於1654年7月10日與英格蘭簽訂《溫莎條約》(Treaty of Windsor),葡萄牙成為英格蘭的附庸國。
1651	9月,英格蘭通過《航海條例》,規定任何進口貨物須用英格蘭船隻或原產地船隻載運,違者沒收。次年7月8日尼德蘭反對《航海條例》,與英格蘭爆發第一次英荷戰爭。1654年4月5日兩國簽訂《西敏寺條約》(Treaty of Westminster),尼德蘭承認《航海條例》。
1653	4月20日,英格蘭軍官奧利弗·克倫威爾(Oliver Cromwell)奪權,同年12月16日廢除共和政體,自立為護國主(Protector),建立獨裁政體,成立護國政體(Protectorate)。
1654	俄羅斯與烏克蘭簽訂《佩雷雅斯拉夫條約》(Treaty of Pereyaslavl),烏克蘭成為俄羅斯附庸國。俄羅斯與波蘭爆發俄波戰爭。
1655	瑞典入侵波蘭,波瑞戰爭爆發。1656年5月17日,俄羅斯加入對瑞典作戰,第一次俄瑞戰爭爆發。同年10月,波蘭、俄羅斯、丹麥等國組成第一次反瑞典同盟。1657年,丹麥亦加入對瑞典作戰,戰爭遂擴大為第一次北方戰爭。1658年,瑞典與俄羅斯停戰議和。1660年,瑞典又與波蘭和丹麥停戰議和,瑞典取得大片領土。 10月25日,英格蘭與西班牙為爭奪在美洲的殖民地,爆發第一次英西戰爭。1658年西班牙戰敗。

1657	尼德蘭侵占今南非開普敦（Capetown）附近地區，建立開普（Cape）殖民地。自此大批尼德蘭人移入，其後裔稱為布爾人（Boer，意為農夫）。
1658	9月3日，英格蘭護國主克倫威爾逝世，其子理查·克倫威爾（Richard Cromwell）繼任護國主。次年5月7日，高級軍官集團逼迫理查·克倫威爾辭職。
1659	11月7日，法國與西班牙簽訂《庇里牛斯和約》（Peace of Pyrenees），西班牙將魯西榮、阿圖瓦和盧森堡南部割讓給法國，史稱「第一次瓜分盧森堡」。法西戰爭和第一次英西戰爭結束，西班牙在西歐之霸權自此逐漸由法國取代。
1660	查理二世繼位，英國恢復君主制，共和政體不再。英格蘭、蘇格蘭和愛爾蘭再度分立，但仍保持密切關係。
1661	3月9日，法國首相馬薩林逝世，國王路易十四親政，確立君主專制。 9月5日，科爾伯特（Jean-Baptiste Colbert）任法國財政大臣，任內推行重商主義政策，透過國家干預政策以增加政府收入。此後重商主義成為歐洲多國的經濟政策，各國行會和特許公司獲得各種特權。
1662	英格蘭給予其在北美洲的殖民地康乃狄克（Connecticut）以內部自治權，成為英格蘭最早的自治殖民地。此後英格蘭在北美洲的其他殖民地亦陸續實行內部自治。
1664	8月29日，英格蘭奪取原屬尼德蘭的康乃狄克至德拉瓦（Delaware）的土地，之後又奪取尼德蘭的新阿姆斯特丹殖民地，將之更名為紐約（New York）。兩國衝突激化，次年爆發第二次英荷戰爭。1667年7月21日，兩國簽訂《布雷達條約》（Peace of Breda），確認兩國殖民地之歸屬。
1667	法國為爭奪西屬尼德蘭，與西班牙爆發遺產繼承戰爭，又稱分離戰爭。

1667	1月20日，波蘭與俄羅斯簽訂《安德魯索沃條約》（Truce of Andrussov），規定西烏克蘭、西白俄羅斯和東烏克蘭、東白俄羅斯分別由烏克蘭之右岸政府和左岸政府統治，並分別隸屬波蘭和俄羅斯。俄波戰爭結束，自此波蘭勢衰。 11月23日，葡萄牙王子佩德羅（Pedro）發動政變，幽禁國王阿方索六世（Afonso VI），自任攝政，掌握最高權力。1683年9月12日，阿方索六世逝世，佩德羅繼位，史稱佩德羅二世（Pedro II）。
1668	1月23日，英格蘭、尼德蘭和瑞典組成三國同盟，以阻止法國侵吞西屬尼德蘭。同年5月2日，法國被迫與西班牙簽訂《亞琛（Aix-la-Chapelle）條約》，西班牙割西屬尼德蘭邊境12個城鎮予法國，但法國須歸還部分侵占土地。遺產繼承戰爭結束。 2月13日，西班牙與葡萄牙訂立《里斯本條約》（Treaty of Lisbon），西班牙承認葡萄牙獨立。 9月17日，瑞典設立國家永久銀行，為世界上最早的中央銀行。1866年改名瑞典國家銀行。
1672	土耳其與波蘭爆發戰爭。此後土耳其先後與波蘭、俄羅斯、奧地利、威尼斯等國爆發多場戰爭，合稱土耳其大戰。 3月17日，尼德蘭與法國和英格蘭爭奪海權，分別與法、英兩國爆發尼德蘭戰爭和第三次英荷戰爭。
1674	2月9日，英格蘭與尼德蘭簽訂《西敏寺條約》（Treaty of Westminster），結束第三次英荷戰爭。
1675	10月，丹麥與瑞典爭奪斯堪尼亞，爆發斯堪尼亞戰爭。1679年丹麥戰敗，斯堪尼亞仍歸瑞典。
1679	霍布斯（Thomas Hobbes, 1588～1679）逝世，在其名著《巨靈》（Leviathan）中，主張君主專制，人民沒有反對的權力。
1680	啟蒙運動（Enlightenment）興起於英格蘭，表現最耀眼的卻是法國。

1680	巴洛克（Baroque）建築大師貝里尼（Giovanni Bernini, 1598～1680）逝世，最著名建築物為羅馬聖彼得大教堂前面的柱廊與廣場。 法王路易十四搬遷宮廷與政府於凡爾賽宮（Versailles），其中鏡廳（Galerie des Glaces）尤為富麗堂皇。
1682	土耳其出兵支持起事政權反對奧地利，第一次奧土戰爭爆發，為土耳其大戰的一部分。 7月5日，彼得一世（Peter the Great）繼為俄國沙皇，由其姊索菲亞（Sophia）掌權。1689年彼得一世幽禁索菲亞，親政後勵行西化政策。
1685	2月6日，英格蘭查理二世逝世，詹姆士二世即位，1688年因「光榮革命」（Glorious Revolution）爆發，於12月逃往法國。 10月18日，法王路易十四宣布撤銷《南特敕令》，禁止信仰新教。數十萬胡格諾派教徒被迫遷居英國、荷蘭、北美、南非等地，對法國經濟造成很大打擊。
1686	奧地利與萊因等國組織奧格斯堡聯盟（League of Augsburg）反對法國。1689年5月2日，英格蘭與尼德蘭加入聯盟。 5月17日，英格蘭將其在北美洲的殖民地麻薩諸塞灣、新罕布夏和普利茅斯聯合而為新英格蘭領地，其後又加入羅德島、康乃狄克、紐約、東澤西、西澤西等。
1688	9月24日，法國與奧格斯堡聯盟爆發戰爭。
1689	2月13日，議會迎立詹姆士二世之女瑪麗公主及其夫婿尼德蘭執政官威廉三世為英格蘭兼蘇格蘭國王，史稱「光榮革命」。威廉三世簽署《權利法案》（Bill if Right），接受限制王權，保障國會權力。 9月7日，俄國與中國簽訂《尼布楚和約》，此為中國與歐洲國家間所簽的第一個條約。

1691	現代化學之父波以耳（Robert Boyle, 1627～1691）逝世。他研究氣體壓力與體積關係，稱作「波以耳定律」，為人類史上第一個被發現的定律。
1695	俄羅斯與土耳其為爭奪東南歐之霸權，爆發第一次俄土戰爭，為土耳其大戰的一部分。次年戰爭結束，俄羅斯取得亞速夫（Azov）。
1697	俄羅斯派遣大使團訪問西歐各國，考察各國的政治、經濟、軍事、文化和科技。彼得一世化名參加該團，實為大使團首領，史稱「彼得大使團」。次年，彼得一世返國，開始推行西化改革，使俄羅斯成為東歐強國。 9月10日，奧格斯堡聯盟戰爭各參戰國簽訂《里斯維克條約》（Treaty of Ryswick），法國放棄所奪取的領土。
1698	西班牙國王卡洛斯二世（Carlos II）體弱多病，又無子嗣，西班牙出現王位繼承危機。同年10月11日，歐洲各強國訂立《第一次瓜分西班牙條約》，協議瓜分西班牙的領地。1700年3月13日，各強國又訂立《第二次瓜分西班牙條約》，重新分配各領地，並防止由波旁家族成員繼承西班牙王位。
1699	俄羅斯、波蘭和丹麥組成第二次反瑞典同盟（又稱北方同盟），反對瑞典的霸權。次年同盟向瑞典宣戰，爆發第二次北方戰爭，又稱北方大戰。 哈布斯堡家族收復匈牙利，使之成為世襲土地；哈布斯堡統轄地包括奧地利及波西米亞王國。 1月26日，土耳其與奧地利、波蘭、威尼斯、俄羅斯簽訂《卡洛維茨和約》（Peace of Karlowitz），奧地利取得匈牙利全部、克羅埃西亞、特蘭西瓦尼亞、斯洛文尼亞；威尼斯取得莫里亞和達爾馬提亞大部分；波蘭取得波多利安。土耳其自此一蹶不振，「近東問題」亦告發生。
1700	11月1日，西班牙國王卡洛斯二世逝世，西班牙哈布斯堡王朝結束。同月16日，法國王子腓力五世（Felipe V）繼為西班牙國王，建立西

1700	班牙波旁王朝。波旁家族自此統治法國和西班牙兩國,歐洲各國反對,引發西班牙王位繼承戰爭。
18世紀	法國興起啟蒙運動,出現自由民主思想。
1701	英格蘭發明第一部播種機。此後英格蘭不斷改善農業技術,農作物產量大幅增長,史稱「農業革命」。 1月18日,勃蘭登堡選侯腓特烈三世(Friedrich III)成為普魯士國王,史稱腓特烈一世(Friedrich I)。他將勃蘭登堡併歸普魯士,成為北德意志強大邦國,史稱勃蘭登堡－普魯士。 2月,西班牙哈布斯堡王朝絕嗣,法國波旁王朝與奧地利哈布斯堡王朝爭奪西班牙王位,引發西班牙王位繼承戰爭。英格蘭、尼德蘭、葡萄牙、奧地利等國組成同盟,對抗法國、西班牙所組成的同盟,於1702年正式宣戰。 6月12日,英格蘭通過《王位繼承法》(Act of Settlement),此法例禁止任何羅馬天主教徒或任何與羅馬天主教徒結婚的英國皇室成員成為英國的國君;國會有權決定王位繼承者;法官為終身任職。此法確定了英國議會的地位。
1702	英格蘭與法國在北美洲爆發安妮女王戰爭(Queen Anne's War),為西班牙繼承戰爭和印第安戰爭之一部分。
1704	英人洛克(John Locke, 1632～1704)逝世。生前主張感覺論(Sensationalism),並將之與理性主義結合。1690年發表《民權政府的兩大論說》。創立有限政府的理論、自然權力、反抗暴政等理論。提倡人生而自由平等、天賦人權、主權在民。
1707	5月1日,英格蘭與蘇格蘭合併為大不列顛聯合王國(The United Kingdom of Great Britain),簡稱英國。 7月7日,奧地利從西班牙奪取那不勒斯。 8月,普魯士與瑞典簽訂永久聯盟。

1709	7月8日，俄羅斯在波爾塔瓦（Poltava）戰役中大破瑞典軍，瑞典國王卡爾十二世（Karl XII）逃奔土耳其。1714年卡爾十二世重返瑞典，繼續發動戰爭。
1710	11月30日，第二次俄土戰爭爆發，俄羅斯於普魯特河（Pruth River）大敗。次年簽訂《普魯特條約》，俄羅斯將亞速夫交還土耳其。
1713	俄羅斯彼得大帝遷都聖彼得堡，地點位於芬蘭灣頭和涅瓦河口。第一次世界大戰後曾更名為「彼得格勒」與「列寧格勒」，1991年蘇聯解體後再恢復舊名。 4月11日，法國與奧地利訂立《烏特勒支和約》（Peace of Utrecht）：各國承認法王路易十四之孫腓力五世繼承西班牙王位，但法國與西班牙永遠不得合併；奧地利自西班牙取得西屬尼德蘭，是為奧屬尼德蘭；西班牙將西西里割予薩伏依（Savoy），將米蘭、那不勒斯和撒丁島割予奧地利，並將直布羅陀割予英國。 4月19日，奧地利頒布《國事詔書》（Pragmatic Sanction），規定哈布斯堡家族之領地不可分割；死後如無男嗣則由其女瑪莉亞‧泰瑞莎（Maria Theresa）繼位。由於神聖羅馬帝國的皇位不能由女性繼承，德意志諸侯雖被迫簽字，但此份詔書對諸侯仍缺乏約束力，因此查理六世逝世後，爆發奧地利王位繼承戰爭。
1714	8月1日，英國安妮女王逝世，斯圖亞特王朝結束。漢諾威（Hanover）選侯喬治入主英國，稱喬治一世（George I），開啟漢諾威王朝。
1715	9月，法王路易十四逝世，由其曾孫路易十五（Louis XV）繼位。 支持前英格蘭國王詹姆斯二世的保王派雅各布黨（Jacobite）在蘇格蘭起事。同年12月，立前斯圖亞特王族詹姆斯八世（James VIII）為蘇格蘭國王，復辟蘇格蘭王國。次年2月5日，英國敉平起事，詹姆斯八世逃返法國。
1717	西班牙國王腓力五世謀奪法國王位，法國、英國和尼德蘭組成三國同盟。奧地利於1718年加入同盟，成為四國同盟，與西班牙爆發四國同盟戰爭。

1719	4月25日，丹尼爾·笛福（Daniel Defoe, 1660～1731）著名小說《魯賓遜飄流記》在倫敦出版。 列支敦士登（Liechtenstein，德語「發光的石頭」）由神聖羅馬帝國皇帝將其升格為親王國。
1720	瑞典頒布憲法，實行君主立憲制。 2月17日，西班牙與四國同盟簽訂《海牙條約》（Treaty of Hague），內容規定薩伏依將西西里割予奧地利；奧地利則將撒丁島割予薩伏依。薩伏依改國名為撒丁王國。四國同盟戰爭結束。
1721	4月4日，沃爾波（Robert Walpole）任英國首席財政大臣（1730年5月15日改稱首相），任內確立內閣負責制度，形成議會內閣制。此後輝格黨和托利黨輪流組閣執政，英國國王逐漸成為虛位君主。 9月10日，瑞典與俄羅斯簽訂《尼斯塔特條約》（Treaty of Rystad），瑞典割讓立窩尼亞、愛沙尼亞（Estonia）、卡累利亞（Karelia）等地予俄羅斯。俄羅斯遂取得波羅的海出海門，故俄羅斯史家稱第二次北方戰爭為「窗戶戰爭」。第二次北方戰爭結束，瑞典在東北歐之霸權為俄羅斯取代。
1723	巴洛克建築大師列恩（Sir Christopher Wren, 1632～1723）逝世，英國倫敦聖保羅教堂（St. Paul's Cathedral）為其名作。
1724	4月22日，日耳曼哲學家康德（Immanuel Kant, 1724～1804）誕生。
1725	2月8日，俄國彼得大帝逝世，其妻凱薩琳一世（Catherine I）繼位。
1727	牛頓（Issac Newton, 1642～1727）病逝，生前創動力學和萬有引力理論，也發明微積分，為英國歷史上第一位因數理成就下葬西敏寺的平民。生前名著《自然哲學的數學原理》，以正確的機械論來解釋整個自然世界。伏爾泰認為牛頓是最偉大的啟蒙導師。
1728	9月，為俄羅斯海軍服務的丹麥探險家白令（Vitus Bering）穿過白令海峽，到達北美洲。
1731	西伯利亞東北部的堪察加半島反對俄羅斯侵略，爆發抗爭。次年

1731	俄羅斯敉平起事，征服堪察加半島。約1800年俄羅斯征服楚科奇半島，至此西伯利亞北部全歸俄羅斯版圖。
1733	2月1日，波蘭國王奧古斯都二世（Augustus II）逝世，列強干涉波蘭的王位繼承。法國支持前國王斯坦尼斯拉夫一世（Stanislaus I）復位，奧地利和俄羅斯則支持薩克遜－維滕堡選侯腓特烈·奧古斯特二世（Friedrich August II）。同年9月12日，前國王斯坦尼斯拉夫一世復位。俄羅斯進攻波蘭，波蘭王位繼承戰爭爆發。 5月16日，英人約翰·凱（John Kay）發明織布飛梭，紡織業蓬勃發展。 11月7日，法國與西班牙簽訂《第一次波旁家族盟約》，宣稱法國與西班牙為波旁家族成員，不可分割，以確立兩國在波蘭王位繼承戰爭中的盟國關係，並對抗英國。
1735	俄羅斯奪取亞速夫，與土耳其爆發第三次俄土戰爭。1737年奧地利參加戰爭，支持俄羅斯，爆發第三次奧土戰爭。1739年9月18日俄、土、奧簽訂《貝爾格勒條約》（Peace of Belgrade），俄羅斯取得亞速夫，奧地利則放棄塞爾維亞北部。
1739	因殖民地和貿易糾紛，西班牙與英國爆發第二次英西戰爭，俗稱「詹金斯割耳之戰」（War of Jenkins' Ear)，其後成為奧地利王位繼承戰爭之一部分。
1740	5月31日，腓特烈二世（Friedrich II）繼任普魯士國王，為開明專制君主的代表人物，史稱「腓特烈大帝」（Friedrich the Great）。在位期間振興國勢，將勃蘭登堡、克里夫斯併歸普魯士，使北德意志成為強大邦國。 10月20日，奧地利大公卡爾三世逝世。瑪莉亞·泰瑞莎繼位，爆發奧地利王位繼承戰爭；在位其間施行開明專制，奠定了奧地利現代化的基礎。 12月16日，普魯士企圖奪取西里西亞（Silesia），進攻奧地利，第一次西里西亞戰爭爆發。次年4月10日普魯士獲勝，取得西里西

1740	亞。1742年7月28日，奧地利與普魯士簽訂《柏林和約》（Peace of Berlin），西里西亞大部分被劃歸普魯士，第一次西里西亞戰爭結束。
1741	瑞典為重奪東北歐霸權，與俄羅斯爆發第二次俄瑞戰爭，瑞典戰敗。1743年兩國簽訂《土庫和約》（Peace of Turku），瑞典將卡累利亞西部割予俄羅斯。 12月19日，丹麥航海家白令（1681～1741）逝世，他是白令海峽的發現者。
1743	法國與西班牙簽訂《第二次波旁家族盟約》，建立在奧地利王位繼承戰爭中的盟國關係。1747年因熱那亞與英國艦隊的問題，雙方合作關係瓦解。
1744	3月4日，英國與法國在北美洲爆發喬治國王戰爭，為奧地利王位繼承戰爭和印第安戰爭的一部分。 4月26日，法國以奧地利王位繼承問題名義向奧地利宣戰，並於6月6日與普魯士聯合抗奧。1746年10月11日，法國取得奧屬尼德蘭。 8月15日，奧地利與普魯士爆發第二次西里西亞戰爭。次年12月25日兩國簽訂《德勒斯登和約》（Peace of Dresden），西里西亞僅小部分土地屬於奧地利，稱為奧屬西里西亞（Austrian Silesia），其餘皆被劃歸普魯士。
1748	10月，奧地利王位繼承戰爭參戰國簽訂《亞琛和約》，內容為承認瑪莉亞·泰瑞莎的王位繼承權；承認瑪莉亞·泰瑞莎之夫為神聖羅馬帝國皇帝；普魯士獲得西里西亞公國和格拉茨伯國；法屬印度的馬德拉斯（Madras）割予英國。
1749	8月28日，日耳曼作家歌德（Johann Wolfgang Goethe, 1749～1832）誕生，他於25歲發表的作品《少年維特的煩惱》促成浪漫主義崛起。 英國與法國干涉海得拉巴（Hyderabad）和阿爾科特（Arcot）的王

1749	位繼承，爆發戰爭。1754年法國戰敗，法國在印度的勢力漸弱。
1750	日耳曼音樂大師巴哈（Johann Sebastian Bach, 1685～1750）逝世，其作品大部分是聖歌、聖樂、受難曲與彌撒曲。
1755	法國哲學家、法學家孟德斯鳩（Charles de Secondat, Baron de Montesquieu, 1689～1755）逝世，生前提出三權分立和制衡學說，奠定現代西方民主分權制度的理論基礎，著有《法意》（De L'Esprit des lois）等。
1756	8月29日，普魯士與奧地利爆發七年戰爭，又稱第三次西里西亞戰爭。同年，英國與法國為爭奪殖民地，分別在北美洲和印度進行戰爭，是為法印戰爭。其後歐洲各大國亦捲入戰爭，成為法、西、奧、俄聯合對抗英國與普魯士的國際戰爭。
1757	6月23日，英國殖民者在普拉西（Plassey）戰役擊敗孟加拉，印度淪為英國殖民地。英國成為最大殖民國。
1759	1月16日，大英博物館（British Museum）正式對外開放。
1760	9月8日，英國取得蒙特婁，加拿大成為英屬地。
1761	法國、西班牙、帕爾馬、那不勒斯和西西里簽訂《第三次波旁家族盟約》，建立在七年戰爭中的盟國關係。
1762	1月15日，彼得三世（Peter III）即位。同年7月10日（俄羅斯曆為6月28日），凱薩琳二世（Catherine II）發動 「六二八政變」，推翻彼得三世。凱薩琳二世在位期間推行開明專制，發動對外擴張，使俄羅斯成為歐亞大陸的強國，人稱「凱薩琳大帝」（Catherine the Great）。
1763	2月10日，英國、法國、西班牙簽訂《巴黎和約》（Peace of Paris），七年戰爭結束。條約中重新劃分三國在美洲、印度和歐洲的屬地，確立英國在北美洲和印度的優勢。英國自此奠定海上霸權地位，並取得法國在北美洲之屬地新法蘭西（New France），即魁北克，形成今加拿大的基礎。同月15日，奧地利與普魯士簽訂《胡貝圖斯堡和約》（Peace of Hubertusburg），維持兩國領土現狀，普魯士崛起成為中歐強國。法國不再是歐洲仲裁者，由俄、奧、普支配歐洲事務。

1765	3月23日，英國國會通過法案，決定向美洲殖民地徵收印花稅；1767年徵收茶葉稅。北美洲英屬殖民地群起反對，1773年12月16日，引發波士頓茶葉黨（Boston Tea Party）事件，反英情緒更趨高漲。
1768	英國布萊克伯恩（Blackburn）一批工人搗毀工廠內的機器，是為工人運動之雛型。 英國探險者布魯斯（Bruce）進入衣索比亞探尋青尼羅河的源頭。此後西方探險者大規模進入非洲內陸探險。 10月，土耳其向俄羅斯宣戰，第四次俄土戰爭爆發。1774年7月21日兩國簽訂《庫楚克－凱納吉和約》（Peace of Kuchuk-Kainarji），俄羅斯獲得黑海出海口。
1769	英人瓦特（James Watt, 1756～1819）發明更能節省燃料的蒸汽機，1769年申請改良蒸汽機專利，被視為工業革命之父。工業革命開始，蒸汽機成為主要動力來源。
1771	6月，俄羅斯占領黑海北岸的克里米亞（Crimea）。
1772	8月5日，俄羅斯、奧地利和普魯士第一次瓜分波蘭：俄羅斯取得白俄羅斯；奧地利取得加利西亞等地；普魯士取得西普魯士。
1773	西班牙承認阿勞坎人獨立，其地被稱為阿勞坎尼亞（Araucania）。
1774	5月10日，法王路易十五逝世，其孫路易十六（Louis XVI）即位，個性優柔寡斷，政策反覆無常，促使法國大革命的爆發。
1775	4月19日，美國獨立戰爭爆發，英屬北美（British North America）十三州殖民地，包括維吉尼亞、康乃狄克、紐約、新澤西、新罕布夏、德拉瓦、賓夕法尼亞、麻薩諸塞、北卡羅來納、馬利蘭、喬治亞、南卡羅來納、羅德島等召開大陸會議，組成北美聯合殖民地。同年6月15日，喬治·華盛頓（George Washington）擔任北美軍總司令。
1776	狄德羅（Denis Diderot）與戴拉波（Jean D' Alembert）合編完成《百科全書》（Encyclopedie），反映出懷疑、理性和科學的精神。

西洋史
大事長編

1776	蘇格蘭哲學家休謨（David Hume, 1711～1776）逝世，為啟蒙運動懷疑論大師。 7月4日，北美聯合殖民地13州發表《獨立宣言》（United States Declaration of Independence），宣布解除殖民地與英王的隸屬關係，脫離英國獨立。美利堅合眾國（America，簡稱美國）於焉誕生，實行邦聯制，各州保留獨立地位。
1778	2月6日，美國與法國、西班牙、尼德蘭結盟，共同對抗英國，於1781年擊敗英國。1783年英國與美國簽訂《巴黎和約》（Peace of Paris），英國承認美國獨立，美國獨立戰爭結束。 美國獨立戰爭期間，俄羅斯於1780年3月10日宣布實行「武裝中立」以避免與英國艦隊在模糊地帶發生衝突。隨後與法國、西班牙、奧地利、普魯士、丹麥和瑞典組成武裝中立聯盟。 7月2日，法國著名思想家及文學家，也是啟蒙運動反理性主義大師盧梭（Jean-Jacques Rousseau, 1712～1778）逝世。他主張人權平等，崇尚自然，而言論和作品多控訴社會的不平等，是法國革命思想的倡導者之一。著有《社會契約論》、《不平等起源論》、《民約論》、《愛彌兒》、《懺悔錄》等，影響後世甚鉅，被視為浪漫主義的鼻祖。
1779	2月14日，英國探險家庫克（James Cook, 1728～1779）逝世。他曾航行世界各地進行勘查，為最早發現紐西蘭與澳洲的人，也是第一位發現夏威夷群島的歐洲人。
1780	英國與尼德蘭因爭奪海洋霸權爆發第四次英荷戰爭。1784年尼德蘭戰敗，自此國勢衰落。 11月29日，奧地利大公瑪莉亞·泰瑞莎逝世，其子約瑟夫二世（Josef II）繼位，任內推行一系列改革措施，包括廢除農奴制度、宗教寬容、制止教宗干預帝國事務。
1781	3月13日，英國天文學家赫瑟爾（Frederick William Herschel, 1738～1822）發現天王星。

1783	9月3日，英國、法國、西班牙簽訂《凡爾賽和約》（Peace of Versailles），劃分三國在北美洲的勢力範圍，並對其他殖民地重作調整。
1784	俄羅斯開始在阿拉斯加建立殖民據點。
1786	8月17日，普魯士腓特烈大帝逝世，腓特列·威廉二世（Frederick William II）繼位，在位期間文化事業發展蓬勃，曾為莫札特與貝多芬的贊助人。
1787	1月，奧地利大公約瑟夫二世視奧屬尼德蘭為其領地的一省進行整治，引發革命。1789年12月13日，該地區宣布獨立，脫離奧地利，成立比利時政權，1790年奧地利進行鎮壓。 8月20日，土耳其與俄羅斯為爭奪喬治亞（Georgia）和羅馬尼亞控制權爆發第五次俄土戰爭，俄國取得部分黑海沿岸土地。1788年2月，奧地利向土耳其宣戰，第四次奧土戰爭爆發。1790年7月，奧地利退出戰爭。1792年1月9日，土耳其與俄羅斯簽訂《雅西和約》（Peace of Jassy），規定兩國以聶斯特河為界。 9月17日，美國制憲議會制定《美國憲法》，確立總統制和聯邦制，為世界第一部成文憲法。1789年3月4日憲法生效，美國實行聯邦制，各州成為美國聯邦的成員。1791年12月15日再通過修正案，確認《權利法案》中言論、新聞、宗教與集社等方面的自由與權利。
1788	1月26日，英國在澳大利亞建立第一個殖民地新南威爾斯（New South Wales）。此後英國殖民者逐漸征服島上的土著，使全島成為英國殖民地。 5月30日，法國哲學家暨文學家伏爾泰（Francois Marie Arouet de Voltaire, 1694～1788）逝世，享壽84歲。他倡導自由政治學說，最推崇牛頓的貢獻，強調理性與具體經驗。
1789	4月7日，塞利姆三世（Selim III）繼為土耳其國王，在位期間推行改革。 4月30日，喬治·華盛頓就任美國第一任總統。

1789	5月5日，法國召開三級會議，第三等級與第一、第二等級發生爭執，法王下令封閉會場。6月17日，第三階級代表自行宣布成立國民議會。6月20日，國王路易十六（Louis XVI）下令解散國民議會，國民議會代表發表《網球場誓言》（Oath of the Tennis Court），表示決不解散。 7月14日，巴黎人民起事，攻陷巴士底監獄，釋放政治犯，法國大革命爆發。7月25日成立巴黎公社，作為市政府。8月27日制憲議會通過《人權宣言》（Declartion of the Rights of Man），闡明司法、行政、立法三權分立的原則，法律之前人人平等，私有財產神聖不可侵犯。
1790	英國經濟學家亞當·史密斯（Adam Smith, 1723～1790）逝世。其代表作《國富論》（The Wealth of Nation）主張自由放任政策和自由貿易，奠定現代自由經濟的理論基礎。 美國進攻西北地區的美洲土著瓦巴什部落聯盟，爆發西北印第安戰爭，又稱瓦巴什部落聯盟戰爭。1794年8月，瓦巴什部落聯盟被擊敗。1795年瓦巴什部落聯盟與美國簽訂條約，割讓俄亥俄和印第安納的土地。
1791	音樂天才莫札特（Wolfgang Amadeus Mozart, 1756～1791）逝世，結束傳奇的一生，其作品涵蓋當時所有音樂類型。 5月3日，波蘭議會通過憲法，取消自由否決權，俄羅斯於次年5月19日再次對波蘭進行武裝干涉。 9月14日，法國頒布《1791憲法》，實行君主立憲制，並確立三權分立制度。
1792	丹麥禁止進行黑奴貿易，自此在西方各國興起廢奴運動，陸續廢除販賣奴隸。 8月，普魯士與奧國軍隊進攻法國。9月20日，法軍於瓦爾米高地擊敗入侵的普奧軍隊，將普奧軍驅離法國。

1792	8月9日，巴黎公社改組，以雅各賓派（Jacobin）左翼領袖蕭梅特（Chaumette）為首長。8月10日，巴黎公社發動起事，廢黜國王路易十六，波旁王朝亡。9月21日召開國民公會，宣布廢除君主制，並於次日成立「法蘭西共和國」，「第一共和」誕生。
1793	巴黎羅浮宮成為國家級美術館，對外開放。 1月21日，法王路易十六被處決。同年2月13日，英國、奧地利、普魯士、尼德蘭、西班牙、撒丁共同組成第一次反法蘭西聯盟，企圖干涉法國革命，爆發反法蘭西聯盟戰爭，又稱法蘭西革命戰爭。 1月23日，法國雅各賓派修改《人權宣言》，提出「社會的目的就是共同的幸福」、「主權在民」的觀念，表示如果政府壓迫或侵犯人民的權利，人民就有反抗和起義的權利。 4月24日，法國通過《1793年憲法》，規定立法議會由普選產生。4月6日公安委員會成立，7月10日羅伯斯比爾（Robespierre）任主席掌握實權，實行革命專政，史稱「恐怖統治」。 法國革命分子破壞聖德尼斯（Saint-Denis）皇室大教堂的墓園，切下於1610年遇刺身亡的亨利四世（Henri Ⅳ）頭顱，直到2010年12月才尋獲。 6月24日，俄羅斯和普魯士第二次瓜分波蘭，俄羅斯取得西烏克蘭和立陶宛大部分，普魯士取得大波蘭和但澤。
1794	英國歷史學家吉朋（Edward Gibbon, 1737～1794）逝世，生前編著《羅馬帝國衰亡史》（The Decline and Fall of the Rome Empire），認為羅馬帝國的衰亡為野蠻民族的入侵及基督教的勝利。 法國各殖民地廢除奴隸制。 7月27日，反對羅伯斯比爾的熱月黨發動「熱月政變」，逮捕羅伯斯比爾，推翻雅各賓派，奪取政權。巴黎公社瓦解，恐怖時代結束。
1795	1月7日，俄羅斯、普魯士和奧地利第三次瓜分波蘭，俄羅斯取得立

西洋史
大事長編

1795	陶宛、烏克蘭之剩餘部分和庫爾蘭；普魯士取得馬佐維亞和華沙；奧地利取得克拉科夫。波蘭亡國，直到1918年一次大戰後始得復國，成立波蘭共和國。立陶宛則於1918年宣布獨立。 1月17日，法國占領尼德蘭，扶植愛國黨成立革命政府，並改名為巴達維亞（Batavia）。 4月，法國先後與普魯士和西班牙簽訂《巴塞爾和約》（Peace of Basle），使兩國退出反法蘭西聯盟。 8月22日，法國熱月黨通過《1795年憲法》，規定行政權歸五人督政府，立法權歸兩院（參議院和五百人院）之立法團。同年11月4日成立督政府。 9月16日，英國奪取尼屬開普殖民地，進行重劃。
1796	4月，法國將軍拿破崙（Napoleon Bonaparte）率軍攻入義大利，5月攻陷米蘭，將米蘭更名為倫巴底共和國。10月16日將波洛尼亞、斐拉拉、羅馬尼亞和曼圖亞合併為內帕達納共和國（Cispadanus）。11月15日，又將倫巴底和布雷西亞合併為外帕達納共和國（Transpadanus）。此後拿破崙與歐洲多國進行多場戰爭，統稱拿破崙戰爭。
1797	10月17日，法國在義大利擊敗奧軍，與奧地利簽訂《坎波福米奧條約》（Treaty of Campo Formio），奧地利將比利時及倫巴底讓予法國。第一次反法蘭西聯盟瓦解。
1798	法國出兵占領瑞士，同年4月12日解散瑞士邦聯，把各州合併為海爾維第共和國（Helvetic Republic）。 1月1日，法國將熱那亞更名為利古里亞共和國（Liguria）。同年2月法國攻陷羅馬，2月15日推翻羅馬教皇國，扶植成立羅馬共和國。6月22日，法國占領馬爾他群島，將醫院騎士團逐出馬爾他群島。12月占領那不勒斯和皮德蒙特，那不勒斯和撒丁國王分別逃往西西里島和撒丁島。

1798	7月1日，拿破崙遠征埃及，企圖切斷英國與印度的聯繫，在金字塔戰役中大破埃及軍團。8月1日，拿破崙的艦隊被英國海軍摧毀，部隊困於埃及，拿破崙只好於8月22日離開埃及。 12月24日，英國與俄羅斯組成同盟，促成第二次反法蘭西聯盟的組成。
1799	4月28日，奧地利和俄羅斯聯軍在卡薩諾（Cassano）擊敗法軍，反法蘭西聯盟在義大利進行反攻。5月28日，撒丁再度占領皮德蒙特。6月23日，西西里再度占領那不勒斯。7月7日，奧地利滅伊達拉里亞，托斯坎尼大公國復辟。9月30日，那不勒斯占領羅馬。次年6月23日，恢復教皇統治。 7月，俄羅斯成立俄羅斯美洲公司，開始在太平洋北部進行殖民擴張。 11月10日，拿破崙發動「霧月政變」，推翻督政府，成立執政府。12月15日頒布《1799年憲法》，規定行政權由三人執政府行使，立法權由參政院、評議院、立法院、參議院組成的議會行使。12月25日，拿破崙任第一執政官，實行獨裁統治。
1800	6月14日，拿破崙領軍與奧地利發生馬倫哥會戰（Bataille de Marengo），拿破崙反敗為勝，成為畢生最引以為傲的一次勝利。 11月，傑佛遜（Tomas Jefferson）當選美國總統，在聯邦憲法中增列「民權法案」（Bill of Rights），被視為平民與下層政治力量的勢力。
1801	1月1日，英國通過《聯合法案》（Act of Union of England and Ireland），愛爾蘭正式合併入英。 2月9日，法奧兩國簽訂《呂內維和約》（Peace of Luneville），結束歐洲大陸戰爭。拿破崙為削弱英國的商業勢力，號召各國「武裝中立」（Armed Neutrality），俄國、丹麥、瑞典及普魯士皆參加，數國一致保證，反對在波羅的海行使交戰國權利。

1801	3月23日，俄國貴族發動「三一一政變」（俄羅斯曆3月11日），推翻保羅一世（Paul I），另立亞歷山大一世（Alexander I）為皇帝。
1802	3月27日，英法雙方休戰，簽訂《亞眠和約》（Peace of Amiens），內容規定英國歸還馬爾他管理權，法國從拿坡里王國、羅馬教宗領地撤軍。但條約訂立後雙方並未完全遵守，1803年5月，英國與尼德蘭捕獲法國船舶事件，成為英法關係惡化的導火線。
1804	日耳曼浪漫主義哲學家康德（1724〜1804）逝世，其作品《純粹理性批判》（Critique of Pure Reason）探究理性概念、原則及判斷的界限及人類自由的可能性。他以超驗哲學（Transcendental Philosophy）回應懷疑論對知識可能性的質疑，同時批判傳統形上學的獨斷傾向，進而展開理性的批判。 3月21日，法國公布《拿破崙法典》（Code Napoleon），又稱《法國民法典》（Code Civil des Français），是近代民法的典範，也是現代民主國家法律體系的原型。 8月11日，奧地利大公法蘭西斯二世（Franz II）改稱皇帝，建立奧地利帝國，史稱奧地利皇帝法蘭西斯一世（Francis I of Austria, 或 Franz I）。 12月2日，拿破崙自立為皇帝，是為拿破崙一世（Napoleon I），建立法蘭西第一帝國。
1805	日耳曼文學浪漫主義大師席勒（Friedrich Schiller, 1759〜1805）逝世。代表作品《威廉泰爾》（William Tell），表達國家主義觀點。 4月11日，英國、奧地利、俄國等組成第三次反法蘭西聯盟。12月2日拿破崙一世在奧斯特利茨（Austerlitz）戰役大破亞歷山大一世率領的俄國軍隊與法蘭西斯一世統率的奧軍，也稱為三帝戰役。12月26日，法國與奧地利簽訂《普勒斯堡和約》（Peace of Pressburg），奧地利被迫割讓領土，第三次反法蘭西聯盟瓦解。 5月26日，拿破崙一世在義大利由教宗加冕為義大利國王。

1806	3月30日，拿破崙立其弟約瑟夫（Joseph Bonaparte）為那不勒斯國王。同年6月5日，拿破崙一世立其弟路易（Louis Bonaparte）為巴達維亞國王，並將巴達維亞更名為荷蘭王國。 7月12日，法國促使德意志諸邦組成「萊因邦聯」（Confederation of Rhine），接受法國保護，拿破崙一世自任邦聯護國主，大幅削弱奧地利在德意志地區的地位。同年8月6日，奧地利皇帝法蘭西斯一世放棄神聖羅馬帝號，自此再無神聖羅馬皇帝尊號。 9月，英國、俄國、普魯士組成第四次反法蘭西聯盟。同年10月，法國擊敗普魯士，占領柏林。11月21日法國頒布《柏林敕令》（DecreesBerlin），俗稱「大陸封鎖令」，禁止歐洲大陸各國與英國通商，組成「大陸體系」（Continental System），企圖封鎖英國。1808年2月8日，奧地利加入大陸體系。 12月，俄國支持塞爾維亞起事，土耳其向俄國宣戰，第六次俄土戰爭爆發。1812年5月28日，兩國簽訂《布加勒斯特條約》（Treaty of Bucharest），俄國取得比薩拉比亞（Bessarabia），土耳其承認塞爾維亞自治。
1807	美國人富爾敦（Robert Fulton, 1765～1815）所發明的蒸汽輪船首次啟航，人類在交通通訊方面的技術更加進步。 5月29日，土耳其禁衛軍的保守派反對國王塞利姆三世的改革，發動政變，推翻其政權。 7月7日，法國先後與俄國及普魯士簽訂《提爾西特條約》（Treaty of Tilsit），俄國將愛奧尼亞群島割予法國，普魯士被迫割讓大片領土，並規定共同對抗英國，關閉對英貿易的港口。第四次反法蘭西聯盟宣告瓦解。法國自普魯士割出其所分得的波蘭領土，建立華沙大公國（Duchy of Warsaw）。同年8月，拿破崙一世自普魯士西部劃出部分國土，成立西發里亞王國（Kingdom of Westphalia）；12月立其弟傑羅姆（Jérôme）為西發里亞國王。 10月22日，法國入侵葡萄牙，各地反抗，葡萄牙女王瑪麗亞一世

西洋史
大事長編

1807	（Maria I）逃奔巴西。1808年，英國出兵葡萄牙，半島戰爭爆發。
1808	俄國為奪取瑞典之屬地芬蘭，發動第四次俄瑞戰爭。同年2月20日俄國占領芬蘭。 2月16日，法國干預西班牙王位繼承問題，西班牙國王卡洛斯四世（Carlos IV）被迫讓位予腓迪南多七世（Ferdinand VII）。同年5月6日，法國逼迫腓迪南多七世退位，西班牙波旁王朝結束。6月15日，拿破崙立約瑟夫為西班牙國王，改任元帥繆拉（Joachim Murat）為那不勒斯國王。西班牙各地反戰，是為第一次西班牙革命，9月25日成立革命政府。
1809	1月，奧地利和英國組成第五次反法蘭西聯盟。同年法國擊敗奧地利。10月14日，法國與奧地利簽訂《熊布朗和約》（Peace of Schönbrunn），奧地利被迫割地賠款，第五次反法蘭西聯盟瓦解。 2月12日，林肯（Abraham Lincoln, 1809～1865）與達爾文（Charles Robert Darwin, 1809～1882）分別出生於美國及英國。 3月29日，俄國皇帝兼稱芬蘭大公。同年9月5日瑞典與俄國簽訂《弗里德里克斯哈姆條約》（Treaty of Fredrikshamn），瑞典割芬蘭和奧蘭群島予俄國，第四次俄瑞戰爭結束。 5月17日，法國併吞羅馬教皇國，囚禁教皇庇護七世（Pius VII）。 10月8日，梅特涅（Klemens Wenzel von Metternich）任奧地利宰相。執政期間力圖維護歐洲各國君主專制政體並鎮壓革命運動，是一位影響國際局勢的外交家。
1810	墨西哥宣布獨立，並與殖民者進行獨立戰爭，1821年獲得承認。獨立之後的墨西哥國土漸漸縮小。1836年，東北部的德克薩斯宣布脫離墨西哥獨立。1848年美墨戰爭後，墨西哥被迫將北部大片的土地售予美國。
1811	8月14日，巴拉圭宣布獨立，脫離西班牙。
1812	6月，拿破崙率60萬大軍征俄，同年7月1日占領立陶宛，成立臨時執

1812	政委員會，重建立陶宛政權。11月俄國冬季大雪，法軍死傷慘重，俄國進行反攻，擊敗法軍。12月8日，俄國滅立陶宛；次年3月14日滅華沙大公國。
1813	6月15日，英國、俄國、普魯士等組成第六次反法蘭西聯盟，10月16日在萊比錫大會戰中大破法軍。此後歐洲多個舊政權相繼復辟。1814年4月，拿破崙簽《楓丹白露條約》（Treaty of Fontainebleau）放棄王位，但仍保有皇帝稱號，放逐厄爾巴島（Elba）。 10月3日，土耳其攻滅塞爾維亞。 11月21日，尼德蘭獨立起事爆發，威廉六世（Willem VI）宣布尼德蘭脫離法國獨立，復辟尼德蘭政權和奧蘭治家族的統治。次年3月29日頒布憲法，實行君主立憲制。 12月11日，西班牙革命軍推翻約瑟夫，驅逐法國勢力。次年3月22日西班牙廢王腓迪南多七世復位，波旁王朝復辟。
1814	1月14日，丹麥與瑞典訂立《基爾條約》（Treaty of Kiel），內容規定丹麥將挪威讓予瑞典，瑞典則將西波美拉尼亞和雷根島割予丹麥。2月17日丹麥國王腓特烈六世（Fricdrich VI）放棄挪威土位，4月8日挪威宣布獨立，5月19日頒布憲法，實行君主立憲制，選舉攝政克里斯蒂恩·腓特烈（Christian Friedrich）為國王，建立獨立政府。7月瑞典入侵挪威，11月4日挪威國會被迫接受瑞典國王卡爾十三世（Karl XIII）兼任挪威國王，獨立運動失敗。 3月24日，前羅馬教皇庇護七世復辟羅馬教皇國。 5月2日，反法蘭西聯盟立路易十八世（Louis XVIII）為法國國王，復辟波旁王朝。反法蘭西聯盟各國與法國訂立《第一次巴黎條約》（First Peace of Paris），規定法國回復1792年時的國界。 9月，反法蘭西聯盟各國舉行「維也納會議」（Congress of Vienna），其後法國亦獲邀參加會議，強迫恢復舊秩序，以處理拿破崙戰爭的善後問題。次年6月8日，各國簽訂《維也納會議決議案》，重劃

1814	歐洲各國邊界，會議由奧國首相梅特涅及俄國沙皇亞歷山大一世支配，會中同意尼德蘭、義大利、德意志諸邦恢復獨立地位。1815年尼德蘭和今比利時、盧森堡組成荷蘭王國（Kingdom of the Netherlands）。
1815	英國實施《穀物法》（Corn Law），對入口穀物徵收關稅以保護本國地主。此後有關保護主義和自由貿易的辯論成為西歐多國政壇的重要議題。1846年5月16日，英國議會廢除該法，走向自由貿易政策。 1月3日，奧、英、法祕密協定組成同盟，共同對抗普、俄，以解決薩克遜與波蘭問題。 3月1日，拿破崙一世重返法國，史稱「百日之變」。同月23日，路易十八世逃亡；25日各國組成第七次反法蘭西聯盟。6月18日威靈頓公爵（Duke of Wellington）率領聯盟軍在滑鐵盧（Waterloo）戰役中擊敗拿破崙一世，占領巴黎。6月22日拿破崙一世再次退位，7月8日波旁王朝重掌政權，法蘭西第一帝國亡。8月2日拿破崙被放逐聖赫勒拿島（Saint Helena），1821年5月5日病逝於該島。 5月2日，列強就波蘭領土問題達成協議，再度瓜分波蘭，確定於克拉科夫成立克拉科夫共和國，受俄國、奧地利和普魯士保護。同年6月20日，俄國重建波蘭王國，由俄國皇帝兼任波蘭國王。 6月20日，德意志諸邦簽訂《邦聯決議案》，成立德意志邦聯，以奧地利為盟主。 8月，瑞典和挪威通過《瑞典－挪威聯合法》，規定挪威擁有高度自治權，但軍事和外交由瑞典負責。 9月26日，俄國提議由俄國、普魯士、奧地利共組神聖同盟，以維護各國的君主政體並鎮壓革命運動。歐洲遂形成會議體系，是為「歐洲協調體」（Concert of Europe）。同年11月20日，英國與神聖同盟各國組成四國同盟，協議定期開會討論歐洲安全事務。

1815	11月20日，反法蘭西聯盟與法國訂立《第二次巴黎條約》，規定法國回復1790年時的國界，並須割地賠款。
1816	7月9日，阿根廷宣布獨立。1853年制定憲法，建立聯邦共和國。
1818	英國戰勝馬拉特人，加強對印度的統治。 2月12日，智利宣布獨立。 9月20日，四國同盟舉行亞琛會議，討論法國履行條約之問題。法國因已償清賠款，各國協議從法國撤軍，並允許法國加入同盟，組成五國同盟。 10月20日，英國與美國簽訂協定，劃定在北美洲之部分邊界，並規定俄勒岡地區由兩國共管。
1819	2月22日，西班牙割讓佛羅里達（Florida）給美國。 8月16日，英國群眾於曼徹斯特（Manchester）聖彼得廣場（St. Peter's Square）前抗議穀物法及國會改革，遭到軍隊鎮壓，史稱「彼得盧屠殺」（Peterloo Massacre）。 10月，普魯士開始與德意志各邦組成關稅聯盟，奠定日後德意志統一的基礎。
1820	浪漫主義文學藝術的極盛時期，代表人物有詩人拜倫（George Gorden, Lord Byron, 1788～1824）、作曲家韋伯（Carl Maria von Weber, 1786～1826）、舒伯特（Franz Peter Schubert, 1797～1828）。 10月25日，五國同盟舉行特洛波（Troppau）會議，商討義大利和西班牙的內亂，通過《特洛波議定書》，決議出兵干涉各國內亂。
1821	英國採納金本位制作為貨幣制度，其後世界各國亦陸續採納金本位制。 美國殖民協會在今賴比瑞亞（Liberia）海岸向當地酋長購得一塊土地，以安置被釋放的黑奴。次年1月7日，殖民協會將第一批黑人移民送抵賴比瑞亞，並為該殖民地取名為門羅維亞（Monrovia），以

1821	感念美國門羅（James Monroe）總統。1824年2月20日，美國把門羅維亞及其附屬地方定名為賴比瑞亞。 2月13日，五國同盟在萊巴赫（Laibach）舉行會議，決議由奧地利出兵鎮壓義大利革命。 2月24日，新西班牙軍官伊圖爾維德（Iturbide）反叛西班牙，與游擊隊達成《伊瓜拉計畫》（Iguala），再次宣布新西班牙脫離西班牙獨立。同年9月28日實行君主制，自任攝政團主席，史稱伊圖爾維德帝國。1822年5月21日，伊圖爾維德改稱奧古斯丁（Agustin），意即皇帝，共和派不滿發動起事。 3月6日，希臘獨立戰爭爆發。次年1月24日，希臘宣布脫離土耳其獨立，成立希臘第一共和國。 5月5日，英國浪漫派詩人濟慈（John Keats, 1795～1821）逝世，著有《恩底彌翁》（Endymion）。同日，拿破崙一世病逝，享年51歲。 9月15日，瓜地馬拉宣布脫離西班牙獨立。瓜地馬拉自1823～1839年都是中美洲聯邦的一員，直到1840年才完全獨立。此後中美洲各個西班牙殖民地，包括聖薩爾瓦多、科馬亞瓜、特古西加爾巴、哥斯大黎加、里昂、格拉納達皆相繼獨立，並與墨西哥合併。
1822	英國浪漫主義詩人雪萊（Percy Bysshe Shelley, 1792～1822）逝世，生前除寫詩外，亦發表哲學、政治、社會方面的短文。 1月，希臘獨立。1828年俄土戰爭，土耳其被迫承認其獨立。 7月28日，祕魯宣布獨立，首都利馬。 9月7日，巴西宣布脫離葡萄牙獨立，10月建立巴西第一帝國。 10月12日，五國同盟舉行「維羅納會議」（Congress of Verona），決議由法國出兵鎮壓西班牙革命。次年8月31日，法國擊潰西班牙革命軍，西班牙革命失敗。西班牙國王腓迪南多七世恢復專制統治。
1823	英人李嘉圖（David Ricardo, 1772～1823）逝世，其「工資論」主張工

	資必須使勞工維持基本的生活。 美國第五任總統門羅發表「門羅宣言」（Monroe Doctrine），表明歐洲不應再涉足美國與墨西哥等美洲國家的主權相關事務；對於歐洲各國之間的爭端，或各國與其美洲殖民地之間的戰事，美國保持中立。相關戰事若發生於美洲，美國將視為具敵意之行為。
1823	
1824	英國詩人拜倫逝世。他支持英國民主改革，並參與希臘獨立戰爭，是英國最具代表性的浪漫派詩人之一。 英國拒絕加入歐洲協調體，維也納會議制度宣告破滅。 法王路易十八逝世，其弟亞多瓦伯爵繼位為查理十世。
1825	5月13日，葡萄牙、巴西和阿爾加維聯合王國復稱葡萄牙王國。 8月11日，上祕魯脫離西班牙獨立，成立玻利維亞共和國。獨立後的玻利維亞經常和周邊國家發生戰爭，因而失去許多土地。1879～1883年的哨石戰爭，玻利維亞喪失其唯一濱海省分，變成一個內陸國家。至此拉丁美洲主要殖民地均已取得獨立，拉丁美洲獨立戰爭結束。 12月26日，俄國北方協會軍官發動兵變，史稱「十二月黨人起事」，尼古拉一世即帝位，對其採取嚴厲鎮壓措施。
1827	3月29日，音樂浪漫主義大師貝多芬（Ludwig van Beethoven, 1770～1827）逝世，得年52歲。其作品對音樂發展有深遠影響，被尊為「樂聖」。 烏拉圭宣布獨立。
1829	英國通過《天主教徒解放法》（Catholic Emancipation Bill），給予天主教徒更多的民權，但仍不准首相由天主教徒擔任。
1830	比利時爆發革命，10月4日革命黨宣布比利時脫離荷蘭獨立，成立比利時政權，實行君主立憲。 法國發動阿爾及利亞戰爭，7月5日征服阿爾及利亞。

1830	7月28日，法國七月革命爆發。8月2日，波旁王朝被推翻。8月9日，自由派推舉路易·腓力（Louis Philippe）為法國國王，建立法蘭西奧爾良王朝，規定三色旗為法國的國旗。 9月15日，世界第一條客運鐵路在英國曼徹斯特正式通車。
1831	義大利民族主義祕密政黨燒炭黨（Carbonari）在摩德納、帕爾馬和羅馬發動革命。同年3月奧地利鎮壓革命。此後燒炭黨日漸沉寂，原燒炭黨人馬志尼（Giuseppe Mazzini）另組青年義大利黨，進行革命活動。 日耳曼哲學家黑格爾（Georg Wilhelm Friedrich Hegel, 1770～1831）逝世，生前名言「國家是上帝存在世上的思想」。曾擔任柏林大學教授多年，對後世哲學流派如存在主義和馬克思（Karl Heinrich Marx, 1918～1983）的辯證法唯物論影響深遠。 各國承認並宣布比利時為中立國。
1832	日耳曼浪漫主義文學大師歌德（1749～1832）逝世，生前代表作品《浮士德》、《少年維特的煩惱》，膾炙人口。 英國功利主義（Utilitarianism）大師邊沁（Jeremy Bentham, 1748～1832）逝世。 6月4日，英國通過《議會改革法案》（Reform Bill），裁撤部分「衰廢市鎮」選區，增加部分工業城市選區，並擴大選舉權，確立中產階級至高權力。
1833	英國國會通過法律廢除各殖民地的奴隸制度，並實施「工廠法」，禁止工廠雇用童工，並限定工時。 英國取消東印度公司對華貿易壟斷權。
1834	「人口論」（Essay on the Principle Population）大師馬爾薩斯（Thomas Robert Malthus, 1766～1834）逝世。
1837	英國維多利亞一世（Queen Victoria）繼任女王，是在位最久的君

1837	主。執政期間為英國「日不落帝國」時期，被稱為「維多利亞時代」。1914年以後，英國開始逐漸衰落。
1838	英國工人鄂康諾（O'Connor）、晏維特（Lovett）、普拉西（F. Place）等，起草「人民憲章」（People's Charter），是謂「民憲運動」（Chartist Movement）。 10月12日，布爾人殖民地東南非新荷蘭自由省成立納塔利亞（Natalia）共和國。
1839	2月，英國憲章派舉行憲章派全國會議，5月13日向議會遞交第一次請願書，被議會拒絕。次年7月，英國憲章派成立全國憲章派協會，再次掀起憲章運動。1842年4月12日，向議會遞交第二次請願書，再被拒絕。 4月，土耳其與埃及爆發土埃戰爭。次年11月27日，雙方簽訂《亞歷山大里亞協定》，埃及放棄敘利亞、克里特島等地，承認土耳其為宗主國；土耳其則承認穆罕默德·阿里家族世襲統治埃及。
1840	5月6日，世上第一批郵票開始使用。黑底，印有維多利亞女王頭像，面值一便士，收藏家稱「黑便士郵票」。 5月21日，紐西蘭正式成為英國殖民地。 5月，中國清朝與英國為商業和鴉片貿易問題爆發鴉片戰爭，又稱中英戰爭。1842年清戰敗，7月兩國簽訂《南京條約》，清被迫開放通商口岸，將香港島割予英國。中國開始成為半殖民地。
1846	英國取消「穀物法」進口關稅，邁向自由貿易。 德意志社會主義者馬克思、恩格斯（Friedrich Engels）在比利時布魯塞爾（Brussels）成立共產主義者通訊委員會，開始進行國際社會主義運動。次年馬克思和恩格斯加入正義者聯盟。6月，正義者聯盟改名為共產主義者聯盟。1848年2月，馬克思和恩格斯發表《共產黨宣言》（Communist Manifesto），奠定共產主義的理論基礎。 美墨戰爭爆發。美國併吞新墨西哥第6個州。

西洋史
大事長編

1847	7月26日，美國殖民協會單方面宣布賴比瑞亞脫離美國獨立，成立賴比瑞亞第一共和國。
1848	撒丁尼亞王國領導統一義大利運動，以加富爾（Camillo Benso Conte di Cavour）為首相；南部加里波底（Giuseppe Garibaldi）發動對西西里王國的革命。 1月，美國加州首府沙加緬度（Sacramento）發現金礦，掀起美國人民的淘金熱。此後大批美國人向西遷徙，史稱「西進運動」。 2月2日，美國與墨西哥簽訂《瓜達盧佩伊達爾戈條約》（Treaty of Guadaloupe Hidalgo），美墨戰爭結束，墨西哥割讓大片領土予美國。 2月3日，法國二月革命爆發。24日國王路易‧腓力被迫退位，法蘭西第二共和國成立，奧爾良王朝亡。6月23日巴黎工人發動六月起事，軍官卡芬雅克（Cavaignac）鎮壓起事，實行獨裁統治。12月20日拿破崙姪子路易‧拿破崙（Louis Napoleon Bonaparta）任總統，由君主派掌權。 3月，丹麥爆發革命，次年6月5日頒布憲法，實行君主立憲制。 3月1日，羅馬教皇國頒布憲法，實行君主立憲制。11月16日羅馬爆發起事。次年2月9日革命領袖成立羅馬共和國。7月4日法國出兵鎮壓革命，推翻革命政府，恢復教皇統治和君主專制政體。法國自此占領羅馬。 3月4日，撒丁尼亞頒布憲法，實行君主立憲制。同月23日與奧地利爆發戰爭，是為第一次義大利獨立戰爭，次年3月23日戰敗。 3月13日，奧地利爆發三月革命，宰相梅特涅被迫下臺。同月20日皇帝腓迪南一世（Ferdinand I）被迫實行君主立憲制。10月31日腓迪南一世鎮壓革命。 3月15日，匈牙利爆發反奧地利革命，同月22日成立革命政府。9月奧地利派軍鎮壓革命，匈牙利民族戰爭爆發。1849年匈牙利驅逐奧

1848	地利軍，俄國出兵干涉匈牙利革命，並於8月13日敉平革命。 3月18日，普魯士爆發三月革命，同月19日國王腓特烈・威廉四世（Frederick William IV）被迫實行君主立憲制。12月5日腓特烈・威廉四世下令解散制憲議會，革命失敗。 5月18日，在德意志的法蘭克福舉行國民議會，俗稱法蘭克福議會，討論德意志統一問題。議員意見分裂為二，一是主張由奧地利統一德意志的大德意志派，一是主張由普魯士統一德意志的小德意志派。7月12日成立臨時中央政府。 8月12日，英國機械工程師與發明家喬治・史蒂芬生（George Stephenson, 1781～1848）逝世。他建造世界上第一條公用鐵路，並率先於1829年製造商業用蒸汽火車。 11月21日，瑞士實行新憲法，改行聯邦制，各州合併為聯邦制國家，惟國名仍稱「瑞士邦聯」。
1849	3月28日，法蘭克福國民議會通過《德意志帝國憲法》（German National Assembly），但不受各邦君主支持。1849年5月薩克遜－維滕堡、萊因、巴登等地興起護憲運動。6月18日國民議會被解散。12月20日臨時中央政府瓦解。 歐洲19世紀浪漫主義音樂代表人物蕭邦逝世（Frédéric François Chopin, 1810～1849），他是波蘭音樂史上最重要的人物之一，也是歷史上最具影響力和最受歡迎的鋼琴作曲家之一。
1851	美國海軍船艦進入日本東京灣，要求開港通商，史稱「黑船事件」，為西方國家入侵日本之始。1854年2月31日，日本給予美國最惠國待遇，鎖國政策宣告結束。 倫敦水晶宮（The Crystal Palace）舉辦第一屆世界博覽會，但其中法、德工業產品明顯卓越，於是英國發起「藝術與技藝運動」（Art & Crafts Movement）。 12月2日，法國總統路易・拿破崙發動政變，獨攬大權。次年12月1日

1851	改稱皇帝,是為拿破崙三世(Napoleon III)。法國第二共和結束,建立法蘭西第二帝國,以「秩序和光榮」為號召。
1852	11月,加富爾擔任撒丁尼亞王國首相,執政期間推行義大利統一。
1853	10月,俄國為控制黑海,與土耳其爆發克里米亞戰爭。其後英國、法國、奧地利亦參加戰爭,共同反對俄國。1856年列強召開巴黎和會協商,造成俄、奧交惡,成為日後德、義統一的關鍵。1856年3月30日,各參戰國簽訂《巴黎條約》(Treaty of Paris),列強保證土耳其的獨立和領土完整;俄國割比薩拉比亞南部予土耳其,並保證黑海中立和多瑙河的航行安全。
1857	法國實證主義(Positivism)大師孔德(Auguste Comte, 1798～1857)逝世,他建立了近代社會學架構。 5月10日,印度爆發反英起事,史稱「印度民族大起事」,又稱「印度兵變」。 11月,英國與法國以亞羅船事件為由,聯合入侵中國。1858年5月中國清朝政府與英國、法國簽訂《天津條約》,增開通商口岸,並給予兩國在中國的內河航行權。1859年英法船艦前往北京換約,在大沽發生砲戰,受創而去。1860年英法大舉入侵中國,完成《天津條約》換約,並加訂中英、中法《北京條約》,作為《天津條約》的補充。俄國趁機與中國簽訂《北京條約》。
1858	4月,俄國藉口調停清朝與英國、法國的戰爭,迫使清政府簽訂《璦琿條約》,割占中國東北部黑龍江左岸地區。 7月20日,撒丁尼亞王國與法國於普隆比埃(Plombiéres)簽訂協定,協議共同對抗奧地利。 8月2日,英國通過《印度政府法》,取消東印度公司對印度的統治權,改由英國政府委派總督統治印度。 12月15日,蘇伊士運河公司(Compagnie Universelle du Canal Maritime de Suez)建立,進行運河開鑿。1869年11月17日竣工通航。

1859	4月29日，撒丁尼亞為統一義大利，與奧地利爆發戰爭，稱為第二次義大利獨立戰爭。5月12日，法國派軍對奧地利作戰。
1860	日耳曼悲觀主義哲學家叔本華（Arthur Schopenhauer, 1788～1860）逝世。 俄國建立海參威（Vladivostok），為遠東最重要的不凍港。 3月18日，撒丁尼亞正式合併帕爾馬、摩德納、托斯坎尼和羅馬納。同月24日撒丁尼亞與法國於杜林（Turin）簽訂條約，撒丁尼亞將尼斯和薩伏依割予法國。 4月4日，西西里島爆發起事。5月5日義大利革命領袖加里波底率領「紅衫軍」進攻西西里島，5月27日占領全島。9月7日攻陷那不勒斯，推翻兩西西里（Kingdom of the Two Sicilies）波旁王朝的法蘭西斯二世。11月8日加里波底將兩西西里併歸撒丁尼亞。 12月20日，美國南方南卡羅米納、密西西比、佛羅里達、阿拉巴馬、喬治亞、路易斯安那、德克薩斯、阿肯色、北卡羅來納、維吉尼亞、田納西、密蘇里、肯塔基等13州相繼脫離美國獨立。次年2月8日，南方各州組成美利堅邦聯，又稱南方聯盟。1861年4月12日，美國內戰爆發，是為「南北戰爭」。
1861	3月3日，俄皇亞歷山大二世頒布詔令廢除農奴制，歐洲農奴制度結束。 3月4日，林肯（Abraham Lincoln）就任美國總統，執政期間推行廢除奴隸制政策，美國南北戰爭爆發。1863年1月1日發表《解放黑奴宣言》。 3月17日，撒丁尼亞改國名為義大利王國，實行君主立憲制。次年6月加富爾逝世。
1862	9月23日，俾斯麥（Otto Von Bismarck）任普魯士首相，執政期間完成德意志統一，為德意志帝國第一任總理，人稱「鐵血宰相」。

1864	普魯士擊敗丹麥，種下普、奧之間衝突的引子。 紅十字會成立。 英國足球協會成立，現代足球開始出現。 第一國際成立，即是「國際工人聯合會」(International Workingme's Association)，由英、法、德、義四國工人代表在倫敦開會成立。馬克思代表德國工人參加該組織，以科學社會主義理論作為組織的指導思想。 教宗庇護九世 (Pius IX) 頒布「異教謬論」(Syllabus of Errors)，指責唯物論、自由思想、共濟會思想。
1865	法國無政府主義 (Anarchism) 的締造者普魯東 (Pierre Proudhon, 1809～1865) 逝世。 5月10日，美國聯邦政府擊敗南方聯盟，美國內戰結束，數天後，林肯總統遇刺身亡。
1866	6月14日，普魯士與奧地利為爭奪德意志領導權爆發「普奧戰爭」，又稱「七星期戰爭」，普魯士獲勝。同月20日，義大利參加對奧地利戰爭，史稱「第三次義大利獨立戰爭」。8月23日，奧地利將威尼西亞割予法國，倫巴底－威尼西亞王國亡。8月24日，普魯士與奧地利簽訂《布拉格和約》(Peace of Prague)，規定解散德意志邦聯，自此奧地利被排除出德意志。9月20日漢諾威、黑森－卡塞爾和拿騷被併歸普魯士。10月3日，義大利合併威尼西亞。
1867	日本結束幕府時代，將政權交還明治天皇。1868年，明治天皇開始明治維新。 2月17日，奧地利與匈牙利簽訂《奧匈協定》，由哈布斯堡皇室同時擔任兩地君主，即為奧匈帝國。 3月19日，荷蘭擬將盧森堡售予法國，同年4月，德意志各地掀起抗議浪潮，史稱「盧森堡危機」。5月7日各國舉行倫敦會議，決定法國不得購買盧森堡，盧森堡為永久中立國。

1867	3月29日，英國通過《英屬北美法案》（British North America Act），並於同年7月1日生效。英屬北美，包含加拿大四個殖民地，安大略、魁北克、新布倫瑞克（New Brunswick）和新斯科舍（Nova Scotia），合併成「加拿大自治領」，為英國的第一個自治領（Self-Governing Dominion）。英國國王兼任國家元首，但實際以總督（Governor General）代行元首權力，實行議會內閣制，由總理掌握實權。 3月30日，美國以720萬美元向俄國購買阿拉斯加，俄國勢力退出北美洲。 7月1日，普魯士與德意志北部諸邦，包括薩克遜－維滕堡、安哈爾特、梅克倫堡－什末林、梅克倫堡－斯特雷利茨、奧爾登堡、漢堡、呂貝克、不倫瑞克－沃爾芬布特爾、不來梅，聯合組成北德意志（North Germany）邦聯，以普魯士國王威廉一世（Willem I）為邦聯主。 8月15日，英國通過第二次《改革法案》，改革英國議會，放寬選舉人財產限制，使工人階級擁有選舉權。
1869	第一次梵蒂岡會議（Vatican Council）發表「教宗不謬性」（Papal Infallibility）教條。 8月，德意志社會主義者在愛森納赫（Eisenach）成立社會民主工人黨，此後西方各國先後出現各種社會主義政黨。
1870	第二次工業革命開始，煉鋼業及相關工業蓬勃發展，電力取代蒸汽成為主要能源。 3月30日，美國國會通過憲法第15條修正案，「基本人權不可因種族或膚色有所改變」。 德國人薛里曼（Heinrich Schliemann, 1822～1890）逝世，生前進行特洛伊考古挖掘。 6月9日，英國文學家狄更斯（Charles John Huffam Dickens, 1812～1870）因心臟病逝世，享年59歲。生前著有《雙城記》、《孤雛淚》，

1870	讀者可經由他的作品認識倫敦及其時代。 7月19日，法國為阻止德意志統一，與普魯士爆發普法戰爭。9月1日，普魯士在色當（Sedan）戰役中俘虜拿破崙三世。9月4日法國爆發革命，第二帝國被推翻，保守派成立國防政府。1871年2月17日，法國正式廢除帝制，成立法蘭西第三共和國。 9月20日，義大利軍攻占羅馬，羅馬教宗庇護九世（Pius IX）退入梵蒂岡城。10月17日羅馬正式歸併義大利，義大利完成統一。 12月5日，法國浪漫主義文學家大仲馬（Alexandre Dumas, 1802～1870）逝世。生前著有《基督山恩仇記》、《三劍客》。其子小仲馬是《茶花女》作者。
1871	義大利國會通過「教宗權益保障法」，有權力治理梵蒂岡與拉特蘭（Vatican and Lateran）教堂及附近庭院。但教廷直到1929年，才由庇護十一世（Pius XI）與墨索里尼政府達成協議，解決主權問題。 1月18日，北德意志邦聯各邦與南德意志之巴伐利亞、符騰堡、巴登、黑森－達姆施塔特統一，合併為德意志帝國。普魯士國王威廉一世改稱德意志皇帝。 3月18日，巴黎國民警衛軍中央委員會發動工人革命，奪取政權，成立革命政府。同月28日改組為「巴黎公社」，實行革命專政。5月21日法蘭西第三共和國政府軍攻入巴黎，進行鎮壓，史稱「五月流血週」。29日敉平革命，巴黎公社瓦解，損失50％技術工人，偉大建築被焚毀，是世界上第一個無產階級政權。 5月10日，法國與德意志簽訂《法蘭克福和約》（Franco-German Peace of Frankfurt），法國割讓亞爾薩斯和洛林予德意志。 10月11日，延燒3天的美國芝加哥大火撲滅，這場火災造成300人死亡，9萬人無家可歸，財物損失超過2億。
1873	西班牙建立第一共和。 6月6日，德意志、奧地利、俄國結成第一次三帝同盟。此後歐洲各大

1873	國相互結成軍事聯盟，形成同盟體系。英國則繼續奉行孤立政策，史稱「光榮孤立」。
1874	第一國際正式解體。1889年，年馬克思主義者再組第二國際（1889～1914）。
1875	2月24日，法國通過《參議院組織法》，次日通過《公權組織法》，7月16日又通過《公權關係法》。法國制定《1875年憲法》，確立第三共和政體和議會內閣制。 5月7日，日本與俄國簽訂《庫頁、千島交換條約》，確定庫頁島屬俄國，千島群島屬日本。
1876	俄國無政府主義者巴枯寧（Mikhail Bakunin, 1814～1876）逝世，他被稱為「恐怖無政府主義之父」，與同為俄國貴族的克魯巴特金（Peter Kropotkin, 1842～1921）、托爾斯泰（Leo Tolstoi, 1828～1910）同為19世紀最有影響力的無政府主義者。 9月12日，比利時在布魯塞爾召開國際地理學會會議，決議成立考察與開化中非國際協會，並開始入侵剛果河流域。自此西方強國在全球各地爭奪殖民地，劃分自我勢力，展開帝國主義瓜分世界的時期。 11月18日，埃及被迫建立「雙重監督制度」，由英、法兩國各派一人監督埃及財政。
1877	1月1日，英國女王維多利亞兼任印度女皇，由英屬印度和各土邦組成印度帝國。 4月12日，南非共和國成為英國的殖民地，改稱為德蘭斯瓦（Transvaal）。 4月24日，俄國支持土耳其境內的斯拉夫人起事，與土耳其爆發第八次俄土戰爭。1878年3月3日兩國簽訂 《聖斯提芬諾條約》（Treaty of San Stefano），俄國在巴爾幹獲得重大利益，歐洲各國大為不滿。同年6月13日各國舉行柏林會議，討論近東問題，迫使俄

1877	國放棄該條約，並重新安排巴爾幹半島和土耳其的政治形勢。7月13日各國重訂《柏林條約》（Treaty of Berlin），規定土耳其割高加索部分地區予俄國，並承認蒙特尼格羅、塞爾維亞、羅馬尼亞之獨立。保加利亞被分為三部分：本土獲得自治權；東魯梅利亞和馬其頓仍屬土耳其；羅馬尼亞取得多布羅查，但須割比薩拉比亞予俄國；奧地利占領波士尼亞和赫塞哥維那；英國則取得塞浦路斯島。 第一次三帝同盟瓦解。
1878	教宗利奧十三世（Leo XIII, 1810～1903）即位，在位期間想拉近教會與現代社會的差距。他在政治方面對「自由主義」與「反教會主義」不讓步，承認現代文化有「善」也有「惡」。
1879	10月7日，德意志與奧地利組成兩國同盟，共同對抗俄國。 10月21日，愛迪生（Thomas alva Edison, 1847～1931）發明電燈。
1880	南非德蘭斯瓦布爾人發動反英國起事，爆發第一次布爾戰爭（Boer War），又稱南非戰爭。1881年8月8日，德蘭斯瓦脫離英國獨立，成立德蘭斯瓦國。1884年8月改國名為南非共和國。 1月1日，巴拿馬運河進行開鑿工程，1914年8月15日正式通航。 1月27日，紐約成為世界上最早有電燈照明的城市。 9月，法國在今剛果西部建立殖民據點，同月11日比利時在今剛果東部建立殖民據點。自此法國與比利時爭奪剛果地區，形成比利時殖民帝國。 10月1日，愛迪生電燈工廠在紐澤西州生產電燈炮。
1881	俄國文豪杜斯妥也夫斯基（Fyodor Mikhailovich Dostoyevsky, 1821～1881）逝世。他與屠格涅夫（Ivan Turgeniev, 1818～1883）、托爾斯泰同為俄國文學巨擘。 3月13日，俄皇亞歷山大二世遭殺害，亞歷山大三世即位，採用高壓及俄化政策。

1881	6月18日，德意志、奧地利、俄國結成第二次三帝同盟。
1882	4月19日，達爾文（Charles Darwin, 1809～1882）逝世，著有《物種起源》（The Origin of Species），其於1871年發表的著作《人類的後裔》（The Descent of Man, and Selection in Relation to Sex），提出人類祖先是人猿的論點。6天後，入葬倫敦西敏寺。
1883	馬克思逝世，其思想構成二十世紀人類歷史的重大變動，是現代社會主義的領航人。 法國寫實派與印象派畫家馬奈（Edouard Manet, 1832～1883）逝世。 英國費邊社（Fabian Society）在倫敦成立，由具有社會理想的知識分子組成，重要代表人物有韋伯（Sidney Webb, 1859～1947）、蕭伯納（Bernard Shaw, 1856～1950）、華萊士（Graham Wallas, 1858～1932）、威爾斯（H.G. Wells, 1866～1946）與阿特禮（Clement Attlee, 1883～1967）。該團體期望透過社會各階層的平等，由實踐平等和自由的理念達成社會合作和互愛的人際關係，成為日後二十世紀初英國工人社會主義的派別。
1884	中法戰爭，法國取得越南為殖民地。 英國議會第三次改革，除貧窮者外，皆有選舉權。 11月15日，西方列強舉行柏林會議，討論非洲和奴隸制問題，並瓜分剛果地區，確定瓜分非洲原則。
1885	5月26日，法國浪漫主義文學家雨果（Victor, Marie Hugo, 1802～1885）逝世，代表作品《悲慘世界》。他曾譴責英法聯軍對中國的侵略。
1886	5月1日，美國紐約、芝加哥等地工人發動大罷工，爭取8小時工作制，為日後「五一勞動節」的起源。 10月28日，紐約的自由女神像舉行落成典禮，是法國政府作為慶祝美國獨立100週年的禮物。

1887	2月12日，德意志促使英國和義大利達成《第一次地中海協議》，其後奧地利和西班牙亦加入協議，規定維持地中海的現狀和調整列強之間的關係。同年12月12日英國、義大利和奧地利達成《第二次地中海協議》，又稱《近東協約》，規定維持土耳其的領土完整。

10月，中國清朝與葡萄牙簽訂《中葡會議草約》和《中葡北京條約》，清朝承認澳門為葡萄牙殖民地。 |
| 1888 | 12月23日，荷蘭畫家梵谷（Vincent Willem van Gogh, 1853～1890）癲癇發作，割下自己一隻耳朵。 |
| 1889 | 2月11日，英國通過《兒童憲章》，為世界上最早有關童工與虐兒的法例。

5月，巴黎舉行世界博覽會，艾菲爾鐵塔落成。

6月29日，9個國家議會的議員在巴黎舉行促進國際仲裁的各國議會會議，形成各國議會的國際組織。1922年改名為各國議會聯盟。
7月14日，各國社會主義者在巴黎舉行國際社會主義者代表大會，決議成立社會主義者國際，俗稱第二國際。

8月18日，法國與俄國簽訂《法俄軍事協定》。1894年1月4日，兩國批准協定，正式形成法俄同盟。

10月2日，美洲各國在美國首都華盛頓舉行第一次美洲國家會議，又稱泛美會議。會中決議成立一個由美洲各獨立國組成的國際組織。1890年4月14日正式成立美洲共和國國際聯盟和美洲共和國商務局，1901年10月改稱美洲共和國國際局。 |
| 1890 | 埃及出土猶大福音（Gospel of Judas），內容記載猶大受耶穌之命向羅馬當局告密，成全耶穌的殉道，顛覆傳統聖經歷史。

3月，德首相俾斯麥應威廉二世之命而辭職。

7月27日，荷蘭畫家梵谷在巴黎近郊以手槍自殺，經送醫急救，延至29日去世。 |

1891	有「工人教宗」之稱的利奧十三世（Leo XIII）發表著名《通諭》（Rerum Novarum），重申自由經濟理論，並呼籲重視工人權益，對基督教社會主義發展影響不小。
1893	法國爆發「巴拿馬醜聞案」（Panama Scandal），與此案有關的兩名金融鉅子助長法國人的排猶情緒。 1月17日，夏威夷的美國移民多爾（Dole）發動政變奪權，夏威夷成為美國保護領。1894年7月4日夏威夷改組為共和國，多爾任總統。1898年8月12日美國併吞夏威夷。
1894	中、日因朝鮮東學黨問題發生甲午戰爭，次年簽訂馬關條約。 12月22日，法國猶太裔軍官德雷福斯（Alfred Dreyfus）被誣叛國罪，判處終身監禁，史稱「德雷福斯事件」。法國國內形成兩派，德雷福斯派發起營救德雷福斯的運動，反德雷福斯派則乘機發起反猶太運動，兩派鬥爭激烈。1899年9月19日德雷福斯獲特赦。1906年7月12日德雷福斯終被判無罪，此案結果抑制了法國的保皇運動。
1895	法國盧米埃兄弟（Auguste Marie Louis Nicholas Lumière, 1862～1954; Louis Jean Lumière, 1864～1948）成功研發電影，進行第一次公演。 法國科學家巴斯德（Louis Pasteur, 1822～1895）逝世。他建立細菌學基礎，提出著名「生源論」（Biogenesis）定律，即所有生命體均源自已有生命之物。 英國生物學家赫胥黎（Thomas Henry Huxley, 1825～1895）逝世。他提出著名的「不可知論」（Agnosticism）。 11月27日，諾貝爾獎設立。1901年12月10日舉行第一次頒獎典禮。 12月22日，德國物理學家倫琴（Wilhelm Conrad Röntgen, 1845～1923）以他發明的X射線首度拍攝其妻手骨。
1896	法國吞併馬達加斯加。

1896	2月，希臘策動克里特島起事，反抗土耳其，起事者要求把克里特島併歸希臘。1897年希臘與土耳其爆發第一次希土戰爭。1898年3月20日，西方列強迫使土耳其給予克里特島自治權，成立克里特國。 4月，第一屆現代奧運於希臘雅典舉行，其後成為世界性賽事。 8月26日，菲律賓發生反西班牙革命，菲律賓獨立戰爭爆發。1897年3月23日成立菲律賓政權和革命政府，11月1日通過《比阿克－巴托憲法》（Biac-na-Bato Constitution），成立菲律賓共和國。12月16日革命政府與西班牙殖民政府達成和議，停止革命。 12月10日，瑞典化學家、工程師、發明家諾貝爾（Alfred Bernhard Nobel, 1833～1896）逝世。他發明炸彈，去世前創辦諾貝爾獎。
1897	德國占領中國膠州灣。 8月，世界各地猶太復國主義者，亦稱錫安主義者（Zionism）在瑞士巴塞爾舉行大會，展開「猶太復國主義運動」，奧籍猶太作家赫佐（Theodor Herzl, 1860～1904）為代表人物。 10月17日，日本令朝鮮改國名為大韓帝國。
1898	3月，俄國各地的社會民主主義組織在明斯克成立社會民主工人黨。 4月25日，美國與西班牙為爭奪殖民地，爆發美西戰爭，西班牙戰敗。同年12月10日兩國簽訂《巴黎條約》，西班牙將菲律賓群島、古巴島、波多黎各島和關島割予美國。美國正式占領古巴。 6月12日，阿奎納多（Emilio Aguinaldo）發動菲律賓革命，宣布菲律賓脫離西班牙獨立。1899年1月20日菲律賓頒布《馬洛洛斯憲法》（Malolos Constitution），成立菲律賓第一共和國，俗稱馬洛洛斯共和國。 6月14日，英國與法國簽訂《巴黎協定》，劃定在西非之勢力範圍。至此法國的西非屬地乃連成一片。

1898	9月19日，英國與法國為爭奪東北非，在東蘇丹的法紹達（Fashoda）發生衝突，史稱「法紹達危機」（Fashoda Incident）。次年3月21日兩國達成協定，法國勢力退出尼羅河地區，但獲得乍得湖一帶地區以作補償，法紹達危機結束。 12月26日，法國化學家居禮（Curie）夫婦公布一種新的元素，命名為「鐳」。
1899	2月4日，美國入侵菲律賓，美西戰爭爆發。1901年4月1日美國戰勝，菲律賓成為美國殖民地，1902年4月美國敉平菲律賓革命。2月6日西班牙結束美洲的統治。 5月18日，俄國尼古拉二世邀請26個國家舉行第一次海牙和平會議，確定戰爭國際法，並設立永久仲裁法庭，共26國參加，又稱海牙法院。 9月6日，美國向列強提出「門戶開放政策」，要求列強勿干涉他國在中國通商口岸的利益，獲得列強先後同意。 10月12日，英國與南非為爭奪在非洲南部的利益，爆發第二次布爾戰爭。其後奧蘭治與南非結盟，加入戰爭。1902年5月31日參戰各方簽訂《維雷尼京和約》（Peace of Vereeniging），奧蘭治和南非喪失獨立，成為英國殖民地。
1900	4月4日，英國王位繼承人愛德華（Edward）王子遇刺，倖免於難。 5月，中國清朝策動義和團進攻北京各國使館，史稱「庚子拳變」，引發英國、法國、德意志、俄國、美國、義大利、奧地利和日本組成八國聯軍進攻北京，史稱「八國聯軍」。1901年9月7日清朝與列強簽訂《辛丑和約》，允許外國軍隊進駐使館區和天津至山海關鐵路沿線重鎮。 7月19日，法國巴黎地下鐵正式通車。巴黎再度舉辦世博會，參觀人數超過5千萬名觀眾，其記錄直到1970年才由大阪世博會超越。同年，著名的奧塞火車站啟用，1985年改為展示印象派為主的美術

西洋史
大事長編

1900	館。 日耳曼哲學家尼采（Friedrich Nietzche, 1844～1900）逝世，其著名理論是一種超人哲學，要求推翻猶太教與基督的道德至尊性，以免遺傳劣質血液給後代。 10月11日，英國政治家邱吉爾（Winston Leonard Spencer Churchill, 1874～1965）當選下議院議員，開始從政生涯。 11月30日，愛爾蘭劇作家王爾德（Oscar Wilde, 1854～1900）在巴黎病逝，得年46歲。 12月14日，德國物理學家普朗克（Max Planck, 1858～1947）發表「量子論」。
1901	1月1日，英國在澳大利亞的殖民地，包括西澳大利亞、南澳大利亞、新南威爾斯、維多利亞、塔斯馬尼亞和昆士蘭，聯合成立澳大利亞聯合體（Commonwealth of Australia），成為英國之自治領，實行議會內閣制。 1月22日，英國維多利亞女王逝世，愛德華七世（Edward VII）即位。他引領穿著時尚，將英國變成20世紀精緻生活領導者。 3月，美國通過《普拉特修正案》（Platt Amendment），規定美國有權出兵干涉古巴內政。美國一方面讓古巴自治，但一方面又干涉其內政。同年6月美國迫使古巴在憲法中加入《普拉特修正案》，使獨立後的古巴成為美國的附庸國。 7月，丹麥出現歐洲第一次由社會主義政黨支持的政府。 9月14日，美國總統麥金萊（William McKinley）遇刺，副總統羅斯福（Theodore Roosevelt）繼任總統，是美國歷史上最年輕的繼任總統。執政期間推行「巨棒政策」，在美洲推行美國霸權。他的獨特個性和改革主義政策，使他成為美國歷史上最偉大的總統之一。 12月5日，美國卡通影片製片人迪士尼（Walt Elias Disney, 1901～1966）誕生。

1902	法國寫實主義者左拉（Emile Zola, 1840～1902）逝世，他洞察人生社會，從事小說創作。 1月30日，英國與日本結成英日同盟。 4月28日，美國參議院擴大排華法案。 5月20日，美國結束對古巴的軍事統治，成立古巴共和國，但美國對古巴仍擁有控制權。
1903	以提倡「進化哲學」著名的美國哲學家斯賓塞（Herbert Spencer, 1820～1903）逝世，他將「適者生存」應用於社會學，有「社會達爾文主義之父」的稱號。 巴拿馬脫離哥倫比亞獨立建國，並與美國簽約開鑿巴拿馬運河。1914年8月15日正式通航，大幅縮短美國東西兩岸間的航程。 5月8日，法國後印象派畫家高更（Paul Gauguin, 1848～1903）逝世，得年54歲。 7月30日，俄國社會民主工人黨在布魯塞爾舉行第二次代表大會（中途遷往倫敦開會），社會民主工人黨分裂為兩派，分別是列寧領導的布爾什維克派（Bolshevik，多數派）和孟什維克派（Menshevik，少數派）。 12月17日，萊特兄弟（Orville and Wilbur Wright）完成人類首次飛行，並於1904年美國聖路易舉行的世界博覽會展示試飛成功的「飛行者1號」。
1904	2月8日，日本與俄國為爭奪中國東北和大韓，爆發日俄戰爭。次年俄羅斯戰敗，9月5日兩國簽訂《朴次茅斯和約》（Treaty of Portsmouth），俄羅斯將庫頁島南部和在滿洲的部分權益讓予日本，並承認日本控制大韓。日本崛起成為東亞強國。 4月8日，英國與法國達成《英法協約》，協調兩國在世界各地殖民地的爭執。

1904	10月3日，法國與西班牙簽訂《法西協定》，表面上保證阿拉維（今摩洛哥）的獨立和完整，實際上是劃分兩國的勢力範圍。地中海沿岸和西南部屬於西班牙；其餘部分屬於法國。 10月4日，以雕塑自由女神雕像而舉世聞名的法國雕刻家巴托爾迪（Frédéric Auguste Bartholdi, 1834～1904）逝世，享年70歲。
1905	法國正式宣告政教分離，教士薪津不再由國家負擔，天主教地位與其他宗教平等。教會許多不動產收歸國有，提供了巴黎建造學校與醫療用地。 1月22日，俄國軍警向請願群眾射擊，史稱「流血星期日」（Bloody Sunday）。此後俄羅斯全國各地爆發革命。同年10月30日沙皇尼古拉二世發布《十月十七日詔書》，又稱《十月宣言》（October Manifesto），允諾頒布憲法，並召開國家議會（Imperial Duma），實行君主立憲制。自由派因對《十月十七日詔書》持不同態度而分裂為兩派，分別是較溫和的十月黨和較激進的立憲民主黨。 5月13日，日俄戰爭在中國東北爆發。 6月7日，挪威脫離瑞典獨立，同年8月31日「瑞典－挪威聯合」解散。11月25日丹麥王子哈康七世（Haakon VII）當選挪威國王，建立挪威奧爾登堡王朝。 10月16日，印度將孟加拉分割為東、西兩部分，國民大會黨發動反分割運動。1908年英國鎮壓該運動。
1906	挪威寫實主義派劇作家易卜生（Henrik Ibsen, 1828～1906）逝世。 法國後期印象派奠基者塞尚（Paul Cezanne, 1839～1906）逝世，世人尊為「現代繪畫之父」。 1月16日，德意志試圖縮小法國在摩洛哥的勢力而引發緊張關係，史稱「第一次摩洛哥危機」。歐洲列強在阿爾幾西拉斯（Algeciras）舉行會議，通過《阿爾幾西拉斯決議》，決議承認摩洛哥獨立，但由法國和西班牙兩國共同管理摩洛哥的治安和警務。

（左側邊欄）1400 A.D.~1914 A.D.

1906	7月4日，英國、法國和義大利簽訂《三國公約》，劃分三國在埃塞俄比亞的勢力範圍：西部和西北部屬於英國；東部屬於法國；北部屬於義大利。 10月3日，第一屆國際無線電會議在柏林召開，決議以「SOS」為國際求救信號。 12月30日，印度穆斯林組成全印度穆斯林聯盟，自此印度民族主義運動分裂成印度教徒和穆斯林兩大勢力。
1907	6月1日，布魯塞爾成立國際協會中央局，作為非政府國際組織的協調機構。1910年改稱「國際協會聯盟」。此後國際出現眾多非政府國際組織。 6月15日，44個國家於荷蘭海牙舉行第二次海牙和平會議，簽訂《海牙公約》，就有關戰爭的國際法作出更多規定。 7月30日，日本與俄國簽訂《日俄協定》，承認雙方殖民利益，並把滿洲分割為南、北兩部分，分別劃歸日本和俄羅斯的勢力範圍。 8月31日，英國與俄羅斯簽訂《英俄協約》，解決兩國在波斯、阿富汗、西藏的矛盾，並劃分兩國在波斯的勢力範圍。至此英國放棄「光榮孤立」政策，與法國和俄國組成協約國集團，與同盟國集團對峙。 9月26日，英國北美洲殖民地紐芬蘭與大洋洲的屬地紐西蘭取得自治領地位，分別成立紐芬蘭自治領和紐西蘭自治領。兩自治領均實行議會內閣制。
1908	7月13日，青年土耳其黨（Young Turks）發動革命，迫使土耳其國王阿布杜勒哈米德二世（Abdülhamid II）恢復憲法。 10月5日，保加利亞宣布獨立。 10月6日，奧地利吞併波士尼亞和赫塞哥維那，激起南斯拉夫人的民族主義情緒，史稱「波士尼亞危機」。

1909	4月6日，美國探險者皮爾里（Robert Peary）到達北極點。 4月27日，青年土耳其黨廢黜國王阿布杜勒哈米德二世，立穆罕默德五世為國王。青年土耳其黨掌握政權。
1910	3月10日，美國好萊塢電影城成立。 4月21日，美國幽默作家馬克吐溫（Mark Twain, 1835～1910）逝世，享年74歲，代表作《湯姆歷險記》。 5月31日，英國合併非洲南部的開普、納塔爾、德蘭斯瓦和奧蘭治四個殖民地，成立南非聯邦，為英國自治領，實行議會內閣制。 7月12日，美洲各國舉行第四次泛美會議，決議將美洲共和國國際聯盟改組為「美洲共和國聯盟」，並將美洲共和國國際局改組為「泛美聯盟」。 8月26日，美國醫界證實X光可用於偵測肺病。 8月27日，美國愛迪生發明有聲電影放映機。 10月30日，紅十字會創始人暨1901年第一屆諾貝爾和平獎得主杜南（Jean Henri Dunant, 1828～1910）去世，享年82歲。
1911	5月21日，摩洛哥爆發部落起事，法國派軍平亂。德意志反對法國出兵，派軍向法國示威，引起第二次摩洛哥危機。同年11月4日，法國與德意志簽訂《法德協定》，摩洛哥獨立，頒布憲法，實行君主立憲制。德意志承認法國在摩洛哥有自由行動的權利，法國則將非洲部分屬地讓予德意志。 6月23日，英國國王喬治五世在西敏寺完成加冕儀式，中國清廷派鎮國將軍戴振為祝賀特使。 9月，義大利為奪取利比亞，發動的黎波里戰爭。同年11月5日義大利宣布利比亞為其屬地，昔蘭尼加地區的塞努西教團政權起而反抗義大利，史稱「第一次抗義戰爭」。1912年10月18日義大利與土耳其簽訂《洛桑條約》，義大利從土耳其取得的黎波里地區。

1911	10月29日,美國名報人普立茲(Joseph "Joe" Pulitzer, 1847～1911)逝世,享年64歲,遺囑捐款設立哥倫比亞大學新聞學院及普立茲獎。 12月1日,俄國派軍入外蒙古(喀爾喀蒙古),成立外蒙古政權,策動獨立。1915年中國、俄羅斯、蒙古達成協議,同年6月7日蒙古取消獨立,改組為中國轄下的自治政府。 12月14日,挪威探險者阿蒙森(Roald Amundsen)到達南極點。
1912	3月13日,保加利亞與塞爾維亞結盟共同反對土耳其。同年保加利亞又與希臘、蒙特尼格羅結盟,組成巴爾幹聯盟。10月18日巴爾幹聯盟與土耳其爆發第一次巴爾幹戰爭。1913年5月30日各參戰國簽訂《倫敦條約》,土耳其放棄幾乎所有在巴爾幹半島的領地;保加利亞取得馬其頓大部分地區。塞爾維亞因得不到阿得里亞海出海口而不滿,巴爾幹聯盟分裂。 3月30日,法國迫使摩洛哥簽訂《非斯條約》(Treaty of Fes),使摩洛哥大部分地區成為法國的保護領,第二次法摩戰爭結束。同年11月27日法國與西班牙簽訂《馬德里條約》,法國將摩洛哥北部地中海沿岸地區和南部塔爾法亞和伊夫里地區劃歸西班牙,並將坦吉爾劃為國際共管區。自此摩洛哥遂分為法屬摩洛哥、西屬摩洛哥和坦吉爾三部分。 4月15日,「鐵達尼號」豪華客輪在大西洋撞冰山而沉沒。 5月5日,蘇聯史達林出任《真理報》社論主筆。 7月15日,英國國家健康保險法正式生效。
1913	6月1日,塞爾維亞與希臘結盟反對保加利亞,其後羅馬尼亞亦加入。同月29日,保加利亞與其他巴爾幹國家爆發第二次巴爾幹戰爭,土耳其亦加入對保加利亞作戰。8月10日,各參戰國簽訂《布加勒斯特條約》,羅馬尼亞取得多布羅查北部;馬其頓被分為三部分:瓦爾達爾馬其頓屬塞爾維亞;皮林馬其頓屬保加利亞;愛琴馬

1913	其頓屬希臘。
1914	5月7日，美國國會通過每年5月第2個星期日為母親節。 6月28日，奧地利儲君腓迪南（Archduke Francis Fredinand）大公夫婦在波士尼亞首府薩拉耶佛被塞爾維亞人刺殺，稱「塞拉耶佛事件」。同年7月28日奧地利向塞爾維亞宣戰，第一次世界大戰爆發。戰爭迅速演變為同盟國集團與協約國集團之間的戰爭。 8月2日，德意志占領盧森堡。同月4日入侵比利時。10月8日德意志滅比利時。 12月18日，英國宣布埃及脫離土耳其，正式成為英國保護領。次日英國廢黜埃及藩王阿巴斯二世（Abbas II），另立卡米勒（Kamil）為蘇丹（Sultan，意即國王）。

第五篇

國際現勢發展

　　一戰結束，在政治上出現民主、共產與法西斯等三種意識形態的對峙。二戰爆發與結束，世界體系又進入美、蘇兩強對峙的「冷戰」（Cold War），而歐洲強權如英國、法國，也因為殖民地相繼獨立而衰弱，於是法國結合德國開始在經濟上的合作，逐步發展出今日的歐盟（E.U.）。

　　在德國詩人席勒《歡樂頌》的詩歌以及貝多芬《第九號交響曲》的樂曲中，歐洲透過音樂這個世界通用語言，向世人傳達整個歐洲所追求的理想：自由、和平與團結。歐盟成員期盼從中建立共同的價值觀，營造歐洲各民族之間的團結與和諧，使歐洲整體有更好的發展。

　　1999年，蘇聯瓦解，文明衝突取代以往意識形態的對抗；而美國因為掌握第三波工業革命（即資訊革命）、強大核武力量與龐大工業體系等優勢而成為今日的超級霸權。美國自認肩負天命，以「世界警察」的身分頻頻插手於世界各地發生的事務，直接或間接的展現其文化、經濟與政治的霸權。與此同時，生活環境因科技的進步而快速改變，傳統價值觀受到嚴重的挑戰，昔日

的觀點被解構後重新建構；而隨著網際網路的發達，科技知識的迅速傳遞，人類生活與自然環境產生了巨大衝擊，全球正面臨嚴重的生態危機，天災與人禍不斷。

在杭庭頓（Samuel P. Huntington）的《文明衝突與世界秩序的重建》（The Clash of Civilizations and The Remarking of World Order）書中，他預測在蘇聯解體後，因為文明的不同，美國、歐洲、俄羅斯和印度將有可能捲入一場和中國、日本及大部分回教國家對抗的真正全球化戰爭。結果將是，從過去數世紀以來的歷史發展觀之，全球權力重心先從東方轉向西方，再從西方擺盪回東方，如今似乎又將從北方轉向南方。在杭庭頓的分析中，未來的第三次世界大戰就是西方的基督教文明與東方伊斯蘭和儒家文明國家之間的衝突。就現今的歐洲國家而言，杭庭頓認為法國人的文化優越感比種族優越感還重，他們接受在議會中說法文的非洲裔黑人，但不能接受他們在學校中包頭巾的回教女生。1990年，76％法國人認為，法國的阿拉伯人太多，46％認為黑人太多，40％認為亞裔人口太多，24％則表示猶太人太多。1994年時，47％德國人不希望附近社區有阿拉伯人，39％不希望有波蘭人，36％不希望有土耳其人，22％不希望有猶太人。這種因宗教信仰而產生的文明衝突，在今日的西歐正方興未艾。

　　希臘近期因歐債危機而考慮是否應該繼續留在歐元區，杭庭頓曾經指出，希臘並非西方文明的一環，卻是古典文明的搖籃，也是西方文明的源頭。在以往對抗土耳其人的過程中，希臘人在歷史上自認是基督教世界的旗手；但杭庭頓認為希臘其實也是個異數，是西方組織中一個信奉希臘正教的異族，一直是歐盟或北約很難駕馭的成員，也很難自我修正來適應北約和歐盟的原則及習俗。整體而言，在外交政策上希臘積極支持塞爾維亞人，同意俄羅斯在希裔塞浦路斯派遣大量駐軍，他們與俄羅斯在對抗共同的敵人土耳其上找到彼此的利益，包括擁有共同的東正教信仰。或許希臘的正教文化風格與行為模式所引發的歐債危機和反樽節政策，才是目前以德國為首的歐盟最難溝通和信任的危機所在。

　　在邁入21世紀之後，地球村除了面臨複雜國際政治及金融風暴之外，對新世化年輕人而言，柏尼‧崔林（Bernie Trilling）及查爾斯‧費德（Charles Fadel）在《教育大未來——我們需要的關鍵能力》（21st Century Kills: Learning for

Life in Our Times）一書中指出，20年後的世界將會變成這個樣子：

一、「世界會變得更小」，科技和運輸的連結更為緊密。

二、資訊和媒體掀起波濤巨浪，需要將這股浪潮平靜下來。

三、全球經濟的擺盪將影響每個人的工作和收入。

四、水、食物和能源等基本資源將匱乏。

五、迫切需要全球攜手合作解決環保問題。

六、更注重隱私、安全，並更關切恐怖主義。

七、要具備全球競爭力，就必須有創新經濟。

八、更多樣化的團隊工作，隊上成員將來自不同語言、文化、地理區和時區。

九、需要更好的方法管理時間、人力資源及專案。

因此在未來，21世紀的關鍵能力將可分為三種有用的能力——（一）學習與創新的能力：其中包含嚴謹思考與解決問題，加強溝通合作；（二）創造力和創新力，其次是加強數位素養：包括資訊素養與媒體素養，資訊和通訊科技（ICT）素養；（三）培養工作與生活能力：尤其是領導能力、適應力、生產力、責任力、進取心，以及社交和跨文化合作能力。這些都將成為年輕人在因應快速變遷的世界時，必須具備的謀生能力與生活方式。

西洋史
大事長編

年　期	歷　史　大　事
1915	英國與俄國再次瓜分波斯，分別出兵占領波斯南、北部。 5月，德意志占領波羅的海地區。 5月23日，義大利加入協約國陣營，參加第一次世界大戰。 8月5日，德意志和奧地利占領波蘭，推翻俄國在波蘭的統治。1917年1月14日，兩國扶植臨時政府。 9月，各國社會黨左派在瑞士齊美爾瓦爾德（Zimmerwald）舉行代表會議，反對第一次世界大戰。國際社會主義運動開始分裂。 11月，奧地利和德意志聯合攻滅塞爾維亞。
1916	4月26日，英國、法國和俄國達成協定，瓜分土耳其在亞洲的領土。 8月31日，美國福特汽車公司推出單價250美元的廉價旅行車，馬車時代將結束。
1917	法國雕塑大師羅丹（Auguste Rodin, 1840～1917）逝世。 根據教廷說法，聖母在5～10月間於葡萄牙法蒂馬鎮每天向3名兒童顯現：地獄景象、二戰日期、蘇聯成立和1981年教宗遇刺。 3月8日，俄曆2月，俄國爆發「二月革命」，同月12日布爾什維克黨在首都彼得格勒組成工兵代表蘇維埃（Soviet，即議會）。15日沙皇尼古拉二世被迫退位。16日孟什維克黨、立憲民主黨和十月黨聯合成立臨時政府。工兵代表蘇維埃拒絕承認臨時政府，彼得格勒出現兩派政權對立。 3月26日，芬蘭成立民族政府，同年12月6日正式宣布脫離俄國獨立。 4月6日，美國參加第一次世界大戰，加入協約國陣營。 7月17日，布爾什維克黨發動大規模反政府示威，臨時政府進行鎮

1917	壓，並清除工兵代表蘇維埃內的布爾什維克黨勢力，史稱「七月事件」。

11月6日，布爾什維克黨發動俄羅斯「十月革命」（俄曆10月），同月8日推翻臨時政府，列寧（Nikolai Lenin,1870～1924）任委員會主席，成立蘇維埃政府，頒布《和平法令》，主張結束戰爭，並開始推行國有化和集體化政策，史稱「戰時共產主義政策」。同月臨時政府時代俄陸軍總司令科爾尼洛夫（L. Kornilov）逃奔高加索地區，與鄧尼金（A. I. Denikin）等組成白俄軍，反對布爾什維克黨。

11月8日，英國外交大臣貝爾福（A. J. Balfour）發表《貝爾福宣言》（Balfour Declaration），贊成在巴勒斯坦建立猶太人之家，助長猶太復國主義運動。

11月20日，烏克蘭民族主義者宣布烏克蘭脫離俄羅斯獨立，成立拉達政府（Rada，即議會）。同年12月25日，東烏克蘭布爾什維克黨建立烏克蘭蘇維埃政府，與拉達政府對峙。 |
| 1918 | 中亞的巴斯馬奇（Basmachi）反抗俄羅斯和各蘇維埃政權，史稱「巴斯馬奇運動」。1933年蘇聯敉平該運動。

1月8日，美國總統威爾遜（Woodrow Wilson）提出「十四點原則」（Fourteen Points），對戰後國際關係的原則提出建言，號稱新外交。

1月28日，芬蘭共產黨在首都赫爾辛基（Helsinki）發動革命，成立芬蘭蘇維埃政府，與民族政府對峙。同年4月13日民族政府重奪赫爾辛基，25日擊滅蘇維埃政府。5月15日民族政府敉平革命。

2月4日，西伯利亞之鄂木斯克（Omsk）和托木斯克（Tomsk）脫離俄羅斯獨立，成立西伯利亞共和國。

2月16日，德意志扶植立陶宛政權。2月24日愛沙尼亞脫離俄羅斯獨立，成立愛沙尼亞第一共和國。4月12日德意志占領立窩尼亞、愛沙尼亞、里加、厄澤爾、庫爾蘭等地區，將這些地區合併為波羅的 |

邦。11月，德意志勢力撤出波羅的海地區，2日成立立陶宛第一共和國。11日愛沙尼亞恢復獨立。18日立窩尼亞、里加、厄澤爾和庫爾蘭等地區合併成立拉脫維亞第一共和國。28日波羅的邦瓦解。

3月，俄羅斯的布爾什維克黨改組為共產黨，實行一黨專政。同月3日，俄羅斯與同盟國簽訂《布列斯特－立托夫斯克和約》（Peace Treaty of Brest-Litovsk），俄羅斯承認德意志占領波蘭、波羅的海地區等地，俄羅斯退出第一次世界大戰。7月19日，定國名為俄羅斯蘇維埃聯邦社會主義共和國，名義上實行聯邦制，實則由共產黨把持的中央政府掌握大權。此後西方各國社會主義政黨左派紛紛改稱共產黨。

3月9日，英、法、日、美等國聯軍在俄羅斯摩爾曼斯克登陸，開始干涉俄羅斯革命，蘇維埃國內戰爭爆發。4月5日，日本入侵俄羅斯遠東地區。5月24日，盟國策動俄羅斯境內的捷克斯洛伐克軍團起事反對蘇維埃政府。

1918

3月9日，白俄羅斯宣布脫離俄羅斯，成立白俄羅斯政權。次年1月1日共產黨推翻該政府，成立白俄羅斯蘇維埃政府。

3月16日，俄羅斯在中亞南部突厥斯坦地區成立突厥斯坦蘇維埃社會主義自治共和國，作為其轄下之自治共和國。

7月17日，俄皇尼古拉二世及全家人在伊凱特林堡遭處決，羅曼諾夫王朝結束。

9月，保加利亞農民聯盟起事，27日成立拉多米爾共和國，29日保加利亞鎮壓起事。

9月30日，敘利亞宣布脫離土耳其獨立，建立敘利亞政權。

10月17日，匈牙利宣布與奧地利分離，奧匈帝國瓦解。30日匈牙利爆發革命，11月13日正式脫離奧地利獨立，16日廢除君主制，成立匈牙利第一共和國。

10月28日，捷克斯洛伐克民族委員會宣布波希米亞脫離奧地利獨

立，並與摩拉維亞、奧屬西里西亞和匈牙利轄下之斯洛伐克合併為捷克斯洛伐克政權。

10月29日，克羅埃西亞宣布脫離匈牙利獨立，成立斯洛文尼亞－克羅埃西亞－塞爾維亞國（Slovenia-Croatia-Serbia）。11月1日奧地利和德意志軍被逐出塞爾維亞，塞爾維亞國王復位。

10月30日，土耳其與協約國簽訂《穆德羅斯（Mudros）停戰協定》，向協約國投降，此後協約國相繼派軍占領土耳其各地。

11月3日，德意志十一月革命爆發。同月9日威廉二世（Wilhelm II）被迫退位。10日社會民主黨右派和社會民主黨左派分別成立政府，相互對峙。11日德意志向協約國陣營投降，第一次世界大戰結束。1919年2月6日，社會民主黨左派政府瓦解。

| 1918 | 11月11日，奧皇卡爾被迫退位，同月12日成立德意志－奧地利共和國。1919年10月21日改國名為奧地利共和國。 |

11月11口，德意志軍撤出比利時和盧森堡，比利時國王復辟。

11月13日，埃及民族主義者扎格盧勒（Saad Zaghlul）發起民族主義運動。次年組成民族黨，又稱華夫特黨（Wafd）。

11月18日，前俄羅斯軍官高爾察克（Aleksandr Kolchak）奪取西伯利亞政權，自此成為西伯利亞抵抗俄羅斯共產黨之主要力量。

11月29口，愛沙尼亞共產黨建立愛沙尼亞蘇維埃政府。同年12月16日，立陶宛共產黨建立立陶宛蘇維埃政府。17日，拉脫維亞共產黨建立拉脫維亞蘇維埃政府。

12月14日，英國婦女首次行使投票權。

| 1919 | 1月18日，協約國召開「巴黎和會」（Paris Peace Conference）討論戰後安排，會議由美國總統威爾遜、法國總理克里蒙梭（Georges Clemenceau）、英國首相勞合·喬治（Lloyd George）三國領袖主控。 |

西洋史
大事長編

1919	1月21日，愛爾蘭新芬黨（Sinn Féin MP）宣布愛爾蘭脫離英國獨立，重建愛爾蘭政權。 2月27日，立陶宛與白俄羅斯合併成立「立陶宛－白俄羅斯蘇維埃社會主義共和國」，以立陶宛為中心。其後愛沙尼亞、立陶宛－白俄羅斯和拉脫維亞的蘇維埃政府相繼覆亡。 3月2日，各國共產黨在莫斯科成立第三國際，又名共產國際。 3月4日，日、美等國聯軍策動西伯利亞從俄羅斯烏拉爾地區進攻蘇維埃政府，是為第一次武裝干涉。同年8月蘇維埃政府占領烏拉爾地區，第一次武裝干涉失敗。 3月8日，埃及殖民政府逮捕民族黨首領扎格盧勒，旋即爆發三月起事，英國進行鎮壓。 3月21日，匈牙利共產黨發動革命，進行奪權，與社會民主黨聯合成立匈牙利蘇維埃政府，由共產黨掌握實權。羅馬尼亞等國干涉匈牙利革命，扶植成立執政委員會，與蘇維埃政府對峙。8月1日干涉軍推翻蘇維埃政府。6日執政委員會改組為匈牙利（攝政府），匈牙利第一共和國亡。 4月7日，德意志共產黨在慕尼黑發動起事，與獨立社會民主黨左派聯合成立「巴伐利亞蘇維埃共和國」。同年5月1日德意志政府鎮壓起事。 4月11日，國際聯盟在日內瓦成立國際勞工組織。 4月13日，印度阿姆利則（Amritsar）發生群眾示威，遭到英國殖民軍屠殺，史稱「阿姆利則慘案」。印度各地掀起反英國運動。 4月28日，巴黎和會通過《國際聯盟盟約》。次年1月10日成立「國際聯盟」（League of Nations）。 5月6日，協約國最高委員會將德意志各殖民地委託予各國管治，確立委任統治制度。

1919	5月15日，希臘在協約國支持下入侵土耳其，第二次希土戰爭爆發。 5月19日，土耳其軍官凱莫爾（Mustafa Kemal）發動革命，反對協約國占領軍。同年9月4日成立民族主義黨。1920年4月23日民族主義黨在安卡拉（Ankara）召開大國民議會，成立臨時政府。凱莫爾之後被尊為土耳其國父。 6月16日，匈牙利紅軍在捷克斯洛伐克之普雷索夫（Presov）建立斯洛伐克蘇維埃共和國。同年7月7日為捷克斯洛伐克所滅。 6月28日，協約國戰勝，在巴黎與德意志簽訂《凡爾賽和約》（Peace of Versailles），條約中規定德意志須割地賠款和裁軍，並將阿爾薩斯和洛林交還法國；薩爾地區交由國際聯盟管治；萊因河由盟軍占領，並把一部分劃為非軍事區，至此形成凡爾賽體系。第一次世界大戰結束。 7月3日，協約國策動高加索地區白衛軍進攻俄羅斯蘇維埃政府，是為第二次武裝干涉。1920年初，蘇維埃政府進行反擊，征服高加索地區。3月13日，蘇維埃政府攻陷摩爾曼斯克，第二次武裝干涉失敗。 8月9日，英國與波斯簽訂《英波協定》，規定英國名義上承認波斯獨立，但英國有權干涉波斯內政。 8月11日，德意志實施新憲法，俗稱《威瑪憲法》（Weimarer Verfassung），實行議會內閣制，德意志進入威瑪共和國時期。 9月10日，協約國與奧地利簽訂《聖日耳曼條約》（Treaty of Saint-Germain），規定奧地利割南提羅爾、的里雅斯特、伊斯特里亞等地給義大利；割布科維納給羅馬尼亞。 9月14日，義大利民族主義者鄧南遮（Gabriele d'Annunzio）率軍占領阜姆（Fiume，即今克羅埃西亞之里耶卡），建立阜姆政權。1924年3月16日義大利與塞爾維亞簽訂條約，規定阜姆併歸義大利。

1919	11月27日，協約國與保加利亞簽訂《納伊條約》（Treaty of Neuilly），規定保加利亞割地賠款。 12月13日，白俄羅斯拉達重建白俄羅斯拉達政府，1920年7月11日為俄羅斯所滅。8月1日，白俄羅斯共產黨重建白俄羅斯（蘇維埃政府）。
1920	1月，國際聯盟正式成立，會址初設倫敦，後來將總部設於瑞士日內瓦。 1月6日，俄羅斯滅西伯利亞共和國。同年4月6日俄羅斯在西伯利亞東部成立遠東共和國，作為俄羅斯附庸國，並為俄羅斯與日本之間的緩衝區。 3月13日，德意志保皇派發動起事，成立德意志保皇派政府，企圖恢復帝制。同月17日，威瑪共和國政府敉平起事。 3月19日，美國國會拒絕批准《凡爾賽和約》，拒絕參加國際聯盟，國內孤立主義抬頭。 4月25日，國際聯盟最高委員會將土耳其轄下之伊拉克－敘利亞領土委託予各國管治：敘利亞成為法國委任統治地；伊拉克、巴勒斯坦和外約旦成為英國委任統治地。 4月25日，國際聯盟策動波蘭進攻俄羅斯，爆發蘇波戰爭。其後又策動克里米亞白衛軍進攻蘇維埃政府，是為第三次武裝干涉。同年11月11日蘇維埃政府擊敗白衛軍，第三次武裝干涉失敗。1921年3月18日俄羅斯與波蘭簽訂《里加條約》，規定西烏克蘭和西白俄羅斯劃歸波蘭，蘇波戰爭結束。 6月，國際聯盟與匈牙利簽訂《特里亞農條約》（Treaty of Trianon），規定匈牙利割特蘭西瓦尼亞等地給羅馬尼亞。 8月1日，印度國民大會黨領袖甘地（Mohandas Karamchand Gandhi）主張非暴力思想，發動第一次不合作運動，反對英國的殖民統治。1922年2月10日甘地宣布停止運動。

1920	8月10日，盟國與土耳其政府簽訂《色佛爾條約》（Treaty of Sevres），土耳其領土被瓜分。土耳其臨時政府拒絕承認《色佛爾條約》。	
	8月26日，美國國會通過第19號憲法修正案，授予婦女平等投票權。	
	8月26日，俄羅斯在中亞北部哈薩克地區成立吉爾吉斯（Kirghiz）蘇維埃社會主義自治共和國，作為其轄下之自治共和國。當時俄羅斯誤把哈薩克人稱為吉爾吉斯人，至1925年4月19日吉爾吉斯始更名為哈薩克。	
	9月1日，法國開始分割敘利亞，從敘利亞劃出大黎巴嫩邦。12月1日把其餘部分分為阿勒頗和大馬士革兩邦。其後又先後從敘利亞分出蘇埃達邦（後改稱傑貝勒德魯茲邦）和阿拉維特邦（後改稱拉塔基亞邦）。	
	11月11日，英國成立伊拉克政權。8月23日，英國立前敘利亞國王費薩爾為伊拉克國王，是為費薩爾一世（Faysal I），建立伊拉克費薩爾王朝。	
	11月15日，國際聯盟宣布波蘭之但澤受國際聯盟保護，成立但澤自由市。	
	11月17日，俄羅斯將北高加索地區之阿蘭、卡巴爾達－巴爾卡爾、車臣、印古什、達吉斯坦和卡拉恰伊－切爾克斯聯合為山地人民蘇維埃社會主義自治共和國，作為其自治共和國。1924年6月7日蘇聯撤銷該共和國，此後在北高加索地區建立若干個民族自治單位。	
	11月20日，俄羅斯扶植成立亞美尼亞蘇維埃政府，同年12月2日推翻亞美尼亞革命聯盟政府。	
1921	西屬摩洛哥北部里夫地區12個部落起事反抗西班牙，1923年2月1日成立里夫部落聯邦共和國。1926年5月27日，法國和西班牙進行聯合鎮壓。	

1921	2月3日，俄羅斯策動蒙古人民黨在外蒙古發動革命，再次宣布蒙古脫離中國獨立，人民黨實行一黨專政。 2月21日，波斯首相禮薩‧沙（Reza Shsh）發動政變奪權，1925年取得王位，建立巴勒維王朝（Pahlavi Dynasty）。3月，波斯廢除《英波協定》，恢復獨立。5月英軍撤出波斯。6月蘇聯軍亦撤出波斯。 2月22日，各國社會主義中間派在維也納舉行代表會議，成立社會黨國際工人聯盟，又稱「第二半國際」。 6月7日，捷克斯洛伐克、塞爾維亞和羅馬尼亞組成「小協約國集團」，共同維護三國在凡爾賽體系中的利益。 9月19日，世界第一條高速公路——艾伏斯高速公路在德國通車啟用。 11月12日，英、法、日、美、義、比、荷、葡、中等九國舉行華盛頓會議（Washimgton Conference），重新劃分列強在太平洋的勢力範圍。次年2月6日列強簽訂《九國公約》，承認中國主權獨立，並重申門戶開放政策。同日，英國、美國、義大利、法國、日本簽訂《五國公約》，規定五國海軍艦艇的比率，美國在太平洋取得優勢，形成華盛頓體系。美國外交取得優勢，但內政在哈定總統（Warren G. Harding）任內走向下坡，尤其「禁酒令」的訂定反而製造更多暴力與不法行動。 12月6日，英國與愛爾蘭簽訂《英愛條約》，規定愛爾蘭南部將獲得自治領地位，稱為「愛爾蘭自由邦」（Irish Free State），北部則維持現狀。次年12月6日愛爾蘭正式分為南、北兩部分：南愛爾蘭26郡成為英國之自治邦；北愛爾蘭6郡則繼續隸屬英國，實行自治。 12月13日，英、美、法、日在華盛頓簽訂「四強公約」。
1922	2月15日，國際法庭在荷蘭海牙設立。 2月28日，英國宣布結束埃及的保護制度，埃及名義上獲得獨立，但仍受英國控制。

1922	3月12日，俄羅斯將喬治亞、亞塞拜然和亞美尼亞三個附庸國合併為外高加索蘇維埃聯邦社會主義共和國。
	6月28日，法國將阿勒頗和大馬士革重新合併為敘利亞政權。
	7月20日，國際聯盟將德意志原來在西非的屬地多哥蘭（Togoland）分為東、西兩部分，分別成為法屬多哥蘭和英屬多哥蘭。
	9月18日，土耳其臨時政府將希臘軍全部逐出土耳其。同年10月11日臨時政府與協約國簽訂《穆達尼亞（Mudania）停戰協定》，第二次希土戰爭結束。
	10月25日，俄羅斯將日本勢力逐出遠東地區，蘇維埃國內戰爭結束。同年11月15日俄羅斯合併遠東共和國。
	10月27日，義大利國家法西斯黨領袖墨索里尼（Benito Mussolini）因不滿選舉結果，發動「進軍羅馬」奪權行動。28日占領羅馬。31日墨索里尼出任首相。11月25日被授予獨裁權力，在全國實行法西斯專政。
	11月1日，土耳其臨時政府廢除君主制，建立土耳其政權。
	12月30日，俄羅斯、烏克蘭、白俄羅斯和外高加索合併成立蘇維埃社會主義共和國聯邦，簡稱蘇聯，由俄羅斯共產黨實行一黨專政。匈牙利共產黨人盧卡奇（Georgy Lukacs）出版《歷史和階級意識》（History and Class Consciousness），標誌西方馬克思主義的誕生，又稱「新馬克思主義」。
1923	1月11日，法國和比利時以德意志拖欠賠款，派軍占領德意志的魯爾（Ruhr）煤礦區，史稱「魯爾危機」。19日德意志政府發起消極抵抗運動，抵制占領軍。9月27日德意志停止消極抵抗運動，魯爾危機結束。10月23日德意志共產黨發動漢堡工人起事，25日失敗。11月8日國家社會主義工人黨（Nazi，俗稱納粹黨）領袖希特勒（Adolf Hitler）在慕尼黑發動啤酒館政變，11日被鎮壓。
	7月24日，土耳其與協約國簽訂《洛桑條約》（Treaty of Lausanne），

1923	土耳其放棄小亞細亞以外的領土，但收回東色雷斯，並成立一國際海峽委員會管理黑海海峽。 9月15日，西班牙軍官里維拉（Miguel Primo de Rivera）發動政變奪權，實行軍事獨裁。 10月5日，第二國際和第二半國際在漢堡舉行統一代表大會，兩派實現統一，成立社會主義工人國際。 12月19日，希臘軍隊推翻丹麥國王格奧爾基奧斯二世（Georgios II），丹麥王朝結束。次年3月16日成立希臘第二共和國。
1924	1月3日，英國考古學家發現西元前14世紀埃及法老圖坦卡門的陵墓，內有大批珠寶及黃金面具、棺柩。 1月，日本立憲政友會、憲政會和革新俱樂部組成「護憲三派」，發動第二次護憲運動，要求進行憲政改革。同年5月護憲三派在議會選舉中獲勝。6月11日加藤高明任首相，組成「護憲三派內閣」，日本政黨內閣時期開始。 1月21日，蘇聯人民委員會主席列寧逝世，史達林（Joseph Vissarrion Stalin）任共產黨總書記，與紅軍領袖托洛斯基（Leon Trotsky）展開權力鬥爭。 1月22日，英國工黨領袖麥克唐納（Ramsay McDonald）繼任首相。自此工黨取代自由黨成為英國政壇兩大政黨之一，與保守黨輪流執政。 4月9日，國際聯盟專家委員會提出協助德意志償付賠款的道威斯計畫（Dawes Plan）。7月16日，國際聯盟通過道威斯計畫。9月1日，法軍和比利時軍撤出魯爾區。 6月15日，義大利社會黨、自由黨等組成「阿文丁聯盟」（Aventine Secession），反對法西斯黨。1926年11月政府頒布《非常法》，禁止所有非法西斯黨派。

1924	10月20日，盧安達和烏隆迪成為比利時的委任統治地。次年8月21日比利時將兩地聯合，稱盧安達－烏隆迪（Ruanda-Urundi）。 12月1日，墨西哥國民革命黨開始長期執政。
1925	1月5日，義大利墨索里尼改組內閣，成立法西斯獨裁政權。 10月5日，西歐各國舉行羅迦諾會議（Locarno Conference），討論德意志鄰邦的安全保障問題。12月1日各國簽訂《羅迦諾公約》（Locarno Treaties），規定德意志與鄰國的邊界糾紛須透過和平仲裁解決。 12月18日，俄羅斯共產黨（布爾什維克）召開代表大會，決議更名為全聯邦共產黨。會上史達林打擊托洛斯基的勢力，取得最高權力。
1926	5月17日，波蘭前元首畢蘇茨基（Jozef Pilsudski）發動波蘭五月政變，奪取政權，實行獨裁統治。 5月30日，葡萄牙軍官發動政變奪權，自此葡萄牙長期由軍人實行獨裁統治。 8月23日，美國華納電影公司公開試映有聲電影成功。 8月23日，義大利影星范倫鐵諾（Rudolph Valentine, 1895～1926）去世，年僅31歲，10萬影迷送葬。 10月31日，義大利首相墨索里尼遇刺但未遭難。 11月14日，全聯邦共產黨（布爾什維克）開除托洛斯基的黨籍。1929年1月托洛斯基被逐出蘇聯流亡墨西哥多年後，遭俄國特務刺殺身亡；國際社會主義運動曾出現托洛斯基派。 12月5日，法國印象派大師莫內（Claude Monet, 1840～1926）逝世，享年86歲。莫內生前與雷諾瓦（Auguste Renoir, 1841～1919）齊名。
1927	4月12日，英國改國名為大不列顛和北愛爾蘭（Great Britain and Northern Ireland）聯合王國。

1927	5月21日，美國青年林白（Charles Augustus Lindbergh, 1902～1974）完成由紐約飛越大西洋，抵達巴黎的不著陸飛行。 10月6日，第一部有聲電影《爵士歌手》在紐約上映。
1928	2月15日，英國完成《牛津英文辭典》。 4月9日，土耳其取消回教為國教的法定地位。 4月，薩拉查（António de Oliveira Salazar）掌握葡萄牙政權。1930年7月成立國民同盟（União Nacional）。1933年2月國民同盟實行一黨專政。 8月27日，美、法等國在巴黎簽訂《凱洛格－白里安公約》（Kellogg-Briand Pact），又稱《非戰公約》，揚棄戰爭，改以和平方法解決國際糾紛。 10月1日，蘇聯推行第一個五年計畫，開始在國內推行大規模社會主義政策。
1929	2月11日，義大利墨索里尼與教宗庇護十一世簽訂《拉特蘭條約》（Lateran Treaty），義大利承認教廷為主權國家，主權屬於教宗，領土位於梵蒂岡城，稱為梵蒂岡；梵蒂岡為中立國，神聖不可侵犯。此條約正式解決了教廷與義大利政府間多年的問題。 3月12日，美國可口可樂創辦人亞沙·坎得樂（Asa Candler, 1851～1929）去世。 5月16日，美國藝術學院舉行第一屆奧斯卡金像獎頒獎典禮。 6月7日，德意志賠款問題專家委員會提出「楊格計畫」（Young Plan）取代「道威斯計畫」。同年8月6日國際聯盟通過「楊格計畫」。 10月24日，美國紐約股市崩盤，爆發經濟大蕭條。
1930	1月，西班牙爆發共和革命。同月30日，獨裁者里維拉（Primo de

	Rivera）被迫下臺。1931年4月14日國王阿爾方索十三世（Alfonso XIII）被迫退位，波旁王朝亡。西班牙第二共和國成立。
1930	1月21日，帝國主義列強舉行倫敦海軍會議，就裁減及限制各國海軍軍備問題達成協議。
	3月12日，甘地為反對印度殖民政府的《食鹽專賣法》，發動「食鹽進軍」（Salt March），是為第二次不合作運動 。同年5月5日殖民政府鎮壓該運動。1931年5月4日，甘地與殖民政府達成《德里協定》（Delhi Pact），停止不合作運動。
	7月7日，創造「福爾摩斯」的英國作家柯南・道爾爵士（Sir Arthur Ignatius Conan Doyle, 1859～1930）逝世，享年71歲。
	7月13日，首屆世界盃足球賽在烏拉圭舉行，共有13國參加。
1931	9月18日，日本入侵中國東北，史稱「九一八事變」，又稱「瀋陽事變」，日本侵華戰爭開始。次年2月5日，日本攻陷哈爾濱，占領中國東北地區。
	11月，英國、英國殖民地以及其他與英關係密切的國家組成英鎊集團。其後法國和美國先後於1933和1934年組成美元集團和金本位集團，形成金融界三集團對抗局面。
	12月11日，英國通過《西敏寺法案》（The Statute of Westminster），確認各自治領在法律上的獨立地位，紐芬蘭除外。英國殖民帝國正式改組為「英國聯合體」，亦稱「英聯邦」或「國協」。愛爾蘭、南非、加拿大、澳大利亞和紐西蘭正式獲得獨立。其中規定英國王室為自治領共同的效忠對象，故王室之更易必須獲得各自治領的同意。各自治領與祖國的地位完全平等。目前「國協」成員約有30餘國。
1932	朝鮮共產主義者金日成組織游擊隊，反對日本殖民統治，進行抗戰。
	1月，第一次薩爾瓦多全國起事爆發，反對總統馬丁內斯

西洋史
大事長編
153

	（Martínez）。馬丁內斯鎮壓起事。
	1月7日，美國國務卿史汀生（Henry Lewis Stimson）宣布不承認日本侵略中國東北，史稱「不承認主義」，但無力制止侵略。
	2月2日，國際聯盟舉行「日內瓦裁軍大會」（Geneva Disarmament Conference），因各國意見分歧，未能達成協議。
	5月6日，法國總統杜曼（Paul Doumer, 1857～1932）在巴黎遇刺身亡。
1932	7月9日，巴西農業寡頭集團組成之制憲派起事反對總統瓦加斯（Getúlio Dornelles Vargas），史稱「制憲派戰爭」。同年10月2日制憲派投降。
	7月21日，英國聯合體在加拿大渥太華舉行帝國經濟會議，協定推行帝國特惠制，實行貿易保護主義。
	9月20日，甘地在獄中絕食，抗議英國制定階層分離選舉制度。
	9月26日，瑞典社會民主工人黨開始長期執政，執政期間建立福利國家制度，制度完備。
	12月11日，西歐各國反戰者在阿姆斯特丹舉行國際反戰大會，通過《反戰宣言》（No Force Declaration），成立常設反戰委員會。
1933	1月30日，德意志國家社會主義工人黨領袖希特勒繼任總理，德意志之威瑪共和國時期結束，第三帝國時期開始。7月14日，國家社會主義工人黨在德意志實行一黨專政，建立法西斯專政。
	3月4日，日本侵占中國熱河。同年5月31日，中國與日本簽訂《塘沽協定》，中國承認日本占領東北和熱河，並將察哈爾和河北北部劃為非武裝區。
	6月12日，羅斯福（Franklin Delano Roosevelt）繼任美國總統，執政期間採納英國經濟學家凱恩斯（John Maynard Keynes）理論，推行「新政」（New Deal），重振經濟；對外方面則推行睦鄰政策，改善

1933	與拉丁美洲國家的關係，並承認蘇聯。 世界各國在倫敦舉行國際經濟會議，以討論有關穩定各國貨幣的國際協議。同年7月27日會議失敗告終。 12月5日，美國廢除長達14年的禁酒令。
1934	史達林進行大整肅的清黨運動，異己皆送往古拉格（Glag）奴工營，人數高達千萬。 1月30日，英國以紐芬蘭政府貪汙無能，取消其自治領地位。紐芬蘭重新成為英國的直轄殖民地。 2月1日，奧地利總理陶爾斐斯（Engelbert Dollfuß）宣布實行一黨專政。7月25日，德意志策動奧地利國家社會主義工人黨發動納粹政變，陶爾斐斯遇刺身亡，政變旋被鎮壓。 2月9日，希臘、土耳其、羅馬尼亞和南斯拉夫簽訂《巴爾幹公約》，形成「巴爾幹協約國集團」（Balkan Entente）。 3月17日，匈牙利、義大利和奧地利簽訂《羅馬議定書》，組成多瑙河國家集團，與小協約國集團對峙。 6月30日，希特勒捕殺國家社會主義工人黨轄下武裝組織衝鋒隊首領羅姆（Roehm），並對衝鋒隊進行大整肅，史稱「羅姆事件」。自此黨衛軍取代衝鋒隊成為國家社會主義工人黨的主要武裝組織。
1935	荷蘭植物學家戴夫賴斯（Hugo De Veries）逝世，生前提出「突變論」（Mutationism），認為進化可以由突然躍進而達成，利用突變學說（Mutation Theory）可解釋生物變種的來源，影響了遺傳學與進化論的發展。 1月13日，薩爾舉行公民投票，通過重新併歸德意志。同年3月1日國際聯盟將薩爾交還德意志。 1月28日，冰島首開西歐各國人工流產法的先驅。

1935	3月22日,德國成為全球第一個正式播送電視節目的國家。 3月22日,波斯改國名為伊朗王國。 10月3日,義大利入侵衣索比亞。1936年5月2日滅衣索比亞。9日義大利國王維托里奧·厄曼紐爾三世(Vittorio Emanuele III)兼任衣索比亞皇帝。6月1日義大利將衣索比亞、厄立特里亞(Eritera)和索馬利亞(Somalia)合組為義屬東非(Italian East Africa)。 10月10日,希臘前總理孔迪利斯(Kondilis)發動政變,推翻第二共和國,自任攝政兼首相。同年11月4日,前國王格奧爾基奧斯二世復位。 11月15日,菲律賓成為美國的聯合邦,實行自治。
1936	英國王儲威爾斯親王堅持迎娶離婚美籍平民辛浦森夫人(Wallis Simpson),根據西敏寺法案,首相包溫爾與各自治領會商後,由於各自治領多表反對,因此首相將反對意見報告親王,親王決定捨棄王位而維持婚姻,放棄成為愛德華八世的王位改由王弟繼承,是為喬治六世(George VI)。威爾斯親王改封為溫莎公爵(Duke of Windsor)。 1月15日,西班牙各左翼黨派組成人民陣線,共同反對右翼勢力。同年2月19日,人民陣線上臺執政。 3月7日,德意志派軍重新占領萊因非武裝區。德國頒布《紐倫堡法》(Nuremberg Code),取消猶太人的公民權,並禁止德國公民與具有猶太血統的猶太人通婚。 4月2日,沙烏地阿拉伯與伊拉克訂立《互不侵犯和阿拉伯人團結友愛條約》,掀起泛阿拉伯運動。 4月13日,梅塔克薩斯(Ioannis Metaxas)任希臘首相。8月4日,梅塔克薩斯發動政變,解散議會,實行獨裁統治。 6月22日,《洛桑條約》簽字國在蒙特勒(Montreux)舉行會議,討

1936	論黑海海峽問題。7月20日，簽訂《關於海峽制度公約》，又稱《蒙特勒公約》，撤銷國際海峽委員會，土耳其重新控制黑海海峽。 7月18日，西班牙右翼軍人佛朗哥（Francisco Franco）起事反對第二共和國政府，西班牙內戰爆發，7月23日成立西班牙法西斯政府。其後德意志、義大利出兵支持右派，蘇聯及歐洲各國反法西斯勢力則組成國際縱隊，支持左派。9月9日各國簽訂國際協定，規定各國不得干涉西班牙內戰。10月，佛朗哥將軍宣布成為西班牙元首。 8月26日，英國與埃及簽訂《英埃條約》，英國撤出大部分軍隊，但繼續控制埃及，並取得蘇伊士運河航行權；但同意埃及獨立。 9月3日，各國反戰者在布魯塞爾舉行世界和平大會，推動世界和平運動。 10月25日，德意志與義大利訂立協定，形成柏林－羅馬軸心。11月25日德意志與日本簽訂《反共產國際公約》（Anti-Comintern Pact）。1937年11月6日義大利加入公約，至此德意志、義大利和日本組成軸心國集團。 11月，法國被迫放棄金本位制，金本位集團瓦解。其後法國與其殖民地組成法郎集團，以與英鎊集團和美元集團對抗。
1937	愛爾蘭宣布自治。 5月28日，張伯倫（Arthur Neville Chamberlain）繼任英國首相，執政期間對法西斯國家採取綏靖政策。 7月7日，日本發動「七七蘆溝橋事變」，大舉入侵中國，中國抗日戰爭爆發。8月13日，日本發動「八一三事變」，進攻上海。9月22日共產黨宣布歸附國民政府，撤銷蘇維埃政府。23日蔣中正宣布共產黨為合法政黨，國民黨結束一黨專政，全國一致抗日。12月13日，日本攻陷中國南京，進行南京大屠殺。14日，日本在北平扶植成立臨時政府，統轄華北。1938年3月27日，又在南京扶植成立維新政府，統轄華東。

1937	7月8日，土耳其、伊拉克、伊朗和阿富汗簽訂《薩達巴德（Saadabad）公約》，次年6月公約生效，形成東方協約國集團。 11月6日，義大利加入德日反共公約，三國軸心正式成立。
1938	3月12日，德意志策動奧地利國家社會主義工人黨進行奪權。次日德意志併吞奧地利。 9月3日，各國的托洛斯基派組織在巴黎成立世界社會主義革命黨，俗稱第四國際。 9月12日，德意志要求捷克斯洛伐克給予蘇臺德區（Sudetenland）自治權，引發九月危機。10月29日英國、法國、德意志和義大利舉行慕尼黑會議，英國和法國出賣捷克斯洛伐克的利益。30日四國訂立《慕尼黑協定》。10月1日捷克斯洛伐克將蘇臺德區割予德意志，2日將德欽（Teschen）割予波蘭。 10月7日，德意志策動斯洛伐克地區建立自治政府。11日又策動盧西尼亞（Ruthenia）地區建立自治政府。28日盧西尼亞改稱喀爾巴阡－烏克蘭（Carpathian-Ukraine）。11月2日，德意志和義大利主持第一次維也納仲裁，規定將喀爾巴阡－烏克蘭南部劃歸匈牙利。 11月9日，德意志爆發「恐怖之夜」，納粹劫掠猶太社區，36人遇害，2萬多人被捕。
1939	3月14日，德意志促使喀爾巴阡－烏克蘭脫離捷克斯洛伐克，建立喀爾巴阡－烏克蘭政權。15日，德意志占領捷克斯洛伐克，將捷克斯洛伐克分割為波希米亞暨摩拉維亞（Bohemia and Moravia）保護領和斯洛伐克政權兩部分，史稱「布拉格事件」。16日，匈牙利併吞喀爾巴阡－烏克蘭。 3月22日，英國與法國結成互助軍事同盟，反對軸心國侵略，盟國陣營重新形成。 3月23日，德意志併吞立陶宛轄下的克萊佩達，即米美爾（Memelland）。

1939	4月1日，西班牙（佛朗哥派）攻滅第二共和國，在全國建立長槍黨法西斯專政。 4月7日，義大利入侵阿爾巴尼亞，8日廢黜國王索革（Ahmed Zog）。16日義大利國王維托里奧‧厄曼紐爾三世兼任阿爾巴尼亞國王，建立阿爾巴尼亞薩伏依王朝。 5月22日，德意志與義大利簽訂《德義友好同盟條約》，史稱《鋼鐵公約》（Pact of Steel）。 6月23日，暹羅改國名為泰（Thai），是為泰國。 8月23日，德意志與蘇聯簽訂《德蘇互不侵犯條約》，劃分雙方在東北歐的勢力範圍。 9月1日，德意志發動閃電戰，入侵波蘭，併吞但澤，第二次世界大戰爆發，美、蘇、英、法、中的同盟國對抗德、日、義的軸心國。同月3日，英國和法國對德意志宣而不戰，史稱「奇怪的戰爭」。17日蘇聯入侵波蘭，占領西烏克蘭和西白俄羅斯。29日德意志和蘇聯瓜分波蘭領土。30日波蘭亡，部分政府官員流亡海外，其後在英國組織流亡政府。 9月23日，心理分析大師佛洛伊德（Sigmud Freud, 1856～1939）逝世，他認為潛意識決定個人行動，而自然本能與惡劣環境造成的抑制衝突，往往形成大部分精神官能症狀。 11月30日，芬蘭與蘇聯爆發蘇芬戰爭，又稱「冬戰」。次年3月12日，兩國簽訂《莫斯科條約》，芬蘭將卡累利亞地區割予蘇聯。
1940	4月9日，德意志軍入侵丹麥和挪威，丹麥投降，成為德意志的保護領。同日德意志在挪威扶植吉斯林（Quisling）成立傀儡政府。6月7日推翻挪威奧爾登堡王朝。 4月9日，冰島中斷與丹麥的關係。次年5月17日正式宣布脫離丹麥獨立。

1940	5月10日，德意志軍入侵低地國家，滅盧森堡，同月13日滅荷蘭，28日滅比利時。

5月12日，德意志軍發動法國戰役，入侵法國，迅速攻占北部大片地區。6月16日貝當（Henri Philippe Pétain）繼任法國總理。22日兩國簽訂《貢比涅（Compiegne）停戰協定》，法國北部地區被劃歸德意志。7月11日法國政府遷往維琪（Vichy），史稱維琪政府，統治法蘭西第三共和國南部，法蘭西第三共和國亡。1945年4月，貝當依叛國罪被判處死刑，經由戴高樂特赦，改判終身監禁，在大西洋上猶島度過餘生，1951年以95歲辭世。

6月，蘇聯入侵波羅的海諸國。7月21日蘇聯將立陶宛、愛沙尼亞和拉脫維亞改組為「蘇維埃社會主義共和國」。8月3日蘇聯併吞立陶宛，5日併吞拉脫維亞，6日併吞愛沙尼亞。

6月，義大利軍由義屬東非入侵英國在東北非的屬地。次年1月15日英國軍反攻，並占領義屬東非。

6月18日，法國軍官戴高樂（Charles André Joseph Marie de Gaulle）在英國宣布成立自由法蘭西組織，1942年7月改稱戰鬥法蘭西，此後歐洲各國先後興起反法西斯的抵抗運動。

8月8日，德意志開始大舉空襲英國，史稱「英國戰役」。次年6月22日起，德意志逐漸停止空襲。

9月13日，義大利軍由利比亞入侵埃及，北非戰役開始。次年2月11日德意志派軍援助義大利軍。

9月22日，日軍攻入法屬印度支那。此後法屬印度支那由法國（維琪政府）和日本共管。

9月27日，德意志、義大利和日本簽訂《三國公約》，軸心國集團正式成為一軍事同盟。

10月12日，日本極右派成立大政翼贊會代替政黨政治，實行法西斯專政。 |

1940	11月20日，匈牙利加入軸心國集團。此後羅馬尼亞、保加利亞和南斯拉夫亦分別於11月23日、1941年3月1日和1941年3月25日加入軸心國集團。 11月28日，泰國發動泰法戰爭，侵占法屬印度支那轄下的寮國（Laos，又稱老撾）、柬埔寨部分領土。次年3月11日法國與泰國簽訂協定，承認泰國獲得所侵占之領土。
1941	比利時共產黨、社會黨、自由黨、公教黨等組成獨立陣線，對納粹德國進行抗爭。 3月11日，美國《租借法案》（Lend-Lease Bill）生效，此後美國放棄孤立主義，支援盟國陣營對抗軸心國。 3月26日，南斯拉夫軍人西莫維奇（Simovich）發動政變，同月27日推翻親德意志的臨時攝政團，擁立國王彼得二世（Petar II）親政，執行反德意志政策。4月6日軸心國軍入侵南斯拉夫，同月10日德意志策動克羅埃西亞脫離南斯拉夫，成立克羅埃西亞獨立國，為德意志附庸國，由烏斯塔沙（Ustasha）黨實行一黨專政。17日彼得二世流亡海外，南斯拉夫亡。軸心國分解南斯拉夫，在塞爾維亞成立塞爾維亞王國，為德意志的附庸國。7月12日，義大利扶植成立蒙特尼格羅王國。 4月6日，軸心國軍入侵希臘。5月7日，德意志在希臘扶植成立傀儡政府。6月2日，希臘國王格奧爾基奧斯二世流亡海外，希臘丹麥王朝結束。 4月13日，日本與蘇聯在莫斯科簽訂中立友好條約。 6月22日，軸心國軍入侵蘇聯，德蘇戰爭爆發，又稱蘇聯衛國戰爭。蘇聯加入同盟國陣營。芬蘭亦進攻蘇聯，史稱「續戰」。 6月27日，狄托（Marshal Josip Broz Tito）領導南斯拉夫共產黨組織游擊隊對納粹德國進行抗爭。 8月9日，美國和英國在紐芬蘭舉行大西洋會議。14日兩國發表《大

1941	西洋憲章》（Atlantic Charter），提出一系列國際原則，為日後聯合國的宗旨奠定基礎。 8月25日，英國和蘇聯派軍分別占領伊朗南、北部。9月16日，伊朗國王禮薩‧沙被迫退位，穆罕默德‧禮薩（Mohammad Reza）繼位。 12月7日，日軍偷襲夏威夷珍珠港，並進攻菲律賓和馬來亞，太平洋戰爭爆發，為第二次世界大戰的一部分。同月8日美國參戰，加入盟國陣營。13日日軍入侵緬甸，25日占領香港。
1942	1月1日，26國在華盛頓簽署《聯合國家宣言》，組成反法西斯聯盟，共同對抗軸心國。 1月3日，日本推翻菲律賓聯合邦政府，占領菲律賓。同月11日，日本入侵荷屬東印度群島，2月15日占領馬來亞，3月7日占領緬甸，3月8日占領荷屬東印度群島，4月占領汶萊、沙勞越和北婆羅洲。 4月11日，甘地發動「立即退出印度運動」，要求英國給予印度獨立，是為第三次不合作運動。未幾印度政府鎮壓該運動。 5月，波蘭工人黨和流亡政府組織游擊隊進行抗爭。 6月4日，日本與美國在太平洋爆發中途島海戰，同月7日日本海軍受到重創，自此美國取得太平洋戰爭的主導權。 7月17日，德意志軍進攻蘇聯史達林格勒（Stalingrad），史稱「史達林格勒之役」。次年2月2日，蘇聯軍殲滅德意志軍。自此軸心國集團在大戰中處於劣勢。 8月30日，德意志併吞盧森堡。 10月23日，盟軍在北非向軸心國軍進行反攻，同年11月12日將軸心國軍逐出埃及。北非戰役至次年5月告終。 12月1日，法國維琪政府官員達爾朗（Darlan）反叛維琪政府，在阿爾及利亞成立政權，是為法蘭西抵抗政府。次年6月3日抵抗政府與戰鬥法蘭西組織合作，改組為民族解放委員會。

1943	5月13日，北非戰事結束。德軍與義大利軍隊在突尼斯投降。 6月15日，第三國際解散。 7月10日，盟軍發動西西里戰役，在西西里島登陸。同月義大利反法西斯統一自由陣線發動起事，25日國家法西斯黨高層發動「七二五政變」，推翻墨索里尼。9月8日，義大利投降。9日，德意志軍占領義大利北部和中部，反法西斯統一自由陣線改組為民族解放委員會，進行抗爭。15日，德意志指使墨索里尼建立共和法西斯黨，並在薩羅（Salo）建立義大利薩羅政府，為德意志的傀儡政府。10月13日，義大利中央政府轉投盟國陣營，向德意志宣戰。 8月29日，德意志取接管丹麥，9月16日，丹麥各抵抗組織成立自由委員會進行抗戰。 9月9日，德意志侵占阿爾巴尼亞，推翻義大利在阿爾巴尼亞的統治。14日扶植成立傀儡政府。 11月5日，日本召集各附庸國及傀儡政權舉行大東亞會議，宣布正式成立大東亞共榮圈。 11月22日，美國、英國和中國舉行開羅會議。26日發表《開羅宣言》（Cairo Conference），宣布戰後日本須交還所有侵占中國的領土，朝鮮獨立，並要求日本無條件投降。 11月27日，美國參議院通過廢除「限制華人入境法案」。 12月，斯洛伐克民族議會成立，在斯洛伐克地區進行抗爭。次年8月29日，斯洛伐克發動民族起事，反抗德意志統治。10月德意志予以鎮壓。 12月4日，南斯拉夫共產黨重建南斯拉夫政權。1944年10月20日，蘇聯和南斯拉夫聯軍攻陷貝爾格勒，塞爾維亞王國結束。1945年5月6日南斯拉夫滅克羅埃西亞。12月2日正式廢除君主制，實行聯邦制，由塞爾維亞、蒙特尼格羅、克羅埃西亞、斯洛文尼亞、馬其頓和波

西洋史
大事長編

1943	士尼亞六個加盟共和國組成，但實則由共產黨控制的聯邦政府掌握大權。共產黨在全國建立一黨專政，由狄托長期執政。
1944	美國洛克斐勒（Rockefeller）基金會與墨西哥政府聯合開展小麥研究與生產合作計畫，大幅增加該國的小麥產量。此計畫之後擴展至其他國家，以解決糧食問題，史稱「綠色革命」。 3月22日，德意志占領匈牙利。5月匈牙利各反法西斯黨派組成匈牙利陣線，進行抗爭。11月3日，德意志策動匈牙利箭十字黨推翻匈牙利攝政府，4日扶植匈牙利首相、箭十字黨首領薩洛希（Szalasi）為元首，成立匈牙利傀儡政府。12月2日，匈牙利陣線擴大為民族獨立陣線，21日成立匈牙利抵抗政府。 3月26日，蘇聯軍攻入羅馬尼亞。 4月10日，美國哈佛大學學者伍德華德（Robert B. Woodward）與多林（William von E. Doering）共同研發可治療瘧疾的人工合成奎寧。 5月，蘇聯軍攻入芬蘭。9月19日，芬蘭與蘇聯簽訂停戰協議，芬蘭退出軸心國集團。 5月26日，阿爾巴尼亞共產黨組成反法西斯民族解放會議，作為政權機構。11月29日，共產黨驅逐德意志軍。 6月3日，法蘭西民族解放委員會改組為臨時政府。同月6日盟軍發動諾曼第戰役，成功登陸諾曼第。8月19日共產黨在巴黎發動反法西斯起事。25日盟軍攻入巴黎，維琪政府覆亡。 7月，阿根廷軍人胡安·裴隆（Juan Perón）掌權。掌政期間推行民族主義政策，形成「裴隆主義」，又稱「正義主義」。 7月1日，盟國舉行聯合國家貨幣金融會議，又稱布雷頓森林（Bretton Woods）會議，決議建立以美元為中心的世界貨幣體系，是為布雷頓森林體系。次年12月27日，成立國際貨幣基金組織（簡稱IMF）和國際復興開發銀行（又稱世界銀行，簡稱IBRD）。

1944	7月20日，德意志軍官施陶芬貝格（Claus Schenk von Stauffenberg）企圖推翻希特勒，發動政變失敗，史稱「七二○事件」。 7月21日，蘇聯策動波蘭工人黨成立波蘭第二共和國。8月1日，波蘭軍官博爾（Bor）發動華沙反法西斯起事，10月2日德意志鎮壓起事。1945年1月17日，蘇聯與波蘭聯軍攻陷華沙。6月28日，工人黨與流亡政府組成聯合政府。 8月21日，美國、英國和蘇聯舉行頓巴敦橡樹園會議（Dumbarton Oaks Conference），討論戰後新全球組織的問題。10月9日，決議在戰後成立聯合國（United Nations），並定出若干組織原則。 9月5日，蘇聯向保加利亞宣戰。同月9日保加利亞左翼在索非亞發動九九起事，成立祖國陣線政府。 9月14日，盧森堡復國。同月20日，比利時復國。次年5月3日，荷蘭復國。 10月6日，蘇聯軍攻入捷克斯洛伐克。1945年4月3日，捷克斯洛伐克共產黨與流亡政府組成聯合政府，建立捷克斯洛伐克第二共和國。蘇聯與捷克斯洛伐克聯軍攻滅斯洛伐克。5月5日爆發布拉格反法西斯起事。9日聯軍攻陷布拉格，波希米亞和摩拉維亞保護領覆亡。 10月13日，盟軍攻陷雅典，推翻希臘傀儡政府。同日希臘流亡政府返國，成立攝政府。 10月20日，美國攻入菲律賓，菲律賓流亡政府返國，重建聯合邦政府。
1945	2月4日，美國、英國和蘇聯在克里米亞半島舉行雅爾達會議（Yalta Conference），討論戰後部分領土安排和聯合國的組織原則。同月11日三國祕密簽訂《雅爾達協定》，確定蘇聯在蒙古和中國東北的權益。 2月13日，蘇聯軍攻入匈牙利。3月28日蘇聯軍與匈牙利抵抗政府聯

	合推翻傀儡政府，4月3日驅逐德意志軍。 3月9日，日本發動「三九政變」，奪取法屬印度支那。日本令大南、柬埔寨和琅勃拉邦瀾滄分別於3月9日、3月11日和4月8日宣布脫離法國獨立，但三國實受日本控制。6月12日，大南恢復國名為越南帝國。 3月10日，美軍派出三百多架B-29轟炸機空襲東京，10萬日人喪生。 3月22日，7個阿拉伯國家在開羅簽訂《阿拉伯國家聯盟條約》，成立阿拉伯國家聯盟。 4月，美國、英國、法國和蘇聯分區占領奧地利，同月27日重建奧地利共和國。 4月12日，美國總統羅斯福病逝喬治亞洲溫泉鎮，由杜魯門（Harry S. Truman）繼任總統。
1945	4月25日，50個國家在美國舉行舊金山會議（San Francisco Conference），討論聯合國組織事宜。6月26日簽署《聯合國憲章》（United Nations Charter）。10月24日成立聯合國，設置安全理事會，中國、蘇聯、法國、英國和美國成為常任理事國。聯合國確立託管制度，取代國際聯盟的委任統治制度。此後多個委任統治地先後改為託管地。 4月28日，義大利民族解放委員會推翻薩羅政府，墨索里尼被捕後遭槍決，屍首倒吊示眾。 4月30日，馬其頓共產黨在瓦爾達爾馬其頓成立馬其頓人民共和國，同年12月2日併歸南斯拉夫。 4月30日，蘇聯軍攻陷柏林，希特勒自殺死亡。5月1日鄧尼茨（Karl Donitz）繼任德意志元首。8日德意志向盟國無條件投降。23日盟軍逮捕鄧尼茨，德意志第三帝國亡。6月5日英國、法國、美國和蘇聯成立盟國管制委員會，分區占領德意志和柏林。

1945	5月1日，緬甸反法西斯人民自由聯盟聯合英國軍推翻傀儡政府，英國再度統治緬甸。 5月4日，丹麥的德意志軍向盟國投降，丹麥恢復獨立。同月9日挪威之德意志軍亦投降，挪威傀儡政府覆亡，挪威奧爾登堡王朝復辟。 5月7日，德軍在法國里姆斯向盟軍投降，二戰歐洲戰區戰事結束。 6月7日，蘇聯向土耳其提出修改《蒙特勒公約》和領土要求，引發土耳其危機。次年8月，美國和英國宣布支持土耳其。22日土耳其拒絕蘇聯的要求，自此土耳其採取親西方政策。 7月，英國再度占領汶萊、沙勞越和北婆羅洲。同年8月15日再度占領香港。9月5日再度占領馬來亞。 7月17日，美國、英國和蘇聯舉行波茨坦會議（Potsdam Conference），討論戰後歐洲的善後問題。8月2日，三國簽訂「波茨坦協定」（Potsdam Agreement），確定戰後歐洲的政治安排。 8月6日，美軍在日本廣島投擲原子彈；同月9日在長崎投擲原子彈。 8月8日，蘇聯向日本宣戰，其後派軍占領庫頁島南部、千島群島、中國東北和朝鮮北部。 8月14日，中國與蘇聯簽訂《中蘇友好同盟條約》，中國承認蒙古獨立，並將中國東北若干權益讓予蘇聯。 8月15日，日本宣布向同盟國無條件投降。9月2日，日本簽署投降書，第二次世界大戰正式結束。12月同盟國決議成立遠東委員會作為對日本管制的決策機構，並成立同盟國對日本管制委員會作為諮詢和監督機構。 8月15日，法國再度占領柬埔寨。 8月17日，胡志明領導的印度支那共產黨在越南北部成立民族解放委員會，作為政權機構，又稱北越。同月19日，民族解放委員會發動

1945	越南八月革命，30日推翻皇帝阮永瑞。9月2日，越南宣布脫離法國獨立，成立越南民主共和國，由共產黨實行一黨專政。 8月17日，菲律賓第二共和國覆亡，美國再度占領菲律賓。 8月17日，蘇卡諾（Bung Sukarno）在爪哇島發動印度尼西亞八月革命，宣布荷屬東印度群島脫離荷蘭獨立，成立印度尼西亞共和國。同年9月29日，荷蘭重返東印度群島，再度占領部分地區。 8月23日，自由寮國組織發動寮國八月革命，9月15日自由寮國組織促使國王西薩旺馮（Sisavang Vong）宣布寮國統一，合併琅勃拉邦瀾滄和占巴塞成為寮國王國獨立臨時政府。10月12日，自由寮國組織發動起事，20日廢黜國王，並宣布寮國脫離法國獨立。 9月2日，日本外相重光葵在東京灣美國旗艦「密蘇里號」上簽署投降書，二次大戰正式結束。 9月6日，朝鮮建國準備委員會在朝鮮南部成立朝鮮人民共和國。同月8日美國派軍占領朝鮮南部，實行軍管，12月15日解散朝鮮人民共和國。 9月8日，泰國恢復國名為暹羅王國。 9月9日，中國軍進入越南北部。同月12日英國軍進入越南南部，21日英國協助法軍進入越南南部。其後法國再度占領越南南部和印度支那其餘地區。次年3月中國軍撤出越南北部，法國占領越南北部的部分地區。6月1日法國在越南南部成立交趾支那自治共和國，與北越對峙。 10月19日，委內瑞拉民主行動黨發動委內瑞拉十月革命，奪取政權。執政期間推行民族主義政策。 10月24日，聯合國正式成立。 10月25日，中國自日本收回臺灣。 10月29日，巴西發生第一次反瓦加斯政變，總統瓦加斯被推翻。次

1945	年1月31日杜特拉（Dutra）繼任總統，建立巴西第二共和國。 11月20日，紐倫堡國際軍事法庭開庭審訊德意志戰犯。次年5月3日遠東國際軍事法庭亦開庭審訊日本戰犯。 12月10日，蘇聯策動亞塞拜然民主黨在伊朗轄下的南亞塞拜然成立亞塞拜然自治共和國。次年1月22日，蘇聯又扶植庫爾德斯坦（Kurdistan）民主黨在東庫爾德斯坦的馬哈巴德（Mahabad）成立庫爾德斯坦共和國，引發伊朗危機。3月2日，英國和美國軍從伊朗南部撤軍。5月，蘇聯從伊朗北部撤軍。12月11日，伊朗再度統治南亞塞拜然，15日再度統治東庫爾德斯坦。 12月21日，美國有「鐵血將軍」之稱的巴頓（George Smith Patton, 1885～1945）因車禍去世，享年60歲。
1946	1月7日，法國與柬埔寨簽訂《臨時協定》，柬埔寨實行內部自治。8月27日，法國與寮國簽訂《臨時協定》，寮國實行內部自治。 1月11日，阿爾巴尼亞正式廢除君主制，共產黨建立一黨專政。霍查（Hoxha）開始長期掌政，掌政期間採取閉關自守政策。 2月2日，匈牙利第二共和國成立。 2月8日，金日成領導的北朝鮮共產黨在朝鮮北部建立政權。 2月15日，世界第一部電腦於美國賓夕法尼亞大學誕生。 3月2日，英國和蘇聯自伊朗撤軍。 3月5日，英國前首相邱吉爾在美國發表演說，指出共產黨國家籠罩在「鐵幕」之下，並號召西方國家準備戰爭；西方民主陣營與共產陣營的冷戰開始。 4月1日，英國將馬來聯邦、馬來屬邦、馬六甲和檳榔嶼組成馬來聯合（Malay Union），新加坡則成為單獨的直轄殖民地。1948年2月1日馬來聯合改組為馬來亞聯邦。

1946	4月10日，日本大選，婦女首次有投票權。 4月17日，法軍和英軍完全撤出敘利亞，敘利亞獲得完全獨立。同年6月17日，外約旦脫離英國獨立，但繼續受英國控制。 4月18日，海牙成立國際法庭。國際聯盟正式解散，其資產、物業及職責移交聯合國。 4月21日，英國經濟學家凱恩斯（John Maynard Keynes, 1st Baron Keynes, 1883～1946）逝世，享年63歲。 6月，中華民國政府與共產黨爆發第二次國共內戰。 6月3日，首次比基尼泳裝秀在巴黎舉行。 6月18日，義大利廢除君主制，成立義大利共和國。此後基督教民主黨聯合其他政黨組成聯合政府，長期控制政壇。 7月4日，菲律賓脫離美國獨立，成立菲律賓第三共和國。 7月29日，28國舉行巴黎和會，討論對義大利、羅馬尼亞、匈牙利、芬蘭和保加利亞的和約。次年2月10日，簽訂《巴黎和約》，義大利割讓部分領土予法國、南斯拉夫和希臘，成立的里雅斯特自由區，分為甲、乙兩區，均為聯合國委任統治地，甲區由英國和美國管治，乙區由南斯拉夫管治。 8月7日，哥倫比亞保守黨領袖奧斯皮納（Ospina）繼任總統，實行高壓統治，史稱「暴力時期」。其後自由黨和共產黨相繼發動起事，反對保守黨政府。 9月28日，希臘前國王格奧爾基奧斯二世返國，復辟丹麥王朝。10月26日，共產黨在北部山區發動起事，希臘內戰爆發。1947年12月24日，共產黨成立希臘臨時民主政府。 10月13日，法國公民投票通過新憲法，成立法蘭西第四共和國，並成立法蘭西聯邦，以取代法蘭西殖民帝國。

1946	12月19日，法國進攻北越，爆發第一次印度支那戰爭，又稱第一次越南戰爭。 12月24日，荷蘭將東印度群島改劃為16個邦國，組成「印尼聯邦」，以對抗印度尼西亞共和國。
1947	《死海經卷》（Dead Sea Scrollers）出土，記載西元前130～西元67年一個猶太苦修社團生活；但經考古按圖索驥並未在耶路撒冷找到傳說中所羅門王寶藏，卻發現大批聖殿騎士團遺跡。 1月1日，美國和英國將其在西德意志之占領區合併為雙占區。次年3月雙占區又與法國占領區合併為三占區。 2月5日，波蘭工人黨領袖貝魯特（Bierut）任總統。同月7日社會黨領袖西倫凱維茲（Cyrankiewicz）任總理。左翼勢力遂控制波蘭政府。1948年12月20日，工人黨與社會黨合併為統一工人黨，實行一黨專政，波蘭第二共和國結束。 2月6日，澳大利亞、紐西蘭與多個在南太平洋擁有殖民地或託管地的西方國家簽署《坎培拉協議》，組成南太平洋委員會。 3月11日，美國杜魯門總統宣稱將以財經援助貧窮國家，以防止共產主義蔓延，這就是日後的「杜魯門主義」（Truman Doctrine）。1948年「馬歇爾計畫」（Marshall Plan）、1949年「北大西洋公約組織」（簡稱NATO）具體實踐了杜魯門主義。 3月25日，荷蘭與印度尼西亞簽訂《林牙椰蒂協定》，又稱《井里汶協定》，內容規定：荷蘭承認印度尼西亞共和國統治瓜哇島、蘇門答臘島和馬都拉島；但印度尼西亞共和國須與荷蘭成立的土邦組成聯邦。7月20日，荷蘭違反協定，發動第一次軍事行動，進攻印度尼西亞共和國。8月4日雙方停戰。 5月，柬埔寨頒布憲法，實行君主立憲制。 5月3日，日本新憲法生效，規定日本實行議會內閣制，並且不得擁有軍隊和參加國外軍事行動。

1947	6月，英國提出《蒙巴頓方案》，規定印度將根據宗教原則分為印度和巴基斯坦兩個自治領。 6月5日，美國國務卿馬歇爾提出援助歐洲復興的歐洲復興方案，俗稱「馬歇爾計畫」。次年4月3日，開始推行該計畫。 7月，美國蘇聯問題專家肯楠（G. Kennan）在《外交季刊》發表專文，正式提出所謂「圍堵政策」（Policy of Containment）。 7月19日，緬甸獨立運動領袖翁山（Aung San）被刺殺，史稱「1947年7月慘案」。 7月28日，西班牙公民投票通過《王位繼承法案》，恢復君主制，但王位暫時虛懸，由佛朗哥繼續擔任元首。 8月14日，印度西部（西巴基斯坦）和東孟加拉（東巴基斯坦）脫離英國獨立，成立巴基斯坦自治領，巴基斯宣告坦獨立。次日，印度獨立，成立印度自治領。 9月18日，美國中央情報局（CIA）成立，統一軍事指揮系統和情報搜集活動。 10月5日，9國共產黨和工人黨聯合成立共產黨和工人黨情報局。 10月20日，23國在日內瓦簽訂《關稅及貿易總協定》，協議互相降低關稅和促進自由貿易。次年1月1日協定生效，正式形成國際貿易談判的機制。 10月27日，查謨國王哈里·辛格（Hari Singh）宣布將查謨（Jammu）和喀什米爾（Kashmir）併歸印度，國內的穆斯林不滿。印度和巴基斯坦分別派軍支持國王和穆斯林，爆發第一次印巴戰爭，又稱「喀什米爾戰爭」。1949年1月1日雙方停火，自此印度和巴基斯坦分區占領查謨和喀什米爾。 11月29日，聯合國通過《巴勒斯坦分治決議》，規定在巴勒斯坦分別成立猶太人和巴勒斯坦人的國家。

1947	12月15日，德意志的薩爾區成為自治區，由法國代管其防務和外交，實際上成為法國的勢力範圍。 12月30日，羅馬尼亞廢除君主制。次年2月，共產黨與社會民主黨合併為工人黨，實行一黨專政。
1948	1月4日，緬甸脫離英國獨立，成立緬甸政權。 1月30日，印度甘地在德里遇刺身亡，享年78歲。 2月4日，錫蘭島脫離英國獨立，成立錫蘭自治領，實行議會內閣制。 2月20日，捷克斯洛伐克右派內閣成員企圖製造內閣危機，遭共產黨挫敗。25日共產黨清除內閣中的右翼勢力，史稱「二月事件」。6月14日，總統貝奈斯（Benes）被迫辭職，共產黨取得全部政權，實行一黨專政，捷克斯洛伐克第二共和國結束。 3月17日，西歐五國簽訂《布魯塞爾條約》。8月25日正式成立布魯塞爾條約組織。 4月16日，歐洲多國組成歐洲經濟合作組織，簡稱OEEC。 4月30日，第九次泛美會議決議將美洲共和國聯盟改組為美洲國家組織，簡稱OAS。 5月14日，英國結束對巴勒斯坦的委任統治，巴勒斯坦的猶太人成立以色列國。15日，阿拉伯諸國派軍進入巴勒斯坦，隨即與以色列爆發第一次以阿戰爭，又稱第一次中東戰爭或巴勒斯坦戰爭。戰爭期間外約旦取得約旦河西岸地區。1949年7月戰爭結束。 6月24日，在日內瓦舉行第一屆世界衛生大會，成立世界衛生組織，以改善全球衛生保健情況。 6月24日，蘇聯全面封鎖西德意志通往西柏林的交通，引發第一次柏林危機。此後美國和英國對西柏林組織大規模空運，以突破封鎖，至次年5月12日蘇聯始解除封鎖。

1948	6月28日，共產黨和工人黨情報局開除南斯拉夫共產黨的會籍，史稱「蘇南衝突」。南斯拉夫與蘇聯關係決裂，自此退出共產陣營。
	7月17日，南韓李承晚出任首任總統。
	8月15日，美國結束對南朝鮮的軍管，成立大韓民國，李承晚實行獨裁統治。9月9日，北朝鮮成立朝鮮民主主義人民共和國，勞動黨實行一黨專政，由金日成長期掌權。
	9月18日，印度尼西亞共產黨領袖慕梭（Muso）在爪哇島之茉莉芬（Madiun）發動政變，奪取政權，史稱「茉莉芬事件」。30日印度尼西亞政府鎮壓共產黨。
	12月9日，匈牙利勞動人民黨勢力抬頭，迫使執政黨獨立小農黨清除黨內右翼勢力。獨立小農黨與勞動人民黨組成聯合政府，由勞動人民黨掌權。次年8月20日，勞動人民黨總書記拉科西（Rakosi）繼任總理，開始實行一黨專政，匈牙利第二共和國結束。
	12月18日，荷蘭發動第二次軍事行動，再次派軍進攻印度尼西亞共和國。次年5月7日雙方停戰。
	12月23日，日本一級戰犯東條英機等7人被處絞刑。
1949	蘇聯試爆原子彈成功。
	蘇聯與東歐各國在莫斯科正式成立經濟互助委員會。
	3月30日起，敘利亞發生一連串政變。12月19日，軍官施舍克里（ash-Shishakli）奪取政權。
	3月31日，紐芬蘭脫離英國，併入加拿大。
	4月，南非單方面宣布併吞西南非。
	4月3日，外約旦宣布約旦河東岸與西岸合併，改國名為約旦哈希姆王國（Hashemite Kingdom of Jordan）。
	4月4日，西方各盟國在華盛頓簽訂《北大西洋公約》，結成軍事同

	盟。8月24日正式成立北大西洋公約組織，簡稱NATO。
	4月18日，愛爾蘭共和國脫離英國獨立。
	4月23日，中國共產黨攻陷南京，推翻國民政府。10月1日成立中華人民共和國，實行一黨專政，由毛澤東長期掌權。12月8日國民黨退守臺灣，國際上產生兩個中國的爭議。
	5月5日，歐洲各國成立歐洲委員會。
	5月23日，在德意志之三占區成立德意志聯邦共和國（西德）。同年10月7日，蘇聯在其占領區成立德意志民主共和國（東德），由德意志統一社會黨實行一黨專政，至此德意志分裂為東、西兩政權。
	6月2日，印度開始在南亞地區擴張勢力，派軍占領錫金。8月8日印度與不丹簽訂《永久和平友好條約》，不丹成為印度的附庸國，其對外事務須受印度指導。1950年12月印度與錫金簽訂《印錫和平條約》，錫金成為印度的附庸國。
1949	6月14日，法國將交趾支那改組為越南政權（南越），名義上獲得獨立，但實際上受法國控制。法國立前越南皇帝阮永瑞為元首，是為阮保大皇帝。同年7月19日法國與寮國簽訂《法寮協定》，寮國名義上獲得獨立，但仍受法國控制。11月8日又與柬埔寨簽訂《法柬協定》，柬埔寨名義上獲得獨立，但仍受法國控制。
	7月20日，暹羅再次改國名為泰國。
	8月23日，荷蘭與印度尼西亞共和國舉行海牙圓桌會議。11月2日兩國簽訂《海牙圓桌會議協定》，重申《林牙椰蒂協定》之條款。12月27日，印度尼西亞共和國與各土邦合併成立印度尼西亞合眾共和國，實行聯邦制。印度尼西亞合眾共和國與荷蘭組成荷蘭－印度尼西亞（Netherlands-Indonesia）聯邦。1950年印度尼西亞全國各地興起印度尼西亞統一運動，各土邦陸續併歸印度尼西亞共和國。
	8月28日，希臘王朝政府軍把共產黨驅逐出境，臨時民主政府結束。10月16日共產黨宣布希臘內戰結束。

西洋史
大事長編

1949	9月8日，德國名作曲家理查·史特勞斯（Richard Strauss, 1864～1949）病逝，享年85歲。 11月3日，日本湯川秀樹獲得諾貝爾物理學獎，是日本第一人。 12月10日，聯合國通過《世界人權宣言》（The Universal Declaration of Human Rights）。
20世紀中葉	第三次工業革命開始，在此時期核能科技、資訊科技、太空科技和生物科技獲得迅猛發展。
1950	教宗庇護十二世（Pius XII）正式宣布聖母升天（肉體飛升）教條，禁止激進的「新神學」。 1月23日，聖城耶路撒冷成為以色列首都。 1月26日，印度結束自治領地位，成立印度共和國。 2月，美共和黨參議員麥卡錫（Joseph Raymond McCarthy）掀起反共怒潮，指控國務院中有共黨分子潛伏並於1954年指責民主黨「叛國20年」。1954年美國國會通過《共黨管制法案》（Communist Control Act），宣布共黨為非法組織。 4月，自由高棉陣線（俗稱「高棉伊沙拉克」〔Issarak〕或「高棉民族統一陣線」）在柬埔寨發動反法蘭西起事，建立高棉政權，又稱「高棉抗戰臨時政府」。 5月，法國外交部長舒曼（Schuman）提出把法國和西德的煤鋼生產置於一個國際組織領導之下，稱為「舒曼計畫」（Schuman Plan），是為歐洲戰後經濟合作組織之雛型。次年4月18日正式成立歐洲煤鋼共同體。 6月25日，北韓入侵南韓，韓戰爆發。同年7月3日，美國統率聯合國軍進入朝鮮半島，支援南韓。10月25日，中國派軍支援北韓。1953年交戰雙方簽訂《板門店停戰協定》（Military Demarcation Line of Panmunjeom），確定朝鮮半島南北分治現狀，戰爭結束。此後中國崛起成為東亞大國。

1950	11月2日，愛爾蘭劇作家、費邊社領袖蕭伯納（George Bernard Shaw, 1856～1950）逝世，享年94歲。
1951	4月18日，巴黎條約成立「歐洲煤鋼聯營組織」（簡稱ECSC），成員有法、西德、義、荷、比、盧六國，稱為小歐洲（Little Europe）。 6月9日，最後一批納粹戰犯在美國遭絞刑處死。 6月30日，各國社會黨、社會民主黨、工黨在西德美因河畔的法蘭克福成立社會黨國際。 7月20日，約旦國王阿布都拉在耶路撒冷遇刺身亡。 8月30日，美國與菲律賓簽訂《美菲共同防禦條約》（Mutual Defense Treaty between the Republic of the Philippines and the United States of America），結成軍事同盟。同年9月1日美國與澳大利亞、紐西蘭簽訂《澳紐美安全條約》（ANZUS Treaty）。1952年4月29日，條約生效，正式成立澳紐美理事會，三國結成軍事同盟。 9月8日，太平洋戰爭各交戰國簽署《舊金山和約》（Treaty of Peace with Japan），正式剝奪日本之所有海外領地。同日日本與美國簽訂《日美安保條約》（Security Treaty between the United States and Japan），結成軍事同盟。次年4月28日美國結束對日本的軍事管制，但繼續占領琉球群島。 9月10日，日本導演黑澤明的《羅生門》獲得威尼斯影展金獅獎。 10月27日，埃及單方面宣布廢除《英埃條約》（Anglo-Egyptian Treaty），並宣布結束與英國共管英埃蘇丹，英國拒不承認。
1952	1月9日，中美洲五國正式成立中美洲國家組織。 2月6日，英王喬治六世去世，伊莉莎白二世即位。 2月26日，英相邱吉爾宣布擁有原子彈。 3月16日，北歐四國成立北歐理事會。

1952	5月26日，美國、英國、法國與西德簽訂《波昂條約》（Treaty of Bonn），規定三個占領國廢止占領法規，但繼續留駐軍隊於西德。 5月27日，西歐六國在巴黎舉行會議，簽訂條約，規定成立歐洲防務共同體，以建立統一的歐洲軍隊。1954年8月30日法國國民議會拒絕批准該條約，歐洲防務共同體計畫失敗。 7月23日，埃及自由軍官組織領袖納瑟（Nasser）發動革命，奪取政權。次年6月18日廢除君主制，成立埃及共和國。 7月25日，波多黎各島成為美國之聯合邦，實行自治。 8月，智利、祕魯和厄瓜多爾簽署《聖地牙哥宣言》（Treaty of Santiago），宣布把海洋管轄範圍擴大至200海里。此後各個發展中國家亦陸續宣布其領海和專屬經濟區範圍。 8月27日，西德為納粹罪行與以色列達成賠償談判，12年內賠償30億馬克給以色列人民。 11月1日，美國試爆氫彈。
1953	3月5日，蘇聯史達林逝世，同月14日赫魯雪夫（Nikita Sergeyevich Khrushchev）掌權。6月28日赫魯雪夫開始整肅史達林親信，逮捕蘇聯內務部首領貝利亞（Lavrentiy Pavlovich Beria），史稱「貝利亞事件」。9月7日赫魯雪夫繼任共產黨第一書記。 3月26日，美國匹茲堡大學沙克（Jonas Edward Salk）博士宣布小兒麻痺疫苗試驗成功。 5月7日，美國國務卿杜勒斯（John Foster Dulles）發表「骨牌理論」，強調中南半島若赤化，東南亞難逃一劫。 6月17日，東德首都東柏林發生大規模反政府群眾運動，被蘇聯軍鎮壓，史稱「六一七東柏林事件」。 7月26日，卡斯楚（Fidel Alejandro Castro Rúz）在古巴的聖地牙哥發動「七二六運動」，反對巴蒂斯塔（Batista）獨裁統治，失敗被

1953	捕。 7月27日，韓戰停戰協定在板門店達成協議，戰事宣告結束。 8月1日，英國將南羅德西亞、北羅德西亞和尼亞薩蘭聯合組成羅德西亞和尼亞薩蘭聯邦（Federation of Rhodesia and Nyasaland），又稱「中非聯邦」（Central African Federation）。 8月16日，伊朗國王穆罕默德·禮薩企圖罷免首相摩薩臺（Mosaddeq），事敗，逃奔伊拉克。同月19日軍人扎赫迪（Zahedi）發動政變，推翻摩薩臺。22日穆罕默德·禮薩返國掌政。穆罕默德·禮薩掌政期間推行現代化改革，史稱「白色革命」。 10月22日，寮國正式脫離法國獨立。同年11月9日柬埔寨亦正式脫離法國獨立。
1954	蘇聯開始部署核武器。此後美國和蘇聯在核武器進行激烈軍備競賽，形成核恐怖平衡。 3月，日夫科夫（Zhivkov）繼任保加利亞共產黨總書記，自此長期執政。 3月13日，北越軍發動奠邊府戰役，進攻奠邊府之法軍。5月7日攻陷奠邊府，將法國勢力逐出越南西北部。 4月26日，各國舉行日內瓦會議，討論朝鮮問題和印度支那問題。7月20日各國簽訂《日內瓦協議》（Geneva Accord），規定在越南、寮國和柬埔寨實施停火，法軍撤出印度支那，並且確認越南的南北分治局面，第一次印度支那戰爭結束。南越正式脫離法國獨立。21日高棉抗戰臨時政府解散。 6月7日，英國數學家、電腦科學家、天才解碼家圖靈（Alan Mathison Turing, 1912～1954）自殺身亡。他在1952年因同性戀被迫化學去勢，時年僅41歲。2013年英國女王伊莉莎白二世給予特赦。 7月27日，英國結束對蘇伊士運河72年的軍事占領。

1954	9月8日，美國促使8國在菲律賓首都馬尼拉簽訂《東南亞集體防務條約》（Southeast Asia Collective Defense Treaty）。次年2月19日成立東南亞條約組織。 9月30日，美國第一艘原子動力潛艇「鸚鵡螺號」服役。 10月21日，北約各成員國與西德簽訂《巴黎協定》（General Treaty），規定終止西德的占領制度。同月23日布魯塞爾條約組織改組為西歐聯盟。 11月1日，阿爾及利亞民族解放陣線起事反抗法國，阿爾及利亞民族解放戰爭爆發。 12月2日，美國與臺灣簽訂《中美共同防禦條約》（Sino-American Mutual Defense Treaty），至此美國在東亞和西太平洋建立圍堵共產陣營的軍事聯盟體系。
1955	2月4日，伊拉克與土耳其簽訂《巴格達條約》（Baghdad Pact），規定兩國在安全防禦方面進行合作。其後英國、巴基斯坦和伊朗相繼加入條約。4月15日成立中東條約組織，又稱「北層聯盟」。 4月5日，英國首相邱吉爾辭職，由艾登（Robert Anthony Eden）繼任。 4月15日，第一家麥當勞漢堡店在美國加州聖伯納底開幕。 4月18日，科學家愛因斯坦（Albert Einstein, 1877～1955）病逝，享年76歲。 4月18日，亞洲和非洲29國在印度尼西亞之萬隆舉行亞非會議，又稱「萬隆會議」，通過《亞非會議最後公報》，宣布爭取民族獨立、反對帝國主義等立場，會中出現「第三世界」（Third World）名稱，以區分「第一世界」的西方資本主義集團及共產主義工業化國家的「第二世界」。 5月14日，蘇聯與東歐各共產國家簽訂《華沙條約》（Warsaw Pact），結成軍事聯盟，形成華沙條約組織。

1955	8月，南蘇丹反政府組織要求自治，爆發第一次蘇丹內戰。

9月21日，阿根廷軍人發動解放革命，推翻裴隆總統。

10月26日，南越首相吳廷琰廢黜皇帝阮永瑞，成立共和政府，自任總統，實行獨裁統治。

11月15日，日本民主黨與自由黨合併為自由民主黨。此後自由民主黨長期執政，史稱「五五年體制」。

12月，美國黑人民權領袖金恩（Martin Luther King Jr.）在阿拉巴馬州發起抵制公共汽車種族隔離制度的群眾運動，掀起黑人民權運動。 |
| 1956 | 2月24日，蘇聯共產黨第一書記赫魯雪夫發表《關於個人崇拜及其後果》的報告（俗稱「祕密報告」），猛烈批判史達林的獨裁統治。此後在東歐多個共產國家掀起反史達林化運動，導致共產陣營分裂。

3月2日，法國承認阿拉維獨立。4月7日西班牙亦承認阿拉維獨立，並歸還西屬摩洛哥大部分地區。1957年8月14日阿拉維改國名為摩洛哥王國。1956年10月20日摩洛哥收回丹吉爾。1958年4月1日摩洛哥自西班牙收回塔爾法亞地區。1969年1月4日摩洛哥自西班牙收回伊夫尼地區。

3月5日，埃及、敘利亞和沙烏地阿拉伯協議不參加中東條約組織，在中東形成另一集團，俗稱南層聯盟。4月21日北葉門亦參加南層聯盟。

3月23日，巴基斯坦結束自治領地位，成立巴基斯坦伊斯蘭共和國。

4月，共產黨和工人黨情報局解散。

4月21日，印度尼西亞宣布廢除《海牙圓桌會議協定》，荷蘭－印度尼西亞聯邦解體。

5月21日，美軍在太平洋比基尼島試爆第一枚氫彈。 |

1956	6月28日，波蘭波茲南（Poznań）工人發動示威，引發騷動，遭政府鎮壓，史稱「波茲南事件」（Poznań 1956 Protests）。10月20日前工人黨領導人哥穆爾卡（Gomulka）再度進入波蘭統一工人黨中央委員會，蘇聯企圖干預。蘇聯籍國防部長羅科索夫斯基（Rokossovsky）調集軍隊包圍華沙，史稱「波蘭十月事件」。21日波蘭人民示威支持哥穆爾卡反抗蘇聯。哥穆爾卡繼任統一工人黨總書記，羅科索夫斯基被逐出統一工人黨政治局。 7月21日，印度支那聯邦正式解散，法國勢力退出印度支那。 7月26日，埃及單方面宣布將蘇伊士運河公司收歸國有，引發蘇伊士運河危機。10月29日，英國和法國支持以色列突襲埃及，第二次以阿戰爭（又稱「第二次中東戰爭」或「蘇伊士運河戰爭」）爆發。1957年3月8日，以色列軍被逐出埃及，戰爭結束。4月9日，埃及宣布全面開放蘇伊士運河。 10月22日，匈牙利興起民主運動。同月23日爆發反政府起事，史稱「匈牙利十月事件」。24日前總理伊姆雷（Nagy Imre）復任總理，推行民主改革。蘇聯派軍入匈牙利鎮壓起事。11月1日，匈牙利勞動人民黨瓦解，改組為社會主義工人黨。4日蘇聯軍推翻伊姆雷，敉平起事。此後匈牙利由卡達爾（Kadar）長期掌政。
1957	1月1日，法國將薩爾歸還西德。 3月9日，美國艾森豪（D. Eisenhower）政府鑑於埃及納瑟（G. A. Nasser）政府在蘇伊士危機後改採親俄政策，乃發表著名的「艾森豪主義」（Eisenhower Doctrine），以軍事及經濟援助，支持中東國家抵抗共產主義。 3月25日，西歐六國簽訂《羅馬條約》，以組成共同市場和原子能共同體。次年1月1日正式成立歐洲經濟體，簡稱EES，或稱歐洲共同市場和歐洲原子能共同體。 8月31日，馬來亞脫離英國獨立，獨立後由馬來民族統一機構長期執政。

1957	9月3日，美國阿肯色州州長福布斯（Orval Faubus）不顧法院禁令，派遣國民警衛隊在首府小岩城（Little Rock）強制公立高中執行種族隔離制度，阻擋黑人學生入學。9月24日，艾森豪總統派101空降師傘兵進駐小岩城，護衛黑人學生上課，但也引發校內衝突，史稱「小岩城事件」（Little Rock Crisis）。 10月4日，蘇聯發射第一顆人造衛星史普尼克（Sputink）成功，自此美國和蘇聯在太空科技方面展開激烈競爭。11月3日，發射載狗的人造衛星，在太空中首度進行動物試驗。 10月22日，杜瓦利埃（Duvalier）家族開始在海地實行獨裁統治。
1958	教宗若望二十三世（John XXIII）於在位期間（1958～1963）建立樞機治教原則（principle of collegiailty），革新教會使之與現代政治及社會變遷相調合。 2月1日，埃及與敘利亞合併成立阿拉伯聯合共和國。同月14日，伊拉克與約旦聯合組成阿拉伯聯邦，實行邦聯制，兩成員國保留獨立地位。3月8日，阿拉伯聯合共和國又與葉門組成阿拉伯合眾國，實行邦聯制，兩國保留獨立地位。 4月15日，8個非洲國家在迦納首都阿克拉（Accra）舉行第一次非洲獨立國家會議，推動非洲獨立進程和獨立後的國際合作。 5月5日，毛澤東開始在中國推行「三面紅旗」政策，內容包含總路線、大躍進、人民公社，導致經濟混亂。 5月9日，黎巴嫩爆發反對夏蒙（Chamoun）總統的群眾運動，中東局勢開始動盪。 5月13日，法國駐阿爾及利亞軍官馬蘇（Massu）發動兵變，奪取阿爾及利亞殖民政府的政權，自任公安委員會主席，導致法國政局動盪。 6月1日，法國前總理戴高樂復任總理。9月28日，法國公民投票通過新憲法，加強總統權力，將議會內閣制改為「半總統制」。10月5日，

1958	法蘭西第四共和結束，法蘭西第五共和開始，戴高樂擔任第五共和總統。成立法蘭西共同體，取代法蘭西聯邦。 7月14日，伊拉克自由軍官組織領袖卡西姆（Qasim）發動政變，推翻費薩爾王朝，建立共和政府。伊拉克取得完全獨立。同月15日美國派軍進駐黎巴嫩，17日英國派軍進駐約旦，威脅伊拉克。8月2日約旦宣布解散阿拉伯聯邦。9月23日，謝哈布（Chehab）繼任黎巴嫩總統，政局漸趨平靜。美國和英國遂先後撤軍。 7月26日，羅馬尼亞促使蘇聯軍撤出羅馬尼亞。此後羅馬尼亞逐漸擺脫蘇聯控制。 9月19日，阿爾及利亞民族解放陣線在埃及成立阿爾及利亞共和國流亡政府。 10月1日，美國國家航空暨太空總署（NASA）成立。 10月7日，巴基斯坦總統米爾扎（Mirza）宣布廢除憲法，實行軍法統治，任命軍官阿尤布·汗（Ayub Khan）為軍法管制首席執行官。同月28日阿尤布·汗發動巴基斯坦十月革命，推翻米爾扎，自任總統。自此巴基斯坦由軍人實行獨裁統治。 11月27日，蘇聯提出限6個月內西柏林須成為自由市，遭西方國家拒絕，引發第二次柏林危機。1959年9月25日，美國和蘇聯領導人在美國舉行大衛營會談，緩和局勢，並協議於1960年舉行四大國高峰會議。 12月21日，戴高樂（Charles de Gaulle）當選法國第五共和總統。
1959	1月1日，古巴各左派革命組織推翻總統巴蒂斯塔。次日成立政府，由卡斯楚掌權。艾森豪政府於1961年1月正式與古巴斷交。 1月3日，阿拉斯加州成為美國第49個州，1912年由俄國賣予美國。 1月4日，蘇聯發射月球衛星。 1月8日，戴高樂繼任法國總統，執政期間重振法國國勢。

1959	3月10日，西藏爆發反中國起事。同月22日中共鎮壓西藏起事。31日西藏宗教領袖第十四世達賴喇嘛丹津嘉措（Tenzin Gyatso）逃奔印度，在印度成立流亡政府。

3月28日，日本掀起要求廢除《日美安保條約》的群眾運動，史稱「安保鬥爭」。次年1月19日，日本與美國簽訂《日美共同合作和安保條約》取代《日美安保條約》。

5月22日，班傑明·戴維斯（Benjamin Oliver Davis Jr., 1912～2002）進階成為美國第一位黑人少將。

6月3日，新加坡取得自治邦的地位，頒布新憲法，李光耀任第一任總理。

8月31日，西班牙北部巴斯克人（Basque）所在地區出現巴斯克祖國和自由組織，簡稱「埃塔」（ETA），以暴力爭取獨立，其後演變為恐怖組織。

11月4日，法國宣布製成首枚原子彈。

12月1日，12個國家在華盛頓簽訂《南極條約》（The Antarctic Treaty），禁止在南極洲採取任何軍事性質的措施。1961年6月23日該條約生效，正式形成南極條約體系。 |
| 1960 | 古巴革命領導人切·格瓦拉（Che Guevara）提出游擊中心主義，助長拉丁美洲各國的游擊隊活動。同年瓜地馬拉（Guatemala）出現游擊隊活動，瓜地馬拉內戰爆發。

1月1日，喀麥隆脫離法國獨立。此後法國各自治共和國相繼獨立，是年遂被稱為非洲年。

4月19日，南韓政變。同年5月3日，總統李承晚被迫辭職。

4月27日，多哥蘭脫離法國獨立，取名多哥共和國（République Togolaise）。1962年1月執政黨統一黨開始實行一黨專政。

5月1日，美國進行間諜活動的U-2偵察飛機在蘇聯被擊落，引起美 |

1960	國和蘇聯關係緊張，史稱「U-2飛機事件」，導致原定於巴黎舉行的四大國高峰會議流產。 5月3日，英國等六國成立歐洲自由貿易協會，以對抗歐洲經濟共同體。 5月7日，布里茲涅夫就任蘇聯最高蘇維埃主席團主席。 7月1日，迦納結束自治領地位，成立迦納共和國。 7月16日，蘇聯宣布將在一個月內撤走全部在中國工作的專家，兩國關係破裂。 7月25日，盧安達（Rwanda）之胡圖族推翻圖西王朝，建立由胡圖族控制的政府。次年1月28日廢除君主制，成立盧安達共和國，為比利時之自治共和國，埋下爾後種族屠殺慘劇。 9月14日，伊拉克、伊朗、科威特、沙烏地阿拉伯、委內瑞拉等五個石油輸出國家在巴格達成立石油輸出國組織，簡稱OPEC。此後出現多個由原料生產或出口國家組成的國際組織。 9月26日，美國總統選舉首次舉辦電視辯論會，共和黨候選人、時任副總統尼克森與民主黨甘迺迪進行辯論。 11月16日，有「好萊塢國王」之稱的美國影星克拉克·蓋伯（William Clark Gable, 1901～1960）逝世，得年59歲。 12月20日，北越策動南越左翼勢力組成越南南方民族解放陣線，發動起事。次年美國支援南越鎮壓越南南方民族解放陣線，史稱「第二次印度支那戰爭」，又稱「第二次越南戰爭」。
1961	尼加拉瓜爆發內戰，反對索摩查家族的獨裁統治。 1月7日，非洲部分國家在摩洛哥卡薩布蘭加舉行非洲國家高峰會議，通過《卡薩布蘭加非洲憲章》（Casablanca Conference），形成卡薩布蘭加集團。同年5月，20個非洲國家在門羅維亞舉行會議，形成門羅維亞集團，至此非洲國家分為兩大陣營。

1961	4月17日，美國策動古巴反政府力量占領古巴的吉隆灘（Giron），企圖推翻左派政府。同月19日失敗，史稱「吉隆灘事件」，又稱「豬灣（Pig Bay）事件」。同年7月古巴各左派政黨合併成立革命統一組織，實行一黨專政。卡斯楚領導古巴，宣布成為社會主義國家。

5月16日，南韓軍人朴正熙發動「五一六政變」奪權，建立軍政府。此後南韓長期由軍人實行獨裁統治。

5月31日，南非結束自治領地位，成立南非共和國，並退出英國聯合體，自此在國際孤立。6月，非洲人國民大會起事反對南非種族主義統治。

6月2日，拉丁美洲七國簽署《蒙特維多（Montevideo）條約》，成立拉丁美洲自由貿易協會。此後陸續出現多個由發展中國家組成的經濟合作組織，推動「南南合作」。

6月15日，美國總統甘迺迪（John F. Kennedy）訪歐，於維也納會晤蘇聯領袖赫魯雪夫，蘇聯限美國於年底前解決柏林問題，引發與西方的緊張關係，史稱「第三次柏林危機」。8月13日東德建造柏林圍牆，包圍西柏林，引起西方強烈抗議。

9月1日，25個國家在貝爾格勒舉行「第一屆不結盟國家和政府高峰會議」，正式形成不結盟運動，作為抗衡西方陣營和共產陣營的力量。

9月30日，「歐洲經濟合作組織」改組為「經濟合作與發展組織」。

12月，薩爾瓦多執政軍人成立全國協和黨，開始長期執政。

12月11日，蘇聯與阿爾巴尼亞關係破裂。 |
| 1962 | 3月18日，法國與阿爾及利亞流亡政府簽訂《埃維昂－班協議》（Evian-les-Bains），結束戰爭。法國承認阿爾及利亞的自決權。7月3日阿爾及利亞正式脫離法國獨立，7月24日貝拉（Bella）任阿爾及利亞政府首任總理，1963年9月20日改任總統。 |

西洋史
大事長編

1962	5月26日，印度尼西亞與荷蘭為爭奪荷屬新幾內亞（又稱西伊里安〔Western Irian〕），爆發西伊里安戰爭。8月15日兩國簽訂協定，規定聯合國於10月1日起進行接管。1963年5月1日，聯合國將西伊里安轉交印度尼西亞。 8月2日，中美洲五國成立中美洲共同市場。 8月6日，牙買加獨立。 9月，蘇聯將導彈運往古巴以威脅美國。10月24日美國宣布以海空軍封鎖古巴，並要求蘇聯撤走在古巴的導彈，史稱「古巴飛彈危機」（Cuba Missile Crisis）。12月6日蘇聯將所有導彈撤走，美國則保證不再干涉古巴左派政權。
1963	肯亞脫離英國獨立。 1月29日，在法國總統戴高樂反對下，正式否決英國加入「歐洲共同市場」。直到1973年英國才獲准加入共同市場。 4月10日，美國原子動力潛艇「長尾鯊號」在大西洋沉沒，129人全部罹難。 5月25日，非洲各國在衣索比亞首都阿迪斯阿貝巴（Addis Ababa）舉行非洲獨立國家高峰會議，成立非洲統一組織，簡稱O.A.U.。卡薩布蘭加集團與門羅維亞集團至此合而為一。 6月3日，教宗保祿六世（Paul VI）即位，持續改革。1968年發表《通諭》譴責以任何不自然方式避孕及節制生育。 8月5日，美國、英國和蘇聯簽署《禁止核試驗條約》（Nuclear Test Ban Treaty），共99國簽字，禁止在大氣層、外太空和水下進行核試驗。冷戰進入緩和階段。 8月28日，美國黑人民權運動領袖金恩為紀念奴隸解放宣言一百週年，在首都華盛頓廣場向20萬不分信仰、種族加入「行軍華府」（March on Washington）的群眾，發表「我有一個夢」（I Have A Dream）演說。金恩為美國族群平等及黑人民權努力，影響深遠。

1963	1968年金恩被種族主義者暗殺，引起全國黑人騷動。 8月30日，華盛頓與莫斯科為因應美、蘇兩國領袖處理緊急事件而設置的「熱線」開始通話。 9月16日，新加坡、沙巴和沙勞越脫離英國獨立，並與馬來亞合併成立馬來西亞（Malaysia）聯邦。 11月2日，南越軍官楊文明發動政變，推翻總統吳廷琰，成立軍政府。自此南越長期由軍人實行獨裁統治。 11月22日，美國總統甘迺迪於德州達拉斯城遇刺身亡，由副總統詹森（Lyndon Baines Johnson）繼任並連任至1969年，後由共和黨尼克森（Richard Milhous Nixon）接任。
1964	4月5日，美國麥克阿瑟（Douglas MacArthur, 1880～1964）將軍病逝，享年84歲。 6月2日，多個巴勒斯坦人組織和武裝力量在東耶路撒冷聯合成立巴勒斯坦解放組織，簡稱PLO，作為巴勒斯坦人的代表機構。 6月，美國密西西比州尼舒巴郡（Neshoba），當地副警長與3K黨（使用暴力的白人至上主義組織）黨員殺害2名猶太裔白人及1名黑人，共有18人涉案。此事件引起全美白人公憤，於當年通過《民權法案》，1965年又通過《投票權力法案》，而2005年重新調查後發現元兇是已80歲的牧師基倫（Edgar Ray Killen），被判處三個連續20年的監禁。 6月15日，77個國家和地區在日內瓦發表《七十七國聯合宣言》（Joint Declaration of the Seventy-Seven Countries），爭取建立國際經濟新秩序，形成77國集團，後續成員仍有增加。 7月6日，尼亞薩蘭脫離英國獨立，成立馬拉威（Malawi）自治領。獨立後由班達（Banda）長期執政。1966年7月6日，馬拉威結束自治領地位，成立「馬拉威共和國」。

1964	8月4日，美國海軍在北部灣被北越軍襲擊，史稱「北部灣事件」。此後美國與北越爆發直接衝突。
	9月25日，莫桑比克解放陣線起事反對葡萄牙殖民統治，莫桑比克民族戰爆發。
	10月14日，蘇聯發生宮廷政變，共產黨第一書記赫魯雪夫被罷免，布里茲涅夫（Leonid Ilyich Brezhnev）繼任第一書記。同月15日，柯西金（Alexey Kosygin）繼任部長會議主席。1965年12月9日，波德戈爾內（Nikolai Viktorovich Podgorny）繼任最高蘇維埃主席團主席，至此形成集體領導格局，史稱「蘇聯三頭馬車」。
	10月16日，中國大陸原子彈試爆成功。
	12月，5個中部非洲國家在布拉柴維爾（Brazzaville）簽署條約，成立關稅和經濟聯盟。1966年1月1日，條約生效，成立中部非洲關稅和經濟聯盟。
1965	美國「爭取民主社會學生組織」發起反對美國越戰政策的群眾運動，全美反越戰運動展開。
	3月8日，美國派軍至南越鎮壓左翼游擊隊，特種戰爭遂演變為局部戰爭。
	3月19日，希奧塞古（Nicolae Ceauçescu）繼任羅馬尼亞工人黨總書記，掌政期間擺脫蘇聯控制，在國內實行獨裁統治。
	6月14日，南越軍官阮文紹發動政變奪權。
	6月22日，日本與南韓簽訂《日韓基本條約》，形成美、日和南韓準軍事集團。
	7月13日，英國下議院通過廢除死刑。
	8月4日，太平洋島嶼庫克群島成為紐西蘭的聯繫邦。
	8月5日，印度與巴基斯坦在喀什米爾爆發第二次印巴戰爭。次年1月10日兩國簽署《塔什干宣言》（Tashkent Peace Agreement），結束

1965	戰爭。 8月9日，新加坡脫離馬來西亞，成立新加坡共和國，人民行動黨領袖李光耀開始長期執政。 9月，葡萄牙、南非和羅德西亞協議共同鎮壓非洲南部的反殖民主義和反種族主義運動，史稱「非神聖同盟」。 9月30日，印度尼西亞左派軍官翁東（Untung）聯合共產黨發動「九三〇政變」，企圖奪權。右派軍官蘇哈托（Soeharto）鎮壓政變。10月1日總統蘇卡諾被迫將大權授予蘇哈托，自此實行獨裁統治。 11月11日，羅德西亞殖民政府單方面宣布脫離英國獨立，成立「羅德西亞自治領」，實行白人種族主義統治，不受國際承認。
1966	1月4日，上伏塔（Haute Volta）軍官拉米扎納（Lamizana）發動政變奪權，成立軍政府。 3月9日，法國退出北大西洋公約組織的軍事一體化機構，施行獨立自主政策。 5月16日，毛澤東在中國發動文化大革命。6月1日，全國各地開始組織紅衛兵，進行清算鬥爭，導致全國大亂。 6月28日，阿根廷軍官翁加尼亞（Ongania）發動政變奪權，建立軍人獨裁政府。自此阿根廷由軍人實行獨裁統治，直至1973年，史稱「阿根廷革命時期」。 9月27日，聯合國宣布取消南非對西南非的委任統治，規定西南非改由聯合國管治。南非拒絕接受，繼續占領西南非。1968年6月12日，聯合國正式將西南非更名為「納米比亞」（Namibia）。
1967	3月12日，印度尼西亞掌權者蘇哈托罷免總統蘇卡諾，自任代總統。次年3月27日改任總統。 4月14日，多哥軍人埃亞德馬（Eyadema）再次發動政變奪權，自任

	總統，自此長期執政。 4月21日，希臘軍人帕帕多普洛斯（Papadopoulos）發動政變奪權。12月13日，國王君士坦丁諾斯二世（Konstantinos II）流亡國外，由軍人組成攝政府，實行獨裁統治。帕帕多普洛斯任總理。 6月5日，以色列發動第三次以阿戰爭，又稱第三次中東戰爭或六五戰爭，突襲多個阿拉伯國家，併吞耶路撒冷東部，占領約旦河西岸與加薩走廊（Gaza Strip）。巴勒斯坦解放組織此後以約旦為基地。 7月1日，歐洲經濟共同體、歐洲煤鋼共同體和歐洲原子能共同體合併為「歐洲共同體」（Commissions of EEC）。 8月8日，東南亞五國在曼谷成立東南亞國家協會。 8月30日，美國參議院通過任命圖爾古特·馬歇爾（Thurgood Marshall）為美國有史以來第一位最高法院的黑人法官。
1967	
1968	1月5日，杜布切克（Dubcek）繼任捷克斯洛伐克共產黨第一書記。4月8日，杜布切克開始推行一系列自由化改革，史稱「布拉格之春」（Prague Spring）。8月20日，蘇聯統率東歐諸國軍隊入侵捷克斯洛伐克，鎮壓布拉格之春。次年4月17日杜布切克被罷免。 4月4日，美國黑人民權運動領袖金恩牧師遭槍擊身亡。 5月3日，巴黎發生學生、工人示威運動，並迅速擴大為騷動，史稱「巴黎五月風暴」。1969年4月因憲政改革公投失敗，戴高樂辭職，由龐畢度（Georges Pompidou）繼任。 巴黎的五月風暴也激起70年代左派知識分子風潮，其中代表人物沙特（Jean-Paul Sartre, 1905～1980）創辦支持毛思想的《解放報》（Libération）。此刊物1878年後不再支持毛思想，改走社會民主主義。 6月5日，羅伯·甘迺迪（Robert Kennedy）在爭取美國民主黨總統候選人提名活動中遇刺身亡。

1968	7月1日，美國、蘇聯、英國等國簽署《不擴散核武器條約》（Nuclear Non-Proliferation Treaty, NPT），防止擁核國家將核武器擴散至無核國家。 9月6日，史瓦濟蘭脫離英國統治，宣告獨立。 10月，魁北克人黨成立，魁北克獨立運動興起。 10月31日，美國停止轟炸北越，局部戰爭結束。次年1月20日，美國、南越與北越舉行巴黎和談。7月25日，美國總統尼克森提出越南戰爭越南化以及從越南撤軍的計畫，史稱「尼克森主義」。 12月21日，美國第一艘繞月載人太空船「太陽神8號」升空。
1969	2月2日，阿拉法特（Arafat）任巴勒斯坦解放組織執委會主席。 3月2日，中共與蘇聯爆發中國東北邊界衝突，史稱「珍寶島事件」。 4月28日，法國總統戴高樂辭職。 7月20日，美國太空人阿姆斯壯（Armstrong）成功登陸月球，美國在太空科技方面超越蘇聯。 9月1日，利比亞自由軍官發動革命，推翻國王伊德里斯（Idrisid），建立共和政府。 9月23日，中共首次進行地下核子試爆。 10月，美國國防部成功研製電腦網絡，其後發展為互聯網，世界進入網路時代。 11月17日，連接地中海與紅海的蘇伊士運河啟用。 11月17日，美蘇戰略核武限制談判首次在赫爾辛基舉行。 11月21日，美日聯合聲明，琉球將於1972年交還給日本。 12月18日，英國正式廢除死刑。

1970	4月24日，中國成功發射第一枚人造衛星。 7月12日，臺灣運動員紀政在慕尼黑田徑賽中，創下女子200公尺世界賽跑紀錄。 9月，約旦政府與巴勒斯坦解放組織發生衝突，巴勒斯坦解放組織被迫將總部遷往黎巴嫩。 9月13日，日本大阪萬國博覽會閉幕，共計有6,300萬人參觀，為史上規模最大商展。 10月10日，斐濟群島脫離英國獨立，成立斐濟政權，為英國之自治領。 11月3日，阿葉德（Allende）繼任智利總統，執政期間推行左傾政策，經濟混亂。
1971	美國與加拿大環保人士在紐西蘭成立綠色和平組織，是為西方綠色和平運動的開始。 1月25日，烏干達軍人阿敏（Amin）發動烏干達一月政變，奪取政權，實行獨裁統治。 2月7日，瑞士經由公投准許婦女在聯邦選舉擁有投票權。 3月26日，東巴基斯坦人民聯盟單方面宣布東巴基斯坦脫離巴基斯坦，成立孟加拉人民共和國（Bangladesh）。11月21日印度出兵支援孟加拉，爆發「第三次印巴戰爭」。12月20日巴基斯坦軍政府下臺，人民黨領袖布托（Zulfikar Ali Bhutto）繼任總統。 8月15日，美國宣布解除美元以固定匯率兌換黃金的機制。 9月3日，美國、英國、法國和蘇聯簽訂《柏林協定》，確定西柏林與西德的關係，至此解決柏林問題。次年12月西德與東德簽訂《關係基礎條約》（Basic Treaty），兩國互相承認。 9月11日，蘇共前總書記赫魯雪夫去世，享年77歲。

1971	10月25日，中華民國退出聯合國。聯合國通過「2798號」決議案，以中華人民共和國取代中華民國在聯合國的中國席位。
	10月27日，東剛果改國名為扎伊爾共和國（The Republic of Zaire）。
1972	1月，東蘇丹總統尼邁里組建社會主義聯盟，實行一黨專政。同年3月與南蘇丹反政府組織達成和解，南蘇丹實行自治，第一次蘇丹內戰結束。
	1月1日，埃及、利比亞和敘利亞聯合成立阿拉伯共和國聯邦，實行邦聯制，各成員國保留獨立地位。
	1月12日，孟加拉共和國成立。
	2月1日，波斯灣地區各產油國向西方跨國石油公司要求增加各國的股權。此後波斯灣地區各產油國逐漸收回對其石油資源的控制權，國家收入大幅增加。
	2月21日，美國總統尼克森訪問中國大陸。
	2月28日，中國與美國發表《上海聯合公報》，美國承認中華人民共和國為中國唯一合法政府，兩國關係呈現緩和。
	4月16日，獲頒諾貝爾文學獎的日本作家川端康成自殺。
	5月15日，美國將琉球群島中的沖繩島歸還日本，至此結束美國對日本領土的占領。
	5月22日，美國總統尼克森抵達莫斯科，他是首位訪問蘇聯的美國總統。
	5月30日，美國和蘇聯在莫斯科簽署《限制反彈道飛彈系統條約》（Anti-Ballistic Missile Treaty），限制兩方的核武數量。此條約附屬《第一階段限制戰略武器協定》（Strategic Arms Limitation Talks, SALT）之下。
	6月5日，第一次國際環保大會「聯合國人類環境會議」於瑞典斯德

	哥爾摩舉行，會議中通過《聯合國人類環境會議宣言》（Declaration of the United Nations Conference on the Human Environment）。
	6月17日，美國共和黨的總統競選連任委員會5名僱員因涉嫌在華盛頓水門大廈竊聽民主黨的競選策略而被捕，史稱「水門醜聞」或「水門事件」（Watergate Scandal）。1974年8月9日，總統尼克森因醜聞被迫辭職，由福特（Gerald Rudolph Ford）宣誓繼任。
	7月2日，印度與巴基斯坦簽訂《西姆拉協定》（Simla Treaty），逐步恢復兩國關係，結束第三次印巴戰爭。
	9月5日，慕尼黑奧運會中，11名以色列選手遭「黑色九月」巴勒斯坦解放組織槍殺。
1972	9月23日，菲律賓總統馬可仕（Ferdinand Marcos, 1917～1989）宣布戒嚴，無限期延長自我任期，實行獨裁統治。
	9月29日，中華人民共和國和日本建立邦交，兩國關係恢復正常化。
	10月，南韓總統朴正熙宣布進行維新政變，中止憲法。同月17日頒布「維新憲法」。
	10月，菲律賓南部的摩洛人組成摩洛民族解放陣線，以暴力方式進行獨立運動。
	10月，世界多個國家簽訂《禁止生化武器公約》（Biological Weapons Convention）。
	11月16日，聯合國教科文組織在巴黎通過《保護世界文化和自然遺產公約》（Convention Concerning the Protection of the World Cultural and Natural Heritage），以減輕文化遺產和自然遺產因年久腐變，或因變化中的社會和經濟條件所造成的損害與破壞。
1973	1月27日，北越、越南南方、南越和美國簽訂《巴黎協定》（Paris Peace Accords），規定各方停火。2月21日寮國政府與人民革命黨簽

1973	訂《萬象協定》（Vientiane Treaty），規定雙方停火。3月29日美軍全部撤出南越，但南越政府與越南南方的內戰持續。

3月，美國結束美元與其他貨幣的固定匯率，此後世界各主要貨幣實行浮動匯率制度。

3月10日，鄧小平任中國副總理，主持日常政務。8月30日，極左派江青等四人進入共產黨政治局，合稱「四人幫」。共產黨黨內鬥爭激烈。

4月8日，具全方位才能的西班牙藝術家畢卡索（Pablo Picasso, 1881～1973）逝世於法國穆甘，享壽92歲。

5月7日，美國華盛頓郵報記者伍華德（Bob Woodward）與伯恩斯坦（Carl Bernstein）因報導「水門事件」獲普立茲新聞獎。

5月25日，阿根廷軍人政府下臺，阿根廷革命結束。正義黨領袖坎波拉（Héctor Cámpora）繼任總統。6月20日前總統胡安・裴隆返國，掌握實際權力。10月12日裴隆復任總統。1974年7月1日裴隆逝世，其妻伊莎貝爾・裴隆（Isabel Perón）繼任總統。

6月1日，希臘廢除君主制，成立希臘第三共和。11月25日希臘發生政變，總理帕帕多普洛斯被推翻。1974年7月23日軍政府下臺，希臘確立民主政體，實行議會內閣制。

7月3日，歐美各國在芬蘭首都赫爾辛基舉行歐洲安全與合作會議，謀求東、西方和解。

9月11日，智利軍人皮諾契特（Augusto José Ramón Pinochet Ugarte）發動「九一一政變」，推翻民選總統阿連德（Allende），奪取政權，實行長期獨裁統治。任內進行新自由主義經濟改革，同時殘酷打擊異己。

10月6日，埃及與敘利亞聯合發動第四次以阿戰爭（又稱第四次中東戰爭或十月戰爭），進攻以色列，失利。同月17日，阿拉伯各石油 |

1973	輸出國決議向西方發動「石油戰爭」：減少石油供應並提高原油價格，引發石油危機。12月起，西方各國爆發經濟危機。 11月13日，法國與部分非洲國家在巴黎舉行第一次法非高峰會議，法國企圖藉此重建其在非洲的影響力。
1974	3月15日，西德取消高速公路時速的限制。 4月25日，葡萄牙武裝部隊運動發動「石竹花革命」，又稱「四二五政變」，推翻國民同盟政府。 5月6日，西德總理布蘭德（Willy Brandt）因其助理為東德間諜而辭職。1970年他曾在華沙「猶太人起義紀念碑」下跪懺悔，代表德國人沉重的反思及內省，並於1971年獲得諾貝爾和平獎。 5月18日，印度成功完成地下核武試爆，成為全世界第16個擁有核武國家。 6月26日，北大西洋公約組織在比利時首都布魯塞爾正式簽署調整美國與西歐盟國關係的《大西洋關係宣言》（The Atlantic Charter）。 7月15日，希臘策動塞浦路斯國民警衛隊發動「七一五政變」，推翻總統馬卡里奧斯三世（Makarios III）。桑普森（Sampson）繼任總統。同月20日，土耳其出兵侵占塞浦路斯北部地區，形成希臘族和土耳其族分治局面。23日桑普森垮臺。12月7日，馬卡里奧斯三世復任總統。 9月1日，印度完全控制錫金政府，宣布錫金為其附屬。次年5月16日印度併吞錫金。 9月8日，美國總統福特特赦前總統尼克森「水門案」罪行。
1975	1月31日，非洲國家安哥拉（Angola）脫離葡萄牙殖民統治取得獨立。 2月11日，英國保守黨首度選出女性黨魁瑪格麗特・柴契爾夫人

（Margaret Hilda Thatcher, Baroness Thatcher）。

2月13日，土耳其在塞浦路斯北部扶植成立北塞浦路斯政權，但不受國際承認。

2月28日，歐洲共同體各國與多個非洲、加勒比海、太平洋國家在多哥首都洛美（Lome）簽署《洛美協定》，規定歐洲共同體在經濟貿易方面對非洲、加勒比海、太平洋國家提供某些優惠待遇，是為區域性南北對話的開端。

4月5日，中華民國總統蔣中正逝世，嚴家淦繼任總統。

4月13日，黎巴嫩之基督徒與穆斯林發生衝突，黎巴嫩內戰爆發，直至1990年12月24日才告結束。

4月30日，北越軍隊攻陷西貢，推翻南越，奪取越南南部的統治權。次年7月2日越南南北方合併為越南社會主義共和國，越南復歸統一。

5月，西方各國經濟危機結束，但此後西方多國陷入經濟發展停滯和通貨膨脹同時存在的狀態。

5月12日，美國兩艘驅逐艦參訪蘇聯列寧格勒，後有蘇聯兩艘艦艇駛向美國波士頓港作為回訪，為第二次世界大戰結束後，美蘇兩國海軍的首次互訪。

7月11口，大陸考古學家在陝西臨潼發掘出秦兵馬俑。

7月30日，美洲國家通過解除長達11年的古巴禁運。

9月16日，巴布亞紐幾內亞（Papua New Guinea）獨立。

10月17日，3個拉丁美洲國家成立拉丁美洲經濟體系，推動拉丁美洲經濟一體化。

10月22日，英國史學家湯恩比（Arnold Joseph Toynbee, 1889～1975）逝世。著有《歷史研究》（A Study of History），講述世

1975	界各個主要民族的興起與衰落。 10月30日，西班牙終身元首佛朗哥病重不能視事，11月20日逝世。11月22日，璜·卡洛斯一世（Juan Carlos I）任西班牙國王，復辟西班牙波旁王朝（House of Bourbon）。 11月28日，東帝汶（East Timor）獨立革命陣線宣布馬來群島葡萄牙屬地東帝汶脫離葡萄牙獨立，成立東帝汶民主共和國。帝汶民主聯盟和帝汶人民民主協會不承認獨立，要求與印度尼西亞合併。同年12月7日印度尼西亞入侵東帝汶，17日扶植人民民主協會另組臨時政府。1976年7月17日印度尼西亞宣布合併東帝汶，獨立革命陣線繼續抵抗印度尼西亞，至1978年12月31日印度尼西亞始敉平獨立革命陣線之抵抗。 12月21日，阿拉伯恐怖分子襲擊「石油輸出國組織」維也納總部，挾持開會的12國石油部長。 12月29日，英國開始實施《禁止性別歧視法》及《男女同工同酬法》。
1976	科西嘉島（Corsica）出現科西嘉民族解放陣線，以暴力爭取獨立，其後演變為恐怖組織。 1月8日，中國總理周恩來逝世。同年4月5日人民藉悼念周恩來在北京天安門廣場聲討四人幫，被四人幫鎮壓，史稱 「四五天安門事件」。7日鄧小平被撤去一切職務。 3月24日，阿根廷軍人發動政變，推翻總統伊莎貝爾·裴隆，奪取政權，實行高壓統治，史稱「骯髒的戰爭」。 7月4日，以色列突擊隊降落烏干達恩德比機場，救出被巴勒斯坦劫機者劫持的106名人質。 7月5日，西班牙恢復民主政體，實行議會內閣制。同月23日葡萄牙軍人內閣結束，恢復政黨內閣，並逐漸建立議會內閣制度。

1976	7月20日，美國太空船「維京一號」首次成功降落火星。 7月27日，日本前首相田中角榮因「洛克希德賄賂案」遭逮捕。 9月9日，中國領導人毛澤東（1893～1976）逝世，他是中國共產黨暨中國人民解放軍創始人，以及中華人民共和國開國領袖。 10月1日，美國加州通過《安樂死法案》，1977年元旦開始實施。 10月6日，中國共產黨元老鄧小平、葉劍英逮捕四人幫，文化大革命至此結束。此年中國大陸經過唐山大地震，以及毛澤東、朱德與周恩來逝世等事件，象徵一個時代的結束。 11月3日，美國總統大選，民主黨候選人卡特（Jimmy Carter）當選。 12月10日，美籍華裔科學家丁肇中與美國科學家芮契特（Burton Richter）同時獲頒諾貝爾物理獎。
1977	1月，捷克斯洛伐克自由派領袖哈維爾（Václav Havel）等發表《七七憲章》（Charta 77），反對蘇聯控制，爭取民主自由，開展《七七憲章》運動。同年政府鎮壓運動。 1月6日，歐洲委員會（European Commission）成立，為歐盟政治體系的執行機構，負責執行歐盟理事會和歐洲議會的決策。歐盟委員會是一個獨立於成員國的超國家機構，委員的效力施行於整個歐盟，而非各自的成員國。 3月，義大利、法國和西班牙三國的共產黨發表聯合聲明，宣布歐洲共產主義誕生。 3月27日，西班牙屬地加那利群島上空發生泛美與荷蘭航空客機互撞，575人喪生。 5月20日，巴黎至土耳其伊斯坦堡的豪華東方特快車停駛，結束94年的營運。 6月16日，蘇聯最高蘇維埃主席團主席波德戈爾內被免職，共產黨

1977	總書記布里茲涅夫兼任最高蘇維埃主席團主席，布里茲涅夫遂掌握黨政大權。 7月，越南與寮國簽訂《越寮友好合作條約》（Treaty of Amity and Cooperation of Vietnam and Lao），寮國成為越南的附庸國。 7月5日，巴基斯坦軍人齊亞・哈克（Zia-ul-Haq）發動救國政變，推翻總理布托，奪取政權。 9月7日，美國與巴拿馬在華盛頓簽訂《巴拿馬運河條約》（Panama Canal Treaty），規定巴拿馬逐步恢復對巴拿馬運河和運河區的管治權，並於1999年12月31日完全收回主權。 11月19日，埃及總統沙達特（Anwar El Sadat）接受以色列總理比金（Menachem Begin）邀請訪問以色列，表示埃及的議和意願。兩國關係出現突破。同年利比亞召集阿拉伯激進派國家，包括敘利亞、阿爾及利亞、南葉門等開會，組成拒絕陣線，宣布拒絕與以色列進行任何妥協。阿拉伯世界遂分裂為激進派和溫和派國家。 11月22日，英法合製的協和客機首次飛行巴黎與紐約之間航線。 12月4日，博卡薩（Salah Eddine Ahmed Bokassa）自封為中非帝國皇帝，後被法國人推翻而退位。1996年11月3日死於心臟病。 12月25日，美國電影喜劇泰斗卓別林（Sir Charles Spencer "Charlie" Chaplin, 1889～1977）在瑞士逝世，享年88歲。
1978	3月14日，以色列第一次入侵黎巴嫩，同年6月以色列被迫撤軍，但在南黎巴嫩建立一自由黎巴嫩地區，交由親以色列民軍控制。 7月3日，巴西、祕魯等8國代表正式簽署《亞馬遜合作條約》（Amazonian Cooperation Treaty），組成亞馬遜合作條約組織。 8月6日，天主教教宗保祿六世（Paul VI）逝世。26日，由義大利樞機主教魯恰尼（Albino Luciani）當選教宗，稱若望保祿一世（Ioannes Paulus I）。9月28日，若望保祿一世逝世，在位僅33日。同年10月16

1978	日，波蘭籍樞機主教伍德拉（Karol Józef Wojtyła）當選，號若望保祿二世（Ioannes Paulus II），為第一位波蘭籍教宗，人稱「微笑教宗」（smiling pope）。 8月12日，中國和日本簽訂《中日和平友好條約》。 9月17日，埃及與以色列在美國簽訂《大衛營協議》（Camp David Accords），就兩國和議作出規定。次年3月26日兩國簽訂和約。此後以色列開始從西奈半島（Sinai）撤軍，至1982年完全撤出西奈半島。 10月27日，埃及總統沙達特與以色列總理比金，共獲諾貝爾和平獎。 11月，中國北京西單「民主牆」開始出現議論時政的大字報。其後演變為爭取民主的「北京之春」運動。 11月2日，蘇聯太空人完成140天太空飛行紀錄。 12月18日，中國共產黨十一屆三中全會確定推行開放改革政策，是為三中全會路線。 12月25日，越南入侵柬埔寨，第三次印度支那戰爭爆發。1979年1月7日攻陷金邊，推翻柬埔寨共產黨政府，扶植柬埔寨人民革命黨組織政府，實行一黨專政。柬埔寨共產黨退至邊境地區抵抗越南。
1979	經濟合作與發展組織發表《新興工業國家的挑戰》，將香港、臺灣、南韓和新加坡列為「新興工業化國家」。此後這四個國家和地區被稱為亞洲四小龍。 1月1日，美國與中華民國斷交，與中華人民共和國建交。 1月16日，伊朗爆發政變，國王巴勒維逃奔國外。2月1日伊斯蘭教什葉派領袖何梅尼（Ruhollah Khomeini）返國，2月5日發動伊朗伊斯蘭革命，推翻伊朗巴勒維王朝，並於4月11日成立政教合一的伊斯蘭共和國。何梅尼任最高領袖，實行神權統治，掌政期間奉行伊斯

	蘭原教旨主義。11月4日伊朗激進學生占領美國駐伊朗大使館，扣押美國人質。

1月28日，中國國務院副總理鄧小平應美國總統卡特之邀到美國進行國事訪問。

2月17日，中越戰爭爆發，中國軍隊侵入越南北部後，於一個月內撤出越南。中越雙方都宣布取得勝利。戰爭使中、越兩國關係極度惡化，並使大量華裔越南人出逃。

2月22日，聖露西亞（Saint Lucia）脫離英國獨立，成為大英國協成員國，並於9月18日加入聯合國。

3月13日，歐洲匯率機制啟用。

3月26日，埃及與以色列簽署和平條約，結束長達30年的敵對戰爭狀態。 |
| 1979 | 5月1日，格陵蘭開始自治。

5月4日，柴契爾夫人繼任英國首相，執政期間奉行「貨幣主義」的新保守主義政策，史稱「柴契爾主義」。她透過緊縮貨幣供給、壓低通膨、擴大私有化及限制工會權力，強調自立更生價值。柴契爾主義與雷根經濟學並列80年代保守經濟政策的典範，其精髓包括自由市場、嚴守財政紀律、嚴控公共支出、減稅和私有化。

5月10日，密克羅尼西亞聯邦（Federated States of Micronesia）通過新憲法，取得內政自主權，規定總統為國家元首，由議會選舉產生。1982年密克羅尼西亞與美國正式簽訂《自由聯繫條約》（Compact of Free Association），獲得內政、外交自主權，安全防務由美國負責，可參加地區組織，但不得參與聯合國。1990年12月，聯合國安理會召開會議通過終止託管決議，正式結束密克羅尼西亞聯邦的託管地位，並於1991年9月17日接納密克羅尼西亞聯邦為聯合國正式會員國。

5月28日，希臘簽署加入歐洲共同體的條約。 |

1979	6月1日，羅德西亞白人政府推行「內部解決方案」，由穆佐雷瓦（Muzorewa）繼任總理，組成黑人政府，改國名為辛巴威－羅德西亞，但不受國際承認。12月12日取消獨立，復為英國殖民地。
	6月2日，教宗若望保祿二世出訪家鄉波蘭，成為第一位訪問共產黨國家的教宗。
	6月18日，美國與蘇聯於維也納簽訂《第二階段限制戰略武器協定》，對兩國的進攻性戰略武器作出限制。
	6月19日，義大利全國約1,400萬工人舉行總罷工，要求重新簽定勞工合約，解決失業問題。
	7月16日，伊拉克總統巴克爾（Ahmed Hassan al-Bakr）辭職，薩達姆‧海珊（Saddam Hussein）繼任，實行獨裁統治。
	7月17日，尼加拉瓜的桑定民族解放陣線進攻首都馬拿瓜（Managua），索摩查家族垮臺。同月20日，桑定民族解放陣線奪取政權，此後推行左傾激進改革，並支持中美洲各國的左翼游擊隊，引發中美洲危機。
	9月14日，阿富汗爆發政變，哈菲佐拉‧阿明（Hafizullah Amin）推翻總統穆罕默德‧塔拉基（Nur Muhammad Taraki）。
	9月20日，中非共和國爆發政變，大衛‧達科（David Dacko）在親法民兵支持下上臺。
	10月26日，南韓總統朴正熙被刺殺，同年12月12日軍人全斗煥發動「一二一二肅軍政變」奪權，實行獨裁統治。1980年5月21日爆發反對軍政府的光州起事，27日軍政府鎮壓起事。
	10月27日，聖文森暨格瑞那丁（Saint Vincent and the Grenadines）宣布脫離英國獨立。
	11月26日，國際奧林匹克委員會通過決議，承認設在北京的中國奧林匹克委員會為代表中國的奧林匹克委員會。設在臺北的奧林匹

1979	克委員會須更名為「中華臺北奧林匹克委員會」。此後中華民國臺灣政府以「中華‧臺北」的名義參與國際事務。 12月24日，阿富汗人民民主黨人民派與旗幟派發生內訌，蘇聯乘機入侵阿富汗，推翻人民派，扶植旗幟派上臺。阿富汗人民起而抵抗蘇聯入侵，組成各派穆賈希丁（Mujahideen），意指聖戰者，蘇阿戰爭爆發。
1980	綠黨（Die Grünen）正式在西德成立，為成立最早、也最成功的綠黨組織。其基本目標有民主、和平主義、社會公義（包含原住民權利）和環境保護，反對破壞生態。 1月5日，越南與寮國、柬埔寨（人民革命黨政府）舉行印度支那三國外交部長會議，形成印度支那集團。 4月15日，法國存在主義哲學家沙特（Jean-Paul Sartre, 1905～1980）病逝，享年74歲。 4月18日，辛巴威－羅德西亞脫離英國獨立，成立辛巴威共和國（Republic of Zimbabwe），實現黑人多數統治，辛巴威民族解放戰爭結束。非洲民族聯盟主席穆加貝（Mugabe）開始長期執政。同年8月25日辛巴威加入聯合國。 4月25日，美國營救伊朗德黑蘭大使館人質行動失敗。 5月4日，南斯拉夫總統狄托（1892～1980）逝世，南斯拉夫改行集體領導制。此後國內民族矛盾加劇，各加盟共和國日漸離心。 5月18日，南韓光州暴動，官方統計有191人死亡，八百餘人受傷。 6月1日，美國有線電視新聞網（CNN）正式開播。 7月1日，波蘭爆發大規模罷工。8月17日格但斯克工廠工人組成聯合罷工委員會以領導罷工，推華勒沙（Walesa）為主席。9月22日各地獨立工會聯合組成團結工會，華勒沙任主席。 8月12日，多個拉丁美洲國家簽訂《蒙特維多條約》，把拉丁美洲自

1980	由貿易協會改組為拉丁美洲一體化協會。 9月22日，伊朗與伊拉克因領土爭端爆發兩伊戰爭。 11月，中共審判四人幫，另設軍事法庭審判林彪及其集團。同年由趙紫陽出任國務院總理，胡耀邦擔任黨總書記。 11月4日，美國總統選舉，共和黨的雷根（Ronald Wilson Reagan）當選。雷根執政期間奉行「供應學派」的新保守主義政策，史稱「雷根主義」。
1981	1月20日，伊朗釋放美國大使館人質。 3月，尼加拉瓜前政府將領組成民主陣線。1982年民主陣線進行反政府活動，尼加拉瓜內戰復起。9月桑定民族解放陣線原領導人帕斯托拉（Pastora）另組民主革命同盟，反對桑定民族解放陣線政府。 3月30日，美國總統雷根在華府遇刺受傷。 4月12日，美國發射第一架可重複使用的太空梭「哥倫比亞」號。 5月13日，教宗若望保祿二世在梵諦岡聖彼得廣場遇刺受傷，凶手是一名土耳其裔男子。 5月21日，法國社會黨領袖密特朗（François Mitterrand，1916～1996）繼任總統，打破右派長期執政的局面。 5月25日，阿拉伯半島波斯灣沿岸六國於阿布達比（Abu Dhabi）成立海灣合作理事會。 6月27日，胡耀邦繼任中國共產黨中央委員會主席，鄧小平任中央軍事委員會主席，掌握實權。此後鄧小平開始鎮壓「北京之春」運動。8月26日鄧小平提出以「一個國家，兩種制度」統一中國的構想。 8月24日，南非以打擊安哥拉境內的西南非游擊隊為名，入侵安哥

1981	拉。 9月19日，法國國會廢止死刑，結束自1792年實施以來的斷頭臺刑罰。 10月6日，埃及總統沙達特在閱兵典禮中遭刺殺身亡。 12月13日，波蘭政府宣布實行軍管，鎮壓工人運動，但團結工會的力量日益強大。1983年7月22日政府結束軍管。
1982	4月2日，阿根廷軍占領南大西洋英國屬地福克蘭（Falkland）群島（又稱馬爾維納斯〔Malvinas〕群島），福克蘭群島戰爭爆發。同年6月14日英國收復福克蘭群島，戰爭結束。18日阿根廷軍政府倒臺。 4月30日，聯合國海洋法會議通過《聯合國海洋法公約》（United Nations Convention on the Law of the Sea, UNCLOS），就各國領海、專屬經濟區、海洋環境等問題作出規定。1994年11月16日《聯合國海洋法公約》生效，成立國際海底管理局。 5月，教宗若望保祿二世到葡萄牙法蒂瑪旅行時，再度遭葡萄牙神父刺傷。 6月6日，以色列第二次入侵黎巴嫩，占領南黎巴嫩，並扶植成立南黎巴嫩軍以控制該地區。同年8月，以色列將巴勒斯坦游擊隊逐出黎巴嫩。巴勒斯坦解放組織總部遷往突尼西亞。1983年5月17日，黎巴嫩、以色列和美國簽訂以色列從黎巴嫩撤軍的協議。 7月9日，柬埔寨施亞努親王領導的辛比克黨和宋深（Son Sann）領導的高棉人民民族解放陣線組成聯合政府，共同抵抗越南。 8月12日，墨西哥宣布無力償還債務，此後拉丁美洲多國亦宣布無力還債，是為拉丁美洲債務危機。1984年6月21日，拉丁美洲各國在卡塔赫納（Cartagena）舉行會議，共同商討債務問題，形成卡塔赫納集團。 11月10日，蘇聯中央總書記布里茲涅夫（1907～1982）逝世，在任期

1982	間政策保守和僵化。他的統治前期，蘇聯軍事力量大為增強，核武器數量超越美國，成為軍事超級大國；統治後期，由於超高的軍費開支和失敗的計畫經濟，使蘇聯經濟發展停滯。
1983	1月8日，墨西哥、哥倫比亞、委內瑞拉、巴拿馬在孔塔多拉（Contadora）舉行會議，試圖化解中美洲危機，形成孔塔多拉集團。1985年7月29日，祕魯、巴西、阿根廷、烏拉圭組成利馬集團，支持孔塔多拉集團。1986年12月18日，兩集團合併為里約集團，共同推動中美洲和平。 3月23日，美國宣稱推行名為「星際大戰」的戰略防禦計畫，以發展反彈道導彈系統。 6月24日，各國保守主義政黨成立國際民主聯盟。 7月23日，斯里蘭卡「坦米爾伊拉姆猛虎解放組織」發動攻擊，斯里蘭卡內戰爆發。 8月，巴拿馬軍人諾瑞加（Noriega）掌權，此後與文人政府屢起衝突。 10月13日，格瑞那達發生政變，美國與加勒比海國家出兵干預，敉平內亂，由總理任命九人臨時政府治理國事。1984年12月3日國會大選，由三派聯合的新國家黨以14比1多數獲勝。 10月18日，非洲中部關稅和經濟聯盟成員國與其他非洲中部國家組成更大的經濟集團——中非國家經濟共同體。 12月10日，阿根廷結束軍政府統治，恢復民主政體。
1984	1月1日，汶萊脫離英國獨立。同年1月7日，汶萊加入東南亞國協，成為第六個會員國。 5月6日，教宗若望保祿二世在韓國漢城（今首爾）遇刺，幸未受傷。 6月25日，法國哲學家傅柯（Michel Foucault, 1926～1984）逝世。他在哲學、文學評論、批評理論、歷史學、科學史、批評教育學和知識

1984	社會學方面，都有很大的影響。 8月4日，西非國家上伏塔更改國名為布吉納法索（Burkina Faso）。 10月31日，印度總理甘地夫人遇刺身亡。 11月1日，中華人民共和國與阿拉伯聯合大公國建立外交關係。 12年19日，中國與英國簽訂《中英聯合聲明》，決定英國於1997年將香港交還中國。 12月29日，印度大選，由拉吉夫‧甘地（Rajiv Gandhi）領導的國大黨獲壓倒性勝利。
1985	日本地產和股票價格開始狂漲，形成泡沫經濟，至1990年泡沫經濟破滅，導致日本經濟發展停滯。 3月11日，戈巴契夫（Gorbachev）繼任蘇聯共產黨總書記，掌政期間推行新思維改革。 12月8日，南亞七國組成南亞區域合作協會。
1986	1月28日，美國「挑戰者號」太空梭爆炸，7名太空人罹難。 2月7日，海地爆發「二月風暴」，杜瓦利埃家族被推翻，但此後海地繼續由軍人專政。 2月15日，菲律賓總統馬可仕賄選連任總統，國內興起「人民力量革命」。同月25日馬可仕被迫下臺，菲律賓恢復民主政體。 3月20日，法國右派在議會選舉中獲勝，保衛共和聯盟領袖席哈克（Jacques Rene Chirac）任總理，形成左、右派分占總統、總理職位的「左右共治」局面。 4月14日，女權主義者、法國作家西蒙‧波娃（Simone Lucie Ernestine Marie Bertrand de Beauvoir, 1908～1986）逝世於巴黎，享壽78歲。

1986	4月26日，蘇聯車諾比核電廠發生洩漏，釋放出的輻射線劑量是投在廣島原子彈的400倍以上，為人類史上最大核事故。這次意外引起世人對於蘇聯核能發電工業的安全顧慮，也減緩一系列核能工程進度，同時也促使蘇聯政府的資訊較趨透明化。 9月17日，南非金羅斯金礦發生大礦災，至少造成177人喪生。 11月13日，美國總統雷根承認美國曾向伊朗出售武器以換取伊朗協助釋放在黎巴嫩的美國人質，並將出售武器所得利潤來資助尼加拉瓜右翼游擊隊，引起輿論譴責，史稱「伊朗門醜聞」。 12月，中國學生發起自由化運動。次年1月16日，共產黨總書記胡耀邦以鎮壓學生運動不力被迫辭職，改由趙紫陽接任。此後共產黨展開反資產階級自由化運動，鎮壓學生運動。
1987	4月13日，中國與葡萄牙簽訂《中葡聯合聲明》，規定葡萄牙於1999年將澳門交還中國。 7月15日，中華民國解除實施38年的戒嚴令，在事實上結束一黨專政，但至1989年1月始正式開放黨禁。 8月7日，中美洲五國在瓜地馬拉城簽署《中美洲和平協議》（Esquipulas Peace Agreement），化解中美洲危機。 9月7日，東德共黨領袖何內克（Erich Honecker）首度訪問西德。 9月10日，衣索比亞人民共和國宣告成立。 10月19日，紐約股市大暴跌，創下史上最大幅下跌紀錄，史稱「黑色星期一」。 12月8日，巴勒斯坦宗教領袖亞辛（Yassin）在以色列占領區成立伊斯蘭抵抗運動，俗稱哈馬斯（Hamas），開始對以色列發動恐怖襲擊。 12月8日，美國和蘇聯簽署《銷毀中程和中短程導彈條約》（Treaty between the U.S.S.R. and U.S.A. on the Elimination of Their

1987	Intermediate-range and Shorter-range Missiles，又稱《中程導彈條約》），規定雙方在3年內銷毀全部中程和中短程導彈，在裁軍方面取得重大進展。
1988	2月25日，南韓總統全斗煥下臺，盧泰愚繼任總統，結束軍人統治。 5月10日，因法國總統密特朗在總統選舉中獲選連任，總理席哈克辭職，社會黨人羅卡爾（Rocard）繼任總理，結束「左右共治」的局面。 7月16日，緬甸爆發民主運動。同月23日社會主義綱領黨主席奈溫被迫辭職。9月翁山蘇姬（Aung San Suu Kyi）等組成爭取民主全國聯合陣線，要求政府推行民主改革。9月11日社會主義綱領黨被迫結束一黨專政。9月18日，軍人蘇貌（Saw Maung）發動「九一八政變」奪權，實行軍事獨裁，鎮壓民主運動。 8月17日，巴基斯坦總統齊亞·哈克因飛機失事喪生。同年12月2日巴基斯坦恢復政黨政治，由人民黨和穆斯林聯盟輪流執政。班娜姬·布托（Benazir Bhutto）成為伊斯蘭世界首位女總理。 8月20日，兩伊結束長達8年的戰爭。 8月22日，南非正式與安哥拉、古巴簽訂停火協議，古巴自安哥拉撤軍，南非同意納米比亞獨立，結束長達13年的安哥拉內戰。 11月6日，班娜姬·布托（Benazir Bhutto）當選巴基斯坦總理，也是伊斯蘭世界首位女總理。2007年12月27日，她於拉瓦爾品第參加集會時遇刺身亡，得年54歲。 11月15日，巴勒斯坦國在阿爾及利亞首都阿爾及爾宣布成立。
1989	1月7日，日本裕仁天皇病歿，皇太子明仁即位，改元「平成」。 1月23日，西班牙畫家、超現實主義代表達利（Salvador Dalí, 1904～1989）逝世。 2月15日，蘇聯軍全部撤出阿富汗，蘇阿戰爭結束，但隨即爆發阿富

1989	汗內戰。2月23日，各派穆賈希丁組織組成阿富汗伊斯蘭政府，與阿富汗人民民主黨政府對峙。

2月24日，日本天皇裕仁喪禮在東京新宿御苑舉行。

4月7日，波蘭統一工人黨被迫結束一黨專政，改行多黨制。蘇聯、東歐和平改革開始。同年6月波蘭舉行多黨制選舉，團結工會獲勝。8月24日團結工會取代統一工人黨組織內閣。12月30日成立波蘭第三共和。

4月8日，蘇聯核子潛艇於挪威外海失火沉沒，至少60人死亡。

4月15日，中國共產黨前總書記胡耀邦（1915～1989）逝世。此後人民的悼念活動逐漸演變為民主運動。6月19日共產黨總書記趙紫陽因同情民主運動而失勢。

5月14日，蘇聯共產黨中央委員會總書記戈巴契夫訪問中國，為1960年代以來第一位訪問中國的蘇聯領袖。

5月29日，蘇聯激進改革派葉爾欽（Yeltsin）當選俄羅斯最高蘇維埃主席團主席，與戈巴契夫形成對峙之局。

6月3日，伊朗最高領袖何梅尼逝世，次日總統哈梅內伊（Khamenei）繼任最高領袖。8月3日，改革派領袖拉夫桑賈尼（Rafsanjani）繼任總統，執政期間改行溫和政策。

9月20日，戴克拉克（de Klerk）繼任南非總統，執政期間推行改革，放棄種族主義政策。

10月，巴拿馬軍人發動政變，企圖推翻掌權者諾瑞加，事敗。同年12月20日美國入侵巴拿馬，推翻諾瑞加。

10月5日，西藏精神領袖達賴喇嘛獲得諾貝爾和平獎。

10月7日，匈牙利社會主義工人黨改組為社會黨，結束一黨專政，改行多黨制。23日成立匈牙利第三共和。 |

| 1989 | 10月，東德意志興起民主運動。同月18日統一社會黨總書記何內克被迫下臺。11月13日統一社會黨被迫與非黨人士組成聯合政府，結束一黨專政。12月16日統一社會黨更名為統一社會黨－民主社會主義黨。1990年2月4日再更名為民主社會主義黨。

10月21日，保加利亞興起民主運動。11月10日共產黨總書記日夫科夫被迫下臺。

11月6日，12個亞洲－太平洋（Asia-Pacific）國家在澳洲首都坎培拉（Canberra）成立亞洲－太平洋經濟合作組織。

11月9日，柏林圍牆倒塌，東德開放分隔東、西柏林以及東德、西德的關卡。次年，兩德統一。

11月17日，捷克斯洛伐克發生「絲絨革命」。同月29日共產黨宣布結束一黨專政，改行多黨制。12月29日公民論壇領袖哈維爾（Václav Havel）繼任總統。

12月16日，羅馬尼亞西部城市提密索拉（Timisoara）爆發反政府示威，其後蔓延至全國各地。同月21日，爆發人民起事（史稱羅馬尼亞十二月事件），22日總統希奧塞古被推翻，起事者成立救國陣線，結束一黨專政。25日希奧塞古被處決。 |
|---|---|
| 1990 | 1月7日，義大利比薩斜塔全面停止開放。

2月，尼泊爾興起人民運動。4月8日國王比蘭德拉（Birendra）被迫同意廢除評議會制度，恢復多黨制。11月9日尼泊爾頒布憲法，實行君主立憲制。

2月7日，蘇聯共產黨宣布結束一黨專政，改行多黨制。3月15日，戈巴契夫當選蘇聯第一任總統，宣誓就職。

2月9日，納米比亞制訂憲法，3月21日正式宣布獨立。

2月11日，南非曼德拉結束牢獄生涯。6月17日，南非宣布廢止種族隔離政策。 |

1990	2月15日，英國與阿根廷恢復因福克蘭戰爭中斷的正式外交關係。 3月，東德意志舉行多黨制選舉，德意志同盟（由基督教民主聯盟、社會聯盟等右翼黨派組成）獲勝。4月12日德意志同盟取代民主社會主義黨組織內閣。 3月11日，立陶宛獨立。 5月4日，拉脫維亞最高蘇維埃通過共和國獨立宣言，定國名為拉脫維亞共和國，恢復1922年時該共和國憲法，宣布蘇聯憲法和法律在拉脫維亞無效。 5月10日，蒙古人民革命黨宣布結束一黨專政，改行多黨制。同年8月蒙古舉行多黨制選舉，人民革命黨獲勝得以繼續執政。 5月18日，西德意志與東德意志就貨幣、經濟和社會制度方面進行統一。8月31日簽訂《統一條約》（Unification Treaty），規定東德意志五州加入西德意志。9月12日，美、英、蘇、法四大國與兩個德意志簽訂《最後解決德意志統一問題條約》（Treaty on the Final Settlement with Respect to Germany），最終解決德意志統一問題。10月3日東德意志與西德意志重新統一，國號稱德意志聯邦共和國。 5月22日，南、北葉門統一，成立葉門共和國。 6月23日，位於烏克蘭與羅馬尼亞之間的摩爾多瓦（Moldova）宣布獨立，次年成立摩爾多瓦共和國。 8月2日，伊拉克入侵科威特，引發波斯灣戰爭。同月4日伊拉克扶植成立自由科威特政府；28日伊拉克宣布科威特成為其一省。美國組織多國部隊反對伊拉克。 9月7日，英國歷史學家J. P.泰勒（Alan John Percivale Taylor, 1906～1990）逝世，他是二十世紀最具爭議性的歷史學家。其1961年著作《第二次世界大戰的起源》（The Origins of the Second

	World War）認為1939年所爆發的大戰，實乃因意外而不幸造成，每個人都應擔負責任。
	10月，盧安達愛國陣線發動起事，盧安達內戰爆發，種族大屠殺使圖西族大遷徙。1993年8月，盧安達政府與愛國陣線達成和議，內戰中止。
	10月3日，東西德正式統一，定都柏林，柯爾任總理。
1990	11月19日，歐美各國舉行歐洲安全和合作巴黎高峰會議。北約與華沙簽署《歐洲常規裁軍條約》（Conventional Forces in Europe Treaty），協議裁減常規軍備。同月21日各國簽署《新歐洲巴黎憲章》（Charter of Paris for a New Europe），正式結束冷戰。
	11月28日，柴契爾夫人辭去英國首相職務，由梅傑（John Major）出任首相。
	12月9日，波蘭團結工聯領袖華勒沙當選總統。
	12月24日，黎巴嫩內戰結束。
1991	1月17日，美英聯軍發起代號為「沙漠風暴」的軍事行動，自空中打擊占領科威特的伊拉克地面部隊。2月24日，多國部隊大舉進攻伊拉克，同月26日把伊拉克軍驅逐出科威特。28日伊拉克接受聯合國的決議案，波斯灣戰爭結束。
	3月18日，英國將直布羅陀軍事防務移交西班牙，結束兩國287年領土糾紛。
	3月26日，馬利（Mali）軍人杜爾（Amadou Toumani Toure）發動政變，推翻總統特拉奧雷（Moussa Traoré），改行多黨制。
	3月26日，阿根廷、巴西、巴拉圭及烏拉圭四國簽訂《亞松森條約》（Asunción Treaty），成立南方共同市場（又稱南錐共同市場）。
	4月9日，喬治亞共和國宣布脫離蘇聯獨立。

1991	5月21日，印度前總理拉吉夫·甘地在馬德拉斯市參加競選活動時遇刺身亡。

6月12日，葉爾欽當選俄羅斯總統。7月10日，葉爾欽成為俄羅斯聯邦首任總統。

6月25日，斯洛文尼亞和克羅埃西亞脫離南斯拉夫獨立，成立斯洛文尼亞共和國和克羅埃西亞共和國。兩國隨即與南斯拉夫爆發戰爭。

6月28日，經濟互助委員會解散。同年7月1日華沙條約組織於布拉格解散。

7月10日，葉爾欽宣誓就任俄羅斯共和國總統。

7月31日，美國與蘇聯簽訂《第一階段削減戰略武器條約》（START I, Strategic Arms Reduction Treaty），規定兩國各自削減戰略核武。

8月19日，蘇聯保守派發動「八一九政變」，幽禁戈巴契夫。俄羅斯總統葉爾欽領導人民反抗保守派。同月22日政變失敗。23日葉爾欽掌權，宣布剝奪共產黨之權力，全國各地掀起反共產黨運動。24日烏克蘭宣布脫離蘇聯獨立，成立烏克蘭政權。25日白俄羅斯宣布脫離蘇聯獨立，成立白俄羅斯（Belarus）政權。

8月20日，愛沙尼亞單方面宣布脫離蘇聯獨立，成立愛沙尼亞第二共和。同月21日，拉脫維亞亦單方面宣布脫離蘇聯獨立，成立拉脫維亞第二共和。

8月30日，亞塞拜然宣布脫離蘇聯獨立，成立亞塞拜然共和國。9月3日，納戈爾諾－卡拉巴赫（Nagorno-Karabakht）宣布脫離亞塞拜然獨立，成立納戈爾諾－卡拉巴赫亞美尼亞共和國（Armenian Republic of Nagorno-Karabakh）。

8月31日，吉爾吉斯斯坦（Kyrgyzstan）和烏茲別克宣布脫離蘇聯獨立，分別成立吉爾吉斯斯坦共和國和烏茲別克斯坦（Uzbekistan） |

1991	共和國。同年9月9日，塔吉克（Tadzikh）宣布脫離蘇聯獨立，成立塔吉克斯坦（Tajikistan）共和國。10月27日土庫曼宣布脫離蘇聯獨立，成立土庫曼斯坦（Turkmenistan）共和國。12月16日哈薩克斯坦（Kazakhstan）（前稱哈薩克）宣布脫離蘇聯獨立，成立哈薩克斯坦共和國。 9月14日，美國著名中國問題專家費正清（J.K. Fairbank）病逝，享年84歲。 9月18日，馬其頓脫離南斯拉夫獨立，成立馬其頓共和國。 9月23日，亞美尼亞脫離蘇聯獨立，成立亞美尼亞共和國。 10月15日，波士尼亞議會通過《主權問題備忘錄》，宣布波士尼亞將脫離南斯拉夫獨立，波士尼亞境內的塞爾維亞族人拒不承認此項文件，另組波士尼亞－赫塞哥維那塞爾維亞共和國，俗稱塞族邦（Srpska）。 10月19日，南斯拉夫塞爾維亞轄下之科索沃（Kosovo）自治省宣布脫離南斯拉夫獨立，成立科索沃共和國。 10月23日，柬埔寨各派在巴黎簽署《柬埔寨和平協定》。11月20日柬埔寨抵抗政府與人民革命黨政府共同組成全國最高委員會，為柬埔寨名義上之最高權力機關，但兩政府各自保有權力。西哈努克任全國最高委員會主席。 10月26日，南斯拉夫軍撤出斯洛文尼亞，斯洛文尼亞戰爭結束。 11月1日，杜達耶夫（Dudayev）領導的車臣人民全國大會單方面宣布俄羅斯轄下的車臣－印古什（Chechen-Ingush）自治共和國脫離俄羅斯獨立，成立車臣（Chechen）共和國。 12月，外聶斯特地區與摩爾多瓦政府軍爆發衝突。次年6月，外聶斯特地區的俄羅斯駐軍支持外聶斯特地區獨立運動，引致俄羅斯與摩爾多瓦關係惡化。7月21日，摩爾多瓦與俄羅斯達成協議，結束衝突，但外聶斯特地區繼續保持半獨立狀態。

1991	12月9日，第46屆歐洲共同體會議於荷蘭的馬斯垂克（Maastricht）舉行，經過兩天的辯論，最終通過並草簽《歐洲經濟與貨幣聯盟條約》（Treaty of European Monetary Union, EMU）和《政治聯盟條約》（Treaty of European Political Cooperation），兩約合稱《歐洲聯盟條約》（Treaty on European Union, TEU），又稱《馬斯垂克條約》（Maastricht Treaty），為歐洲共同體的政治聯盟和經濟與貨幣聯盟確立了目標與步驟，是歐洲聯盟成立的基礎。 12月13日，南北韓簽署歷史性的互不侵犯協定。 12月21日，蘇聯11個前加盟共和國在哈薩克斯坦首都阿拉木圖（Alamut）舉行高峰會議，正式成立獨立國協（CIS）。獨聯體僅為一國際組織，各成員國保留獨立國地位。至此俄羅斯實際脫離蘇聯獨立，成立俄羅斯政權。同月25日，蘇聯正式解體。27日俄羅斯取代蘇聯在聯合國的席位。
1992	1月18日，中國實際掌權者鄧小平視察深圳、上海等地，發表著名的「南巡談話」，為中國改革開放正式定調。 1月24日，中華人民共和國與以色列建立大使級外交關係。 2月7日，歐洲共同體12國外長和財政部長正式簽訂《貨幣聯盟條約》，確定各成員國結成經濟與貨幣聯盟，並確定次年1月1日各成員國組成歐洲統一大市場。 3月3日，波士尼亞－赫塞哥維納脫離南斯拉夫獨立，成立波士尼亞－赫塞哥維納共和國。同月27日，塞爾維亞族邦宣布脫離波士尼亞獨立，波士尼亞戰爭爆發，戰事直至1995年。7月4日，波士尼亞境內的克羅埃西亞族人亦脫離波士尼亞，成立赫塞哥－波斯那（Herceg-Bosna）政權。至此波士尼亞僅餘穆斯林族所占地區。 3月21日，俄羅斯轄下的韃靼斯坦（Tatarstan）加盟共和國單方面宣布脫離俄羅斯獨立，成立韃靼斯坦共和國 。 3月31日，俄羅斯聯邦政府與其轄下各加盟共和國在莫斯科簽訂

1992	《俄羅斯聯邦條約》（Teary of Russian Federation），確定聯邦政府與各共和國間的關係。

4月5日，祕魯總統藤森（Fujimori）發動自我政變，中止憲法，建立獨裁統治。

4月16日，阿富汗伊斯蘭政府攻陷喀布爾，推翻人民民主黨政府。但此後聖戰者伊斯蘭聯盟與伊斯蘭革命聯盟屢起衝突，內戰持續。

4月27日，英國工黨布斯洛（Betty Boothroyd）當選下議院第一位女性議長。

5月23日，黑手黨炸死反黑最力檢察官法爾柯尼（Giovanni Falcone）於西西里島。

6月，世界各國在巴西里約熱內盧（Rio de Janeiro）舉行聯合國環境與發展大會（俗稱第一次地球高峰會議），討論環境及可持續發展問題。

6月28日，義大利社會黨領袖阿馬托（Amato）繼任總理，基督教民主黨自此喪失主宰政壇的地位。

8月12日，北美洲三國簽訂《北美洲自由貿易協議》（North American Free Trade Agreement, NAFTA），規定三個會員國彼此必須遵守最惠國待遇及透明化原則，藉以消除貿易障礙。自由貿易區內的國家，貨物可以互相流通並減免關稅，但對貿易區以外的國家，則仍然維持原關稅及障礙。1994年1月1日正式組成北美洲自由貿易區。

8月24日，中華人民共和國與大韓民國建交。

8月27日，美國、英國和法國劃定伊拉克南部為禁飛區，禁止伊拉克飛機進入。

9月22日，聯合國中止南斯拉夫在聯合國的席位。

9月30日，美國歸還菲律賓蘇比克灣海軍基地，結束一個世紀在菲 |

1992	的駐軍。 12月9日，聯合國派遣以美軍為主的多國維持和平部隊進入索馬利亞，進行人道救援行動。1993年索馬利亞軍閥艾迪德（Muhammad Farah Aydid）與多國部隊爆發衝突。1995年3月2日多國部隊被迫從索馬利亞撤軍。
1993	1月1日，捷克和斯洛伐克分裂，分別成立捷克共和國和斯洛伐克共和國。 1月3日，美國與俄羅斯簽訂《第二階段削減戰略武器條約》，規定兩國於10年內銷毀三分之二的核彈頭。 1月13日，一百多個國家在巴黎簽署《禁止化學武器公約》（The Chemical Weapons Convention），規定全面禁止化學武器。1997年4月29日公約生效。 1月20日，柯林頓（William Jefferson Clinton）就任美國總統，執政期間重新提倡新自由主義理念。 1月31日，中國與寮國在萬象簽訂《邊界議定書》（The Boundary Agreement between China and Laos）。 2月1日，中美洲各國組成中美洲一體化體系，重新推行地區一體化進程。 2月6日，比利時實行聯邦制，將全國分為荷語區的佛拉芒（Flemish）、法語區的瓦隆（Walloon）和布魯塞爾三個地區。 2月25日，哈薩克與俄羅斯在阿拉木圖簽署邊界問題合作協議。 3月12日，北朝鮮宣布三個月後退出《不擴散核武器條約》，引發朝鮮核危機。次年10月21日美國與北朝鮮在日內瓦簽訂《框架協議》（Agreed Framework），規定北朝鮮凍結核計畫，美國則協助北朝鮮發展和平核能。但此後雙方因北朝鮮的核設施問題屢起衝突。 3月29日，法國右派在議會選舉中獲勝，總統密特朗任命保衛共和

1993	聯盟領袖巴拉杜（Balladur）為總理。法國出現第二次「左右共治」局面。 4月8日，馬其頓加入聯合國，因希臘反對其以馬其頓名義參加聯合國，遂以「馬其頓前南斯拉夫共和國」之名義加入。 4月27日，中國兩岸代表辜振甫與汪道涵在新加坡舉行會談，為兩岸自內戰分裂以來第一次由政府授權的民間團體對談，就民間性、經濟性、事務性、功能性的問題進行溝通。 5月24日，厄立特里亞在聯合國斡旋與監督下舉辦公民投票，以99.8%同意票宣布脫離衣索比亞而獨立。 6月14日，柬埔寨抵抗政府和人民革命黨政府各自解散，組成全國統一政府，全國最高委員會解散，第三次印度支那戰爭結束。施亞努任柬埔寨元首。7月2日奉辛比克黨與人民黨（前身為人民革命黨）組成聯合政府，兩黨首領拉那烈（Ranariddh）和韓森（Hun Sen）同時出任總理。9月21日拉那烈和韓森分別改任第一首相和第二首相。24日柬埔寨恢復君主制。 7月12日，越南與以色列建交。 8月9日，日本新黨領袖細川護熙當選首相，社會黨前委員長土井多賀子當選為眾議院議長，結束自由民主黨自1955年以來38年執政黨地位，由細川護熙組成7黨聯合內閣。 9月13日，以色列與巴勒斯坦解放組織在華盛頓簽訂《臨時自治安排原則宣言》（Declaration of Self-Determination），協議互相承認；以色列准許加薩和耶利哥（Jericho）兩地由巴勒斯坦人自治。美國總統柯林頓、巴解執委會主席阿拉法特、以色列總理拉賓（Yitzhak Rabin）等出席簽字儀式。基於此協議策劃出所謂「兩個國家解決方案」，即以、巴各自獨立建國，相互承認。但雙方在談及疆界、耶路撒冷歸屬、以國現有巴裔公民權益重點互不相讓。 9月21日，俄羅斯總統葉爾欽與議會內的保守派發生衝突，葉爾欽

1993	宣布解散議會，議會則宣布罷免葉爾欽。10月4日葉爾欽派軍攻入議會，逮捕保守派，史稱「俄羅斯十月事件」。12月12日俄羅斯通過新憲法，擴大總統權力。 9月24日，亞塞拜然成為獨立國協第十一個成員國。 10月1日，約旦哈桑親王（Hussein bin Talal）與以色列外長佩雷斯（Shimon Peres）在華盛頓白宮會晤，這是兩國45年以來最高級領導人首次公開會晤。 10月6日，巴勒斯坦領導人阿拉法特與以色列總理拉賓在開羅舉行正式會談，著重討論如何實施巴以協議。 11月1日，歐洲聯盟正式成立，簡稱歐盟（EU）。 12月3日，喬治亞正式加入獨立國協。 12月30日，以色列與梵蒂岡建交，結束猶太教與天主教將近兩千年以來的對立。
1994	1月，北大西洋公約組織推出和平伙伴關係計畫，決定吸納前蘇聯、東歐多國成為「和平伙伴國」，啟動北大西洋公約組織向東方擴張（簡稱「北約東擴」）的戰略。 1月1日，歐洲聯盟12國與歐洲自由貿易協會中之五國組成歐洲經濟區。 2月15日，韃靼斯坦簽署《俄羅斯聯邦條約》，撤銷獨立，重新成為俄羅斯的加盟共和國。 4月，南非舉行首屆多種族選舉。同月27日四個黑人家邦政權特蘭斯凱、博普塔茨瓦納、文達和川斯凱撤銷獨立，重新併歸南非。南非亦同時撤銷其餘六個黑人家邦。5月9日非洲人國民大會領袖曼德拉（Mandela）就任總統，為南非首任黑人總統。南非結束白人種族主義統治，實現黑人多數統治。 4月6日，盧安達總統哈比亞利馬納（Juvénal Habyarimana）和蒲隆

	地（Burundi）總統恩塔里亞米拉（Ntaryamire）因座機被襲身亡。此後兩國的胡圖族和圖西族爆發武裝衝突，盧安達內戰重起，超過100萬人喪生，是為盧安達種族大屠殺。同年7月4日盧安達愛國陣線攻陷首都基加利（Kigali），19日成立政府，內戰結束。 4月15日，世界貿易組織（WTO）宣布成立。 4月22日，美國前總統尼克森病逝。 5月6日，英法海底隧道通車，工程耗時7年而完工。 5月23日，赫爾措格（Roman Herzog）當選德國新總統，為德國自1990年10月3日重新統一後，由聯邦大會選舉產生的第一位德國聯邦總統。 5月31日，波士尼亞－赫塞哥維納共和國與赫塞哥－波斯那合併成立波士尼亞－赫塞哥維納聯邦，由兩族共同治理。 6月29日，日本社會黨與自由民主黨組成執政聯盟，並由社會黨領袖村山富市出任首相。但此後社會黨逐漸陷入分裂，其主要反對黨地位由其他右翼政黨取代，日本政壇遂為右翼壟斷。 7月5日，以色列准許巴勒斯坦在5年內於加薩和耶利哥設立巴勒斯坦人自治區。1995年12月25日巴勒斯坦自治區範圍將擴大至約旦河西岸全部地區。7月20日，以色列與約旦在美國白宮簽署聯合宣言，結束兩國長達26年的敵對交戰狀態。 7月8日，北朝鮮國家主席兼勞動黨總書記金日成逝世，其子金正日掌握勞動黨實際權力，形成「共產王朝」。 7月24日，加勒比國家聯盟成立。 8月31日，愛爾蘭共和軍宣布，放棄25年來的武裝暴力。 9月，中國與俄羅斯建立「建設性伙伴關係」。此後世界各大國和重要國家集團之間相繼建立各種類型的「伙伴關係」。

1994	9月19日，美國出兵海地，迫其軍政府下臺。10月10日海地獨裁者塞德拉斯（Raoul Cédras）被迫交出權力。10月12日前總統阿里斯蒂德（Jean-Bertrand Aristide）返國復任總統。 12月，俄羅斯發動第一次車臣戰爭，進攻車臣。
1995	1月1日，「世界貿易組織」（WTO）成立，推動經濟全球化。「歐洲安全與合作會議」改稱「歐洲安全和合作組織」。 5月17日，法國前總理席哈克就任總統，在位期間反對美國發動伊拉克戰爭，並致力在全球化中建立法國的影響力。 11月4日，以色列總理拉賓遇刺身亡。 12月14日，波士尼亞塞族邦與穆斯林－克羅埃西亞聯邦在巴黎簽訂代頓（Dayton）協議，協議兩國組成波士尼亞國家，但保留兩個政治實體。 12月21日，以色列部隊撤出伯利恆，結束對此基督教聖地28年占領。
1996	1月20日，巴勒斯坦民族權力機構正式成立，巴勒斯坦進行人選，阿拉法特當選主席。5月9日，阿拉法特組成自治政府內閣。 3月1日，25個亞洲和歐洲國家在曼谷舉行第一次亞歐高峰會議。 3月13日，第一次反恐怖主義高峰會議在開羅舉行。 3月20日，英國爆發狂牛症，造成歐、亞、非三洲眾多國家恐慌，並開始全面停止進口英國牛肉及相關產品，使英國農牧業大受打擊。2003年12月24日，美國華盛頓州爆發狂牛症疫情，澳洲、中國、巴西、日本等國宣布禁止進口美國牛肉。 4月21日，車臣總統杜達耶夫遇襲身亡。同年8月俄羅斯與車臣達成停火協議。11月俄羅斯軍撤出車臣，第一次車臣戰爭結束，但此後雙方衝突不斷。 4月26日，中國、俄羅斯、哈薩克斯坦、吉爾吉斯斯坦和塔吉克斯坦

1996	在中國上海簽署《關於在邊境地區加強軍事領域信任協定》，形成上海五國集團。2001年6月15日烏茲別克斯坦亦加入該協定，形成上海合作組織。 7月5日，世界首隻複製羊桃莉誕生。 7月19日，第26屆亞特蘭大奧運會揭幕，有197個國家或地區參加，創奧運百年首次無缺席紀錄。 8月6日，8個環北極國家舉行會議，討論建立北極理事會的事宜。次年正式成立北極理事會。 8月26日，英國查爾斯（Charles Philip Arthur George）王子與黛安娜（Diana）王妃離婚，結束15年婚姻。 9月10日，聯合國大會通過《全面禁止核試驗條約》（Comprehensive Nuclear Test Ban Treaty, CTBT），規定全面禁止進行核試驗。 9月27日，阿富汗神學士組織（俗稱「塔利班」〔Taliban〕），攻陷喀布爾，奪取政權，實行神權統治。前政府各派系逃奔邊區，抵抗塔利班政府，其後組成聯合伊斯蘭民族救國陣線（俗稱反塔利班同盟）。 10月5日，波士尼亞之穆斯林－克羅埃西亞聯邦與塞族邦聯合組成波士尼亞－赫塞哥維那政權，實行邦聯制，由塞爾維亞族、克羅埃西亞族和穆斯林族輪流擔任領導職位，兩個組成邦保留自主權。波士尼亞戰爭結束。
1997	2月6日，南太平洋委員會改稱太平洋共同體。 2月19日，中華人民共和國主要領導人鄧小平（1904～1997）逝世，他是改革開放與一國兩制的提議者。 3月5日，14個印度洋國家組成環印度洋地區合作協會。 4月2日，俄羅斯與白俄羅斯組成俄羅斯－白俄羅斯聯盟。

1997	5月1日，英國工黨在國會選舉獲勝，保守黨結束長達18年的執政。工黨領袖布萊爾（Anthony Charles Lynton Blair）繼任首相，執政期間提出以「第三條道路」實現社會民主主義。布萊爾是工黨歷史上在位最久的英國首相，也是該黨唯一一位帶領工黨連續3次贏得大選的首相，於2007年6月27日正式離任。 5月13日，俄羅斯總統葉爾辛與車臣領袖簽署和平協議。 6月3日，法國社會黨在議會選舉中獲勝，總統席哈克任命社會黨領袖喬斯潘（Jospin）為總理。法國第三次出現「左右共治」局面。 7月，泰國爆發金融危機，其後蔓延至東亞各國，導致各國經濟衰退，史稱「亞洲金融風暴」。 7月1日，英國將香港交還中國，香港成為中國轄下的特別行政區。 7月6日，柬埔寨第一首相拉那烈與第二首相韓森爭權，拉那烈失敗，被罷免。同月16日韓森擁立翁霍（Ung Huot）為第一首相，韓森掌握實權。1998年11月30日韓森繼任首相。 8月31日，英國黛安娜王妃與埃及男友多迪‧法耶德（Dodi Al-Fayed）在巴黎發生車禍，黛安娜送醫不治。 10月底～11月初，中國國家主席江澤民訪問美國。 11月3日，伊拉克宣布不允許美國專家在伊拉克進行武器核查，引發伊拉克武器核查危機。此後伊拉克與聯合國在核查問題上不斷發生衝突。1998年12月17日，美國和英國大舉空襲伊拉克。 12月，尼加拉瓜各支反政府游擊隊與政府達成和議，結束內戰。
1998	2月，科索沃與南斯拉夫發生衝突，科索沃戰爭爆發。 3月29日，美國核准男性威而鋼上市。 4月10日，英國、南愛爾蘭與北愛爾蘭各黨派簽訂《北愛爾蘭和平協議》（Northern Ireland Peace Process），規定北愛爾蘭之新教徒與

1998	公教徒共享權力。 4月15日，赤柬首領波布（Pol Pot）逝世，柬埔寨政府軍擊破赤柬主力。次年2月赤柬殘部歸附政府。 5月，印度尼西亞爆發民主運動，同月21日總統蘇哈托被迫下臺。此後印度尼西亞逐漸建立民主政制。 9月6日，日本電影界名導演黑澤明去世，享年88歲。
1999	1月1日，歐洲聯盟多個成員國結成貨幣聯盟，籌備使用統一貨幣歐元（Euro）。2002年1月1日歐元開始流通。 1月27日，美國參議院表決否決對柯林頓總統的彈劾案。 2月2日，委內瑞拉第五共和運動領袖查維茲（Chavez）繼任總統，打破民主行動黨和基督教社會黨輪流執政的局面，並展開反美運動。 3月12日，匈牙利、波蘭及捷克正式加入北約組織。 3月24日，以美國為首的北大西洋公約組織與塞爾維亞就科索沃主權問題爆發衝突，美國總統柯林頓開始對南斯拉夫施行空中攻擊，南斯拉夫聯盟的回應是大舉進軍科索沃，進行種族淨化政策。6月10日南斯拉夫被迫從科索沃撤軍。12日聯合國接管科索沃。2000年2月1日科索沃承認聯合國之管治，成為聯合國保護下的自治區域。 5月7日，美國B-2轟炸機擊中中華人民共和國駐南斯拉夫大使館，炸死3名中國記者，炸傷數十人，建築物嚴重毀損。 8月7日，車臣前總理巴薩耶夫（Basayev）發動起事，占據達吉斯坦的卡拉馬基（Karamakhi），建立達吉斯坦伊斯蘭共和國。同年9月俄羅斯敉平起事，並進攻車臣，第二次車臣戰爭爆發。2000年2月6日，俄羅斯軍攻陷車臣首都格羅茲尼（Grozny），車臣共和國亡。 8月30日，東帝汶舉行公民投票，通過脫離印度尼西亞獨立。同年爆

1999	發內亂，9月21日國際維和部隊進駐東帝汶。10月25日印度尼西亞將東帝汶交由聯合國管治。 10月20日，中國國家主席江澤民訪問英國。 10月26日，英國上議院通過終止貴族議席世襲特權，結束800年特權。 11月，世界貿易組織會議在美國西雅圖（Seattle）舉行，期間各地反全球化組織進行大規模示威活動，掀起反全球化運動高潮。 12月20日，中國從葡萄牙收回澳門，澳門成為中國轄下的特別行政區。 12月31日，巴拿馬從美國收回運河區。 12月31日，葉爾欽辭去俄羅斯總統職務，由普丁（Vladimir Vladimirovich Putin, 1952～）出任代總統。
2000	2月16日，德國聯邦總統拉奧（Johannes Rau）在以色列國會演說，為納粹屠殺猶太人罪行道歉。 3月21日，教宗若望保祿二世首次以天主教教宗身分出訪以色列。 5月20日，中華民國民主進步黨領袖陳水扁繼任總統，打破國民黨長期執政局面。 5月22日，以色列軍完全撤出黎巴嫩，南黎巴嫩軍解散。 9月，聯合國千禧年高峰會在紐約揭幕，通過「千禧年宣言」。 10月5日，南斯拉夫人民發動反政府活動。同月7日，總統米洛塞維奇（Milosevic）被迫下臺，科什圖尼察（Kostunica）繼任總統。 11月16日，美國總統柯林頓訪問越南，為首位訪問越南的在位美國總統。 12月7日，菲律賓參院通過彈劾總統艾斯特拉達（Joseph Ejercito

2000	Estrada），是亞洲首例。
2001	1月20日，小布希（George Walker Bush）當選美國總統，執政期間推行單邊主義，以圖建立美國在全世界的霸權地位。

4月1日，荷蘭同性戀婚姻合法生效，全球首例。

5月6日，教宗若望保祿二世造訪大馬士革清真寺，成為首位踏入伊斯蘭教殿堂的教宗。

5月30日，德國國會通過補償納粹奴工，約45億美元，120萬人適用。

5月31日，獨立國家聯合體關稅聯盟改組為歐亞經濟共同體。

6月1日，尼泊爾王子迪潘德拉（Dipendra）殺害國王比蘭德拉和多名王室成員後被槍擊昏迷，史稱「尼泊爾王室慘案」。尼泊爾宣布迪潘德拉繼為國王。同月4日迪潘德拉逝世，前國王賈倫德拉（Gyanendra）復位，在位期間恢復國王的政治權力，尼泊爾民主憲政受挫。

7月24日，保加利亞前皇帝科布爾戈茨基（Simeon Koburgotski, 前稱西米恩二世〔Simeon II〕）繼任總理，打破社會黨和民主力量聯盟輪流執政局面。

9月2日，人類心臟移植手術先驅南非醫生巴納德（Christian Neethling Bernard, 1922～2001）去世，享年78歲。

9月11日，賓拉登（Osama bin Laden）領導的恐怖組織蓋達（al-Qaeda），以阿富汗為基地，對美國世貿中心發動恐怖攻擊，是為「911恐怖攻擊事件」。10月7日美國發動「反恐怖主義戰爭」，開始空襲阿富汗，並聯合反塔利班同盟進攻阿富汗的塔利班政府。10月29日，日本國會通過《反恐特別措施法》，將「專守防衛」的自衛隊派往印度洋，支援由美國發起以反恐為名的阿富汗戰爭。11月13日，塔利班政府倒臺。11月17日反塔利班同盟建立政府。 |

2001	11月，中國在卡達（Qatar）首都多哈（Doha）簽署正式加入世界貿易組織（WTO）。 12月27日，美國正式宣布給予中國永久正常貿易關係地位。
2002	歐元正式使用流通，但英國、丹麥仍使用本國貨幣。 3月3日，瑞士公民投票，過半數贊成加入聯合國，正式告別「中立國」。 5月17日，德國國會通過《廢除國家社會主義法案》（Act of Abolition of National Socialism），撤銷納粹德國時代對同性戀者及德國國防軍逃兵的判罪。 5月20日，東帝汶正式獨立，重建東帝汶民主共和國。9月27日加入聯合國。 5月24日，俄羅斯總統普丁與美國總統布希在莫斯科簽署《俄美關於削減進攻性戰略力量條約》（Treaty on Strategic Offensive Reductions, SORT）和《俄美新戰略關係聯合宣言》（Joint Declaration on the New Strategic Relationship）。 7月9日，歷時39年的非洲統一組織改名「非洲聯盟」（African Union, AU）。由摩洛哥以外的53個非洲國家組成，總部設在衣索匹亞首都阿迪斯阿貝巴。 11月21日，北約19國領袖在布拉格決議邀請羅馬尼亞、保加利亞、斯洛伐克、斯洛維尼亞、愛沙尼亞、拉脫維亞和立陶宛等7個中、東歐國家加入北約，2004年正式成為北約成員。
2003	2月4日，南斯拉夫改組為邦聯式國家，並於2004年3月正式更改國名為「塞爾維亞與蒙特尼格羅」（Serbia and Montenegro）邦聯。 3月21日，美國和英國指伊拉克藏有大規模殺傷性武器，發動伊拉克戰爭，入侵伊拉克。4月9日聯軍攻陷巴格達，推翻伊拉克總統海珊，對伊拉克實行軍事統治。伊拉克各地出現抵抗運動。7月13日伊

2003	拉克成立管治委員會。 4月，非典型肺炎「嚴重急性呼吸道症候群」（Severe Acute Respiratory Syndrome, SARS）引發全球大恐慌。 4月30日，以美國為首的「國際四方調停集團」提出中東和平路線圖計畫，以永久解決以色列與巴勒斯坦之間的衝突。 9月24日，巴勒斯坦籍文學評論家薩伊德（Edward Said, 1935～2003）逝世，所著《東方主義》（Orientalism）深具影響力。他認為東方主義屬於西方建構下的產物，以便分隔東西差異，凸顯西方文化的優越性；而法國和英國面對殖民地時，使用此種思想形態會在政治上更具利用價值。 10月4日，25個歐洲國家領袖在羅馬集會，制定歐盟憲法草案。 10月23日，蔣宋美齡在美國紐約寓所逝世，享壽106歲。
2004	1月4日，美國國家航空暨太空總署（NASA）火星探測漫遊車「精神號」安全降落火星，邁入新紀元。 1月23日，歐洲火星探測船證實火星有冰水。 4月6日，立陶宛總統巴克薩斯遭國會彈劾，是歐洲首位遭彈劾下臺的民選總統。 6月28日，美國和英國占領軍將伊拉克政權移交給伊拉克政府，但此後伊拉克局勢仍未平靜。 9月17日，日本與墨西哥達成自由貿易協定。 10月13日，柬埔寨正式加入世界貿易組織。 10月29日，歐盟各國領袖簽署《歐盟憲法》（European Constitution），以建置一套施行於歐洲聯盟的憲法。次年5月，法國進行全民公決，否決歐盟憲法的提案，引發法國政局動盪，總理拉法蘭（Jean-Pierre Raffarin）辭職。2007年6月23日，歐盟各國領袖就

2004	替代《歐盟憲法條約》的新條約草案達成協議。 11月3日，美國總統大選，小布希連任。 11月，烏克蘭前總理尤申科（Yushchenko）指總理亞努科維奇（Yanukovych）在總統選舉中舞弊，發起反政府群眾運動，史稱「橙色革命」。同月議會宣布選舉無效。12月再次舉行總統選舉，尤申科獲勝。2005年1月23日尤申科繼任烏克蘭總統。 12月26日，印尼附近發生九級大地震引發南亞海嘯，造成15萬人罹難，百萬人無家可歸，經濟損失高達百億美元。
2005	2月14日，黎巴嫩前總理哈里里（al-Hariri）被暗殺。同月21日，黎巴嫩爆發大規模反敘利亞群眾運動，要求敘利亞軍撤出黎巴嫩。4月26日，敘利亞遵照聯合國決議，自黎巴嫩撤出所有軍隊，史稱「雪松革命」，至此黎巴嫩境內的外國軍隊全部撤出，結束29年的直接干預。 4月2日，教宗若望保祿二世逝世。同月24日，新任教宗本篤十六世（Benedictus XVI）在梵蒂岡聖伯多祿廣場就職。 7月7日，倫敦發生連環爆炸事件，造成50人死亡，約700人受傷。時值英國全國歡慶申請奧運成功之時，也是八國高峰會議期間，引發世界關注。 9月10日，李安導演的《斷背山》在威尼斯影展奪得金獅獎。 10～11月，兩名北非裔法國人在一所變電站觸電身亡，法國當局否認兩人當時正被警方追捕，引發以移民為主的貧困社區發生騷亂。動盪局勢升高，並擴張至其他城市。政府採取緊急措施，穩定秩序。 12月23日，南韓被譽為複製研究先驅的黃禹錫教授因捏造幹細胞研究論文而辭職。
2006	4月4日，法國巴黎與其他城市的200萬名青年因不滿《新青年勞工

2006	法案》的內容，群起抗議。由於抗爭持續不斷致成為全國性運動，因此法案遭到廢止。 4月4日，泰國總理塔克欣（Thaksin）正式宣布，為恢復國家團結將不再出任下屆政府的總理，實則因其家族售股案及貪汙問題引起民怨。 6月3日，蒙特尼格羅宣布獨立。同月5日，塞爾維亞和蒙特尼格羅正式解體，塞爾維亞亦成為獨立國家。 12月30日，伊拉克前總統海珊於巴格達被處絞刑。
2007	1月12日，俄羅斯和白俄羅斯間終於打破僵局達成協議，白俄羅斯自2007年起支付給俄羅斯天然氣價格將倍增，由於俄羅斯天然氣20%是經白俄羅斯輸往歐洲，因此化解了白俄羅斯與歐洲的天然氣供應中斷危機。 2月，不丹結束對印度之附庸國地位。 3月4日，象牙海岸政府與新生力量達成和議，結束內戰。 3月16日，中國大陸通過保障私產的《物權法》。 4月5日，俄羅斯東正教會與流亡教會舉行統一儀式，結束80年分裂。 4月23日，前俄羅斯總統葉爾欽（1931～2007）逝世。 5月16日，曾任人民運動聯盟主席的沙科奇（Nicolas Paul Stéphane Sarközy de Nagy-Bocsa）當選法國第五共和國第六任總統，為法國共和體制以來第23任總統。 5月18日，臺灣與薩爾瓦多、宏都拉斯完成簽署三邊自由貿易協定。 6月27日，英國工黨領袖布朗（James Gordon Brown）接替布萊爾，就任首相。

2007	8月15日,緬甸爆發反政府群眾運動,其後大批僧侶加入示威行列,史稱「番紅花革命」。9月27日,緬甸政府開始鎮壓反政府運動。

9月6日,義大利著名男高音,有「上帝親吻過的嗓子」美譽的帕華洛帝 (Luciano Pavarotti, 1935～2007) 逝世,享年71歲。

9月25日,日本前內閣總理大臣福田赳夫長子福田康夫出任內閣總理大臣,成為日本歷史上首對「父子首相」。

10月2日,南韓總統盧武鉉步行穿越北緯38度線進入北韓領土,展開為期3天的南北韓高峰會,成為首位以陸路方式踏上北韓領土的南韓總統。

11月13日,法國鐵路工人開始全國無限期大罷工,以抗議總統沙科奇的退休金改革政策,法國交通陷入癱瘓。

12月3日,澳洲工黨領導人陸克文 (Kevin Michael Rudd) 在坎培拉宣誓就任澳洲總理,隨後以總理身分簽署《京都議定書》(Kyoto Protocol)。

12月10日,克里斯蒂娜 (Cristina Elisabet Fernández de Kirchner) 於阿根廷議會宣誓就職,接任其夫成為阿根廷歷史上首位民選女總統。

12月13日,歐盟27國簽署「里斯本條約」取代歐盟憲章,重振決策制度。

12月19日,2007年韓國總統選舉,大國家黨李明博成為新任總統。

12月27日,巴基斯坦前總理、反對派領袖班娜姬‧布托 (Benazir Bhutto) 遇刺身亡,巴基斯坦全國陷入動盪不安。 |
| 2008 | 2月17日,科索沃再次單方面宣布獨立。

3月2日,俄羅斯舉行第四次民選總統選舉,由梅德維傑夫當選。

3月25日,不丹結束一個世紀的王室統治,完成首次民主選舉,轉型 |

	成為君主立憲國家。4月9日，不丹出現首屆政黨內閣。
	5月12日，中國四川省汶川縣發生8級大地震，造成四川、甘肅、陝西等省經濟損失約8,451億元人民幣。
	5月23日，南美洲各國成立南美洲國家聯盟，以促進區域合作。
	5月28日，尼泊爾正式廢除君主制。
	6月1日，法國時裝設計師聖羅蘭（Yves Saint Laurent, 1936～2008）去世，他在1966年將男裝概念移轉到女裝，有如發動時尚界的「文革」。
2008	6月，歐巴馬（Barack Hussein Obama, 1961～）成為美國歷史上首位被主要政黨提名的非洲裔總統候選人，並於11月4日當選美國第44任總統。
	8月8～24日，第29屆奧林匹克運動會於中國北京舉辦，稱作北京奧運會。
	8月31日，古斯塔夫颶風侵襲美國，紐奧良地區撤離約200萬人。
	9月14日，美國次級貸款引發金融危機，史稱「金融海嘯」，引發全球經濟危機。
	9月15日，在美國財政部、美國銀行及英國巴克萊銀行相繼放棄收購談判後，雷曼兄弟公司宣布申請破產保護，負債達6,130億美元，創下美國史上最大金額的破產案。
	9月26日，土庫曼斯坦結束一黨專政。
	11月11日，馬爾地夫總統大選，在位近30年的獨裁總統加堯姆下臺，馬爾地夫開始實行民主政治。
	11月，孟買發生連環恐怖攻擊事件，造成174人死亡。
	12月24日，歷史學家亨廷頓（Samuel Phillips Huntington, 1927～2008）逝世，著有《文明的衝突與世界秩序的重建》。

2009	1月20日，美國新任總統歐巴馬就職，成為美國首位非洲裔總統。10月9日，獲得諾貝爾和平獎。 5月23日，南韓前總統盧武鉉（1946～2009）跳崖身亡。 6月，法國航空班機失事墜毀，機上人員全數罹難，為法國航空成立以來傷亡最慘重的空難。 6月16日，巴西、俄羅斯、印度和中國等四個高速發展的新興經濟，俗稱「金磚四國」，舉行首屆高峰會議，奠定四國經濟合作的基礎。 6月25日，流行音樂天王麥克·傑克森（Michael Joseph Jackson, 1958～2009）逝世。生前為金氏世界紀錄中的「人類史上最成功藝人」，曾發起多項慈善活動和基金會，並多次受到西方大國政府首領的召見，為美國乃至西方國家1980～1990年代流行文化的代表人物。 8月1日，菲律賓首位女總統艾奎諾夫人（1933～2009）逝世。 8月18日，南韓前總統金大中（1924～2009）逝世。任內致力改革韓國的經濟體制，使韓國成功的完成企業民營化和產業結構轉型。曾於2000年成功進行南北韓雙邊會談，並於同年榮獲諾貝爾和平獎。 12月16日，波音787夢幻客機首次試航成功。
2010	1月12日，海地發生7級地震，海地首都太子港內的總統府、國會大廈與諸多重要建築均倒塌。 1月27日，3D科幻電影《阿凡達》以18.5億美元取代《鐵達尼號》成為史上最賣座電影。 2月，冬季奧運會於加拿大溫哥華舉行，加拿大成為歷屆冬季奧運中取得最多金牌的國家。2014年冬季奧運將在俄羅斯舉行。 2月27日，智利發生芮氏規模8.8的強震，造成七百餘人死亡。

2010	3月20日和4月14日，冰島南部的艾雅法拉火山兩次爆發，釋放出大量的火山灰，對全球航空以及氣候等方面造成重大影響。

3月23日，美國國會通過總統歐巴馬力推的「健保法案」。

3月26日，南韓「天安艦」因不明原因爆炸，在黃海水域沉沒，46人死亡。

3月29日，莫斯科地鐵發生爆炸，造成數十人死亡。主犯是兩名女炸彈客，當局研判炸彈客來自北高加索地區。

4月7日，中亞國家吉爾吉斯爆發大規模反政府示威活動，上萬名反對派人士包圍總統府，要求總統巴基耶夫（Kurmanbek Bakiyev）下臺。

4月9日，波蘭總統卡臣斯基在俄羅斯墜機身亡。

4月11日，泰國曼谷紅衫軍引發近20年最嚴重動亂，紅衫軍分子都是遭罷黜的前總理戴克辛的支持者。

5月1日～10月31日，在中國上海舉辦第41屆世界博覽會。這是中國首次舉辦的綜合性世界博覽會，主題是「城市，讓生活更美好」（Better City, Better Life），共有256個國家、地區及國際組織參展，吸引世界各地7,308萬人次參觀，為世界博覽會史上規模最大的一次。

5月11日，英國保守黨和自民黨組成聯合政府，保守黨黨魁卡麥隆（David William Donald Cameron, 1966～）成為英國近兩百年來最年輕的首相。

6月，美國宣布逮捕11名俄國特工。

6月11日～7月11日，南非舉辦世界盃足球賽，西班牙獲冠軍，荷蘭居次。2014年將由巴西舉辦。

7月11日，臺灣旅美職棒投手郭泓志成為首位入選美國大聯盟明星賽選手。 |

2010	8月23日，一名遭革職的菲律賓警官在馬尼拉挾持香港遊客，造成8位人質死亡。

8月31日，美國總統歐巴馬宣布，在伊拉克長達7年的戰鬥任務已結束。

9月16日，教宗本篤十六世赴英國進行國事訪問，是自1534年英王亨利八世與羅馬教會決裂後，首位進行國事訪問的教宗。1982年，當時教宗若望保祿二世曾以非國事訪問赴英。

9月19日，臺灣TVBS兩名攝影記者在印度德里賈馬清真寺（Jama Masjid）遭「印度聖戰士」（Indian Mujahideen））開槍受傷。

10月4日，英國劍橋大學名譽教授愛德華茲（Robert Edwards）獲諾貝爾醫學獎，他被世人稱為「試管嬰兒之父」。

10月10日荷屬安地列斯解體，庫臘索（Curacao）和聖馬丁（St. Maarten）成為尼德蘭的自治邦，博內爾島、薩巴島和聖尤斯特歇斯島成為尼德蘭的特別市。

澳洲東北部自12月開始，因熱帶氣旋帶來的大雨引發洪水，造成澳洲50年來最嚴重洪災。昆士蘭州共22個城鎮被淹，20萬人受水患影響。

12月4日，瓦塔拉（Outtara）當選象牙海岸總統，現任總統巴博（Gbagbo）拒絕承認結果，引發政治危機。2011年3月28日瓦塔拉與新生力量聯合組成共和力量，起事反對巴博，第二次象牙海岸內戰爆發。

12月18日，突尼西亞爆發反政府運動。2011年1月14日總統本·阿里（Zine al-Abidine Ben Ali）出走，稱為「茉莉花革命」。 |
| 2011 | 1月14日，茉莉花革命成功，迫使突尼西亞總統本·阿里流亡國外。

1月25日，埃及爆發反政府運動。2月10日總統穆巴拉克宣布交權，11日被迫辭職，結束其30年的獨裁統治，史稱「尼羅河革命」。 |

2011	2月15日，利比亞爆發反政府運動，被政府軍殘暴鎮壓，反政府運動迅速演變為起事，史稱「利比亞起事」。同年3月5日，起事軍在班加西（Benghazi）組成過渡國家委員會。 2月21日，紐西蘭基督城發生芮氏規模6.3強震。此次地震震級大、震源淺，且震央位於市中心，對當地造成巨大破壞。 3月11日，日本東北地區發生芮氏規模9.0大地震，引發海嘯，福島縣、宮城縣及岩手縣成為重災區。 3月19日，法國、英國和美國展開對利比亞格達費政權發動軍事行動，並設置利比亞禁飛區 。 3月23日，好萊塢女星伊麗莎白‧泰勒（Elizabeth Rosemond Taylor, 1932～2011）逝世，享年79歲。 4月11日，前象牙海岸總統巴博被瓦塔拉支持者逮捕，結束象牙海岸政府危機及第二次象牙海岸內戰。 4月14日，巴西、俄羅斯、印度、中國和南非舉行高峰會議，「金磚四國」遂擴大為「金磚五國」。 4月29日，英國威廉王子（Prince William, Duke of Cambridge，1982～）舉行世紀婚禮，全球計20億人觀看。 5月2日，基地組織領袖賓拉登在巴基斯坦被美軍擊斃。 5月16日，國際貨幣基金（IMF）總裁史特勞斯卡恩（Dominique Strauss- Kahn）涉嫌在紐約意圖性侵女服務生被逮捕。 6月16日，蓋達組織聲明，在賓拉登被美國狙殺後，薩瓦里為新任首腦。 6月24日，美國紐約州核准同性戀婚姻，另有5州已經讓同性戀婚姻合法的是康乃狄克州、愛荷華州、麻州、新罕布夏州、佛蒙特州，大部分是自由風氣較盛的新英格蘭地區。

	7月16日，媒體大亨梅鐸（Rupert Murdoch）經營的《世界新聞報》（News of the World），因涉非法竊聽醜聞，引發英國輿論撻伐。英國政府宣布將針對竊聽醜聞展開公開調查，並調查警方是否遭到世界新聞報收買，同時追查媒體大亨與政治人物之間的關係。
	7月16日，奧匈帝國末代王儲奧圖·馮·哈布斯堡（Otto von Habsburg）的遺體歸葬維也納，其心臟按傳統下葬於匈牙利的帕農哈馬本篤會修道院。
	7月22日，挪威首都奧斯陸的政府總部大樓附近發生爆炸案。一個多小時後，執政黨工黨在奧斯陸附近離島舉行的青年營發生槍擊屠殺事件，造成七十餘人死亡。此次事件是挪威自二次世界大戰以來所遭受的最大規模暴力犯罪，也是2004年馬德里爆炸案以來，西歐傷亡最慘重的攻擊事件。
2011	7月24日，中國浙江溫州發生高速列車追撞事件，造成慘重傷亡，震驚國際。
	8月6日，英國一名黑人幫派毒販遭警方射殺，其親友率眾在警局前抗議，結果引發倫敦暴動，數日內騷亂擴大至伯明罕、利物浦、諾丁漢等城市，暴民趁火打劫，為英國數十年來最嚴重的暴亂。
	10月5日，蘋果公司共同創辦人賈伯斯（Steven Paul Jobs, 1955～2011）逝世，得年56歲。他澈底改變人類使用電腦和玩手機習慣。
	10月9日，「占領華爾街」活動參與者從紐約金融區穿越華盛頓廣場公園和平遊行。
	10月20日，利比亞強人格達費（Muammar Muhammad Abu Minyar al-Gaddafi, 1942 ～2011），在家鄉錫爾特（Sirte）遭臨時政府部隊擊斃。
	10月23日，土耳其南部強震7.2級，造成270人死亡。
	10月28日，大英國協高峰會無異議通過修改王位繼承法，英國君王

	的子女享有平等的王位繼承權，英國國王不得與天主教徒結婚禁令也遭到廢除。
	11月16日，希臘總理巴本德里歐（Georgios Papandreou, 1952～）因歐債危機辭職，接著義大利總理貝魯斯柯尼（Silvio Berlusconi, 1936～）也因相同問題辭職。16日，由蒙蒂（Mario Monti, 1943～）組閣，而希臘也在同日由新任總理巴帕德莫斯（Lucas Demetrios Papademos, 1947～）通過信任投票。
	11月16日，比利時已連續500餘天由看守內閣主政，南部法語區與北部荷語區的鴻溝日益擴大。
	11月20日，西班牙在野人民黨在國會大選中大勝，可望組成穩定政府，這是歐債危機以來，繼愛爾蘭、葡萄牙、希臘、義大利之後，當年歐洲第5個變天國家。
2011	11月23日，葉門總統沙雷（Ali Abdullah Saleh, 1942～）在沙烏地首都利亞德（Riyadh）同意下臺。
	11月30日，美國國務卿希拉蕊（Hillary Diane Rodham Clinton, 1947～）訪問緬甸，是半世紀來首位訪問緬甸的國務卿。
	12月16日，俄國經過18年的協商，終於正式成為世界貿易組織（WTO）成員。
	12月17日，北韓領導人金正日猝逝，直到19日北韓才正式對外發布訊息。
	12月18日，捷克首任總統哈維（Václav Havel, 1936～2011）病逝，享年75歲。他在1989年發動和平的「絲絨（天鵝絨）革命」，推翻共黨40年統治。1993年，他讓捷克與斯洛伐克和平分成兩國，擔任捷克總統至2003年，其名言「文學高於政治，人權高於主權」。
	12月18日，美國正式宣布結束9年的伊拉克戰爭。
2012	1月23日，歐洲聯盟正式通過禁運伊朗石油，以抗議伊朗在濃縮鈾

2012	上的進展，伊朗也暫停石油出口至英國及法國。

2月25日，「阿拉伯之春」持續發展，葉門反政府示威後，葉門總統薩利赫（Ali Abdullah Saleh）下臺。

3月13日，《大英百科全書》自首次出版244年後停止印製，象徵平面印刷的式微。

3月22日，法國連環命案主角，阿爾及利亞出生的法國北非裔男子梅拉（Mohammed Merah, 1988～2012）伏法。19日，他曾在土魯斯猶太學校屠殺教師及3名學童，並槍殺3名法國軍人。法國每年都發生數百起反猶太事件，其中大多是阿拉伯移民所為。

4月1日，緬甸舉行國會補選，反對派全國民主聯盟取得45席中的43席，翁山蘇姬進入國會。4月2日，她所領導的「全國民主聯盟」在國會補選大獲全勝，國家可望解除或放寬對緬甸的經濟制裁。

4月11日，朝鮮勞動黨舉行第四次代表會議，任命金正恩為朝鮮勞動黨第一書記，同時推舉已故領導人金正日為「永遠的總書記」。

5月6日，法國社會黨領袖歐蘭德（François Gérard Georges Nicolas Hollande, 1954～）贏得法國總統大選。

5月9日，有「髮型創始人」之譽的髮型名師沙宣（Vidal Sassoon, 1928～2012）因血癌病逝於洛杉磯，享壽84歲。

5月12日，2012年世界博覽會於韓國麗水市開幕，前　屆世博會於上海舉辦。

6月16日，緬甸反對勢力領袖，民主人權鬥士翁山蘇姬在挪威領取21年前的諾貝爾和平獎（1991）。

6月24日，埃及穆斯林兄弟會總統候選人穆希（Mohamed Morsi, 1951～）當選埃及總統，他強調埃及不會成為神權國家。前總統穆巴拉克（Muhammad Hosni El Sayed Mubarak）在6月2日被判終身監禁。 |

2012	7月20日，美國科羅拉多州奧羅拉市的「十六世紀」戲院內正放映《黑暗騎士：黎明崛起》，凶手賀姆斯模仿劇中反派角色「小丑」，犯下12死58傷的慘劇。 8月5日，美國航空暨太空總署（NASA）的火星探測車「好奇號」成功登陸火星。「好奇號」展開為期至少2年的任務，尋找能解開火星是否有生命之謎的證據。 8月26日，美國第一位登陸月球太空人阿姆斯壯病逝，享年82歲。 9月，美國聯邦準備理事會（Federal Reserve）啟動量化寬鬆（Quantitative Easing, QE），對市場注入巨額資金，目的在壓低利率、鼓勵投資高風險資產，進而刺激資金借貸、支出、投資、成長與就業。 9月3日，以大規模集團而聞名全球的南韓統一教教主文鮮明，病逝於韓國首爾，享年92歲。他生前最有名的資產就是擁有《華盛頓時報》及合眾國際社。 9月11日，美國駐利比亞大使史蒂文斯（John Christopher Stevens, 1960～2012）於反美暴民攻擊位於班加西（Benghazi）的領事館時喪生。事件源起於網路流傳的電影《穆斯林的無知》（Innocence of Muslims），嘲笑穆罕默德是戀童癖、同性戀，並指穆罕默德有妻子以外的情人。 9月19日，美國總統歐巴馬在白宮會見緬甸民主領袖翁山蘇姬，美國政府也同時宣布解除對緬甸總統登盛與國會議長瑞曼的制裁。美國財政部在19日把緬甸上述兩位政治領袖從「指定制裁名單中」（Specially Designated Nationals List）剔除。該名單是專為制裁涉及恐怖主義、毒品或其他犯罪的個人與公司而設立。 9月25日，美國老牌歌手安迪‧威廉斯（Howard Andrew Williams, 1927～2012）病逝密蘇里州家中，享年84歲。最知名的歌曲是曾贏得奧斯卡最佳歌曲獎的〈月河〉（Moon River），也是1961年電影《第凡內早餐》（Breakfast at Tiffany's）主題曲。

2012	10月30日，美國怪風珊蒂吹襲美國東岸，華爾街股市休市第二天，損失估計300～400億美元。但不如7年前卡崔娜颶風損失慘重。 11月8日，歐巴馬連任美國總統。 11月19日，美國總統歐巴馬抵緬甸訪問6小時，先會總統登盛，再探翁山蘇姬，最後在民主聖地仰光大學演講。也首度使用「Myanmar」稱呼緬甸，而不用異議人士及美國偏好的「Burma」。1988年學運時代，當時仰光理工大學開始罷工，8月8日估計50萬人上街頭，導致軍警射殺群眾。甫從英國返回的翁山蘇姬加入民運，並在仰光地標大金寺向約50萬群眾演講。 11月15日，中共18屆一中全會選出新一屆中共中央政治局常委，習近平接替胡錦濤，當選中共中央總書記和中共中央軍委主席。 12月1日，巴勒斯坦在聯合國大會通過升格，使其從「觀察員」升格為「非會員觀察國」，以色列則批准在東耶路撒冷及約旦河西岸占領區興建3,000棟房屋申請，以作為反制。 12月15日，美國康乃狄克州新鎮小學槍擊案造成28人死亡，凶手是自閉的20歲資優生，他在行凶前槍殺自己母親。 12月17日，日本眾議院選舉，自民黨獲壓倒性勝利，安倍晉三將再度組閣。他是吉田茂之後，64年來第一位回鍋的首相。 12月19日，南韓朴槿惠當選總統，她是前軍事強人朴正熙的女兒，成為南韓第一位女總統。 12月31日，《京都議定書》原定失效，經多哈聯合國氣候變化大會同意延長至2020年。
2013	1月2日，美國總統歐巴馬在聯邦參眾兩院通過參議院版本預算法案後簽署生效，使美國暫時從「財政懸崖」中擺脫經濟衰退。 2月24日，第85屆奧斯卡金像獎中，李安的《少年PI的奇幻漂流》奪下最佳攝影、最佳視覺效果、最佳原創配樂等3項獎項；李安亦奪

		下最佳導演獎。
		2月25日，南韓女總統朴槿惠正式宣誓就職，入主青瓦臺。
		2月28日，在位8年的教宗本篤十六世退位，是600年來首位在世時退位的教宗。
		3月13日，梵蒂岡選出來自阿根廷的樞機主教伯格里奧（Jorge Mario Bergoglio）為新任教宗，取名方濟各（Franciscus），是首位來自美洲、拉丁美洲國家阿根廷、南半球與耶穌會的教宗，也是繼格利葛雷三世後，1200年來首位非歐洲出身的教宗。
		4月8日，英國前首相柴契爾夫人中風去世，享年87歲。17日，兩千多位政要出席葬禮。其遺體下葬於倫敦聖保羅大教堂。
		4月15日，美國波士頓發生爆炸案，凶嫌為車臣裔的美國兄弟檔，爆炸案造成3人死亡。
	2013	4月25日，延宕兩個月的義大利總理人選落定，由中間偏左政治領袖雷塔（Enrico Letta, 1966～）獲得總統波里塔諾（Giorgio Napolitano, 1925～）授權，籌組新政府。在22日宣誓第二任就職的總統曾譴責義大利諸多失敗都歸咎於國會議員是改革的絆腳石。
		4月30日，荷蘭女王碧翠絲（Beatrix Wilhelmina Armgard, 1938～）宣布退位，由亞歷山大（Willem-Alexander Claus George Ferdinand, 1967～）接任，成為荷蘭1890年以來的首位男性君主。
		5月20日，美國中央情報局僱員史諾登（Edward Snowden）在自己上班的夏威夷美國國家安全局（NSA）辦公室，複製打算公開的文件後飛抵香港，準備在美麗華酒店房間內向英國《衛報》記者揭發美國政府大規模監控民眾通訊。
		5月22日，英國下議院通過同性婚姻法案。
		7月3日，比利時國王艾伯特二世（Albert II, 1934～）宣布，將在本月21日比利時國慶日當天退位，由菲立普（Filip Leopold Lodewijk

	Maria, 1960～) 繼任。6月25日，61歲的卡達國王也宣布退位。
	7月，埃及總統穆希遭軍事政變推翻。7月27日，埃及軍方血腥鎮壓反對者，向穆希支持者集會地點近距離開槍，穆斯林兄弟會控訴軍警瞄準民眾頭胸開槍，不為傷人而是殺無赦。
	10月28日，中國首都北京天安門廣場發生自殺式恐怖襲擊，一輛吉普車突然衝進天安門城樓前的行人區，橫掃人群後，再撞向華表，隨即起火爆炸，事件造成5死38傷，其中肇事車內發動襲擊的3名新疆維吾爾族人死亡，另有2名遊客被撞死。
2013	11月24日，美國、英國、法國、俄羅斯、中國和德國外交官與伊朗代表，在瑞士日內瓦舉行的伊朗核問題談判，達成第一階段初步協議。伊朗同意，停止提煉濃度5%以上的濃縮鈾，不會興建加工設施，即無法從廢棄燃料中分離出鈽，六國將提供有限度及臨時的援助，包括解凍伊朗42億美元的外匯及資產、石油收益、貴金屬、石化產品和飛機零件的貿易限制。
	12月23日，設計AK47步槍的前蘇聯紅軍中將卡拉希尼科夫（Mikhail Timofeyevich Kalashnikov, 1919～2013）病逝，享年94歲。
	12月24日，英女王同意特赦1950年代因同性戀遭定罪而自殺身亡的二戰破解德軍密碼的數學家圖靈。英國同性戀直到1967年才除罪化。
2014	1月22～25日，2014年冬季達沃斯論壇於瑞士召開，「重塑世界格局對政治、商業和社會的影響」為本屆年會主題。
	2月1日，西非伊波拉病毒疫情開始爆發於西非，最初始於幾內亞，隨後蔓延至獅子山、賴比瑞亞、奈及利亞、塞內加爾及馬利，之後更跨海蔓延到美國與西班牙，連印度也出現首例伊波拉陽性但無發病的患者。
	2月11日，中國國務院臺灣事務辦公室主任張志軍與臺灣大陸委員

2014	會主委王郁琦在南京首次會面,是臺灣首任登陸的陸委會主委。 3月7日,俄羅斯宣布與烏克蘭斷絕外交關係。 3月8日,馬來西亞航空由吉隆坡前往北京的MH370號班機失蹤,機上共載有239人,大部分乘客為中國公民。 3月17日,克里米亞議會宣布脫離烏克蘭獨立,並申請加入俄羅斯。18日,烏克蘭親俄羅斯派爆發武裝衝突,俄羅斯派遣25萬海軍陸戰隊士兵占領烏克蘭領土克里米亞共和國,並將烏克蘭克里米亞州併入俄羅斯。 3月27日,第68屆聯合國大會投票通過有關烏克蘭問題決議,申明其對烏克蘭在其國際公認邊界內的主權、獨立和領土完整的承諾,認定克里米亞自治共和國和塞瓦斯托波爾市舉行的全民公投「無效」,中國在投票中投棄權票。 4月1日,日本內閣會議通過「防衛裝備轉移三原則」取代過去的「武器出口三原則」,放寬向外輸出日本武器裝備和軍事技術的條件。 4月16日,韓國一艘載有470餘名乘客的「世越號」客輪在韓國西南海域發生浸水沉沒,事故造成近300名乘客遇難。 5月13～16日,越南南部平陽省、西寧省和胡志明市發生排華打砸搶燒暴亂,多家臺資、中資、日資、韓資和歐洲企業被越南暴民打砸、搶劫或燒毀。 5月20～21日,亞洲相互協作與信任措施會議第四次峰會在上海世博中心舉行,中方正式接任2014～2016年亞信主席國,也是中國首次擔任亞信主席國。 7月15日,金磚五國第六次峰會在巴西宣布成立新開發銀行,該行啟動資本為500億美元,總部位於上海,2016年將開始運營。 7月29日,中共對前中央政治局常委周永康正式展開審查,成為自改革開放以來因貪腐問題被調查的最高層官員。

2014	9月28日，凌晨1時38分，香港「和平占中」發起人——香港大學副教授戴耀廷宣布啟動香港和平占中運動，遭警方以87枚催淚彈鎮壓，最終演變成「雨傘革命」，持續78天，至12月15日以警察清場結束。 10月30日，美國聯邦準備理事會結束量化寬鬆政策。 12月31日，2014年上海外灘踩踏事故，該事故共造成36死49傷，是重大傷亡和嚴重後果的公共安全責任事件。
2015	1月1日，歐亞經濟聯盟正式生效，創造俄羅斯、白俄羅斯、亞美尼亞、哈薩克斯坦和吉爾吉斯斯坦之間的政治和經濟聯盟。 1月2日，立陶宛正式從本年開始使用歐元，成為歐盟第19個會員國。 1月7日，法國巴黎發生《查理周刊》總部槍擊案，《查理周刊》因經常諷刺伊斯蘭教創始人穆罕默德而受到矚目，兩名身穿「聖戰」服裝的蒙面男子發動襲擊，高喊「Allahu Akbar」（真主至大）向平民百姓和警方射擊，導致12死11傷。 3月23日，新加坡建國之父，首任新加坡總理，人民行動黨首任祕書長李光耀逝世。 4月25日，尼泊爾首都加德滿都西北80公里於當地中午12時11分發生強烈地震，震級為芮氏7.8級，震源深度約20公里，之後再有多次餘震，釀成尼泊爾境內8,673死21,952傷。 5月2日，英國皇室夏綠蒂・伊麗莎白・黛安娜公主出生。 5月20日，韓國爆發第一起中東呼吸綜合症疫情。 6月1日，中國發生共產黨執政以來最嚴重船難，郵輪「東方之星號」駛至湖北省荊州市監利縣長江水域時，疑遇上高達12級風力的水龍捲引致翻側沉沒，釀成442死12人獲救生還。 6月26日，美國總統歐巴馬宣布，美國最高法院以5：4比數裁定同性

2015	婚姻在全美合法。 7月5日，希臘舉行紓困公投，議題設定為「我們應接受歐盟、歐洲央行與國際貨幣基金於6月25日歐元集團會議中提出的紓困協議草案嗎？」，公投結果的正反比例相當懸殊：反對者占61.1%，贊成者僅有38.69%。 7月20日，美國與古巴在斷交54年後正式恢復邦交，在兩國首都華盛頓與哈瓦那，代表處升級為大使館，這象徵終結冷戰延長戰的歷史性一刻。 7月23日，美國航空暨太空總署（NASA）的克卜勒太空望遠鏡（Kepler）發現了目前為止跟地球最相像的行星Kepler-452b，綽號「地球2.0」。 8月12日，天津市濱海新區天津港的易燃易爆品的連串爆炸，造成116人死亡、60人失蹤的慘劇。 8月18日，敘利亞著名考古學家阿拉薩德（Khaled al-Asaad）被伊斯蘭國民兵（ISIS）斬首，終年81歲。阿拉薩德生前在帕爾米拉古城從事50餘年的考古研究工作，曾任帕爾米拉古城考古主管。

附錄一　歐洲歷史分期表

歷 史 分 期	大 事 與 年 期
近東文明 （西亞、埃及、波斯、印度）	埃及太陽曆（約4000B.C.） 象形文字（約3500 B.C.） 蘇美人陰曆（約3500B.C.） 楔形文字（約3200 B.C.） 大金字塔（約2700 B.C.） 印度梵文（Sanskrit）及吠陀經（Vedas）、種姓制度（caste system）（約2000B.C.） 漢摩拉比法典（約1790 B.C.） 腓尼基人拼音字母（約1100B.C.） 巴比倫囚禁猶太人（586～539 B.C.） 波斯征服埃及（525 B.C.） 大流士開創波斯帝國（525～486 B.C.）
古典希臘時代	麥錫尼時代（約1500～1100 B.C.） 希臘黑暗時期（約1100～800 B.C.） 希臘城邦開始（約800 B.C.） 羅馬建國（約750 B.C.） 希臘波斯戰爭（492～479 B.C.） 波羅奔尼撒戰爭（431～404 B.C.） 亞歷山大帝國分裂（323 B.C.）

羅馬共和國時期	王政結束與共和國成立（500 B.C.） 貴族與平民之爭（500～287 B.C.） 十二木表法（450 B.C.） 布匿克戰爭（264～146 B.C.）
羅馬共和國時期	格拉奇兄弟叛亂（133～121 B.C.） 凱撒獨裁（46～44 B.C.） 奧古斯都（27 B.C.～14 A.D.）
羅馬帝國時期	羅馬首次迫害基督徒（64 A.D.） 羅馬法完成（200） 米蘭敕令（311） 基督教成為羅馬帝國國教（380） 羅馬以亞得里亞海為界，東方首都在拜占庭，西方首都移至米蘭（395） 西羅馬帝國滅亡（476）
中古時期	東羅馬建君士坦丁堡為國都（330） 拜占庭征服義大利（535～552） 伊斯蘭教征服波斯、埃及、敘利亞、北非、西班牙（632～732） 伊斯蘭教分裂為遜尼（Sunnites）、什葉（Shiites）與泛神論（Sufis）三派（640） 卡羅琳（Carolingian）王朝（751～887） 查理曼帝國（Charlemagne's Empire）（800～814）

中古時期	神聖羅馬帝國（962） 東西教會分裂（1054） 十字軍東征（1096～1204） 黑死病（1347～1349） 鄂圖曼土耳其人占領君士坦丁堡（1453） 英國大憲章（1215） 英法百年戰爭（1337～1453） 英國玫瑰戰爭（1455～1485） 西班牙的統一（1492）
近代文明的躍升	文藝復興（Renaissance, 14～16世紀），15世紀的義大利被稱為是「歐洲的學校」 地理大發現（15～17世紀），葡、西、荷、英、法等國崛起 宗教改革（16～17世紀），促使羅馬教會進行改革運動，並成功限制新教在日耳曼、波希米亞、匈牙利、波蘭等一部分地區的發展 科學革命（16～17世紀），是「近代」全面展現的時代。哥白尼在1543年發表「天體運行論」，同年，維塞利亞斯（Veslius）也發表「人體結構論」 啟蒙運動（17～18世紀） 專制主義的時代（1485～1789）

近代史	法國革命（1789～1799） 維也納會議（1814～1815），復辟與革命的動盪 工業革命與新資本主義 國家主義的崛起（1830～1914） 軍備競爭與和平運動，海牙和平會議的召開（1899） 19世紀科學發展，最大突破是生物學，以英國達爾文為代表人物
近代史	第一次世界大戰（1914～1918） 極權主義挑戰，法西斯主義與共產黨崛起 第二次世界大戰（1940～1945），殖民帝國瓦解 冷戰與南北貧富衝突 蘇聯瓦解與新型態的文明衝突
21世紀	資訊及媒體革命所掀起的民粹主義和公民運動 全球經濟影響世界村的所有成員 基本資源，水、食物和能源匱乏 恐怖主義方興未艾 環保成為全球關切的議題

附錄二　歷代教宗簡表

編號	稱　號	任期（西元）	出生地	備註
1	聖彼得 （Sanctus Petrus）	33～67	羅馬帝國猶太行省貝特賽達	基督教創始者耶穌所收的十二使徒之一，天主教會認為他建立了羅馬教會，根據《馬太福音》羅馬教宗擁有「首席權」。基督教教難時期由尼祿皇帝開始，彼得殉教。
2	教宗聖理諾 （Sanctus Linus Papa）	67～76	羅馬帝國沃爾泰拉	首位義大利本土教宗。
3	教宗聖克雷 （Sanctus Anacletus Papa）	76～88	羅馬帝國希臘雅典	第一位希臘籍教宗。
4	教宗聖克雷門斯一世 （Sanctus Clemens Papa I）	88～100	羅馬帝國羅馬	98年，圖拉真繼任為羅馬皇帝，在位期間為羅馬全盛時期。
5	教宗聖愛華利多 （Sanctus Evaristus Papa）	100～105	羅馬帝國猶太行省伯利恆	確立了樞機的組織，而這個組織日後亦演變成推舉教宗的機構。

6	教宗聖亞歷山大一世 （Sanctus Alexander Papa I）	105～115	羅馬帝國 羅馬	
7	教宗聖西斯篤一世 （Sanctus Sixstus Papa I）	115～125	羅馬帝國 羅馬	
8	教宗聖德勒斯福祿 （Sanctus Telesphorus Papa）	125～136	羅馬帝國 希臘布魯蒂伊	132年，羅馬企圖在耶路撒冷建立殖民地，與猶太人發生衝突，猶太人遭鎮壓。
9	教宗聖喜及諾 （Sanctus Hyginus Papa）	136～140	羅馬帝國 希臘雅典	
10	教宗聖庇護一世 （Sanctus Pius Papa I）	140～155	羅馬帝國 阿奎萊亞	
11	教宗聖亞尼策 （Sanctus Anicetus Papa）	155～166	羅馬帝國 敘利亞行省 霍姆斯	第一位敘利亞籍教宗。
12	教宗聖索德 （Sanctus Soterius Papa）	166～175	羅馬帝國 豐迪	宣稱只有教士作過聖禮祝福，婚姻才是合法。有「仁慈教宗」之稱。

13	教宗聖愛琉德理 （Sanctus Eleutherius Papa）	175～189	羅馬帝國 希臘伊庇魯 斯	
14	教宗聖維多一世 （Sanctus Victor Papa I）	189～199	羅馬帝國 阿非利加行 省	首位出生非洲的教宗。
15	教宗聖則斐琳 （Sanctus Zephyrinus Papa）	199～217	羅馬帝國 羅馬	
16	教宗聖嘉禮一世 （Sanctus Callixtus Papa I）	217～222	羅馬帝國 羅馬	
17	教宗聖烏爾班一 世 （Sanctus Urbanus Papa I）	222～230	羅馬帝國 羅馬	
18	教宗聖彭謙 （Sanctus Pontianus Papa）	230～235	羅馬帝國 羅馬	曾被羅馬帝國皇帝馬克 西米努斯迫害，被押解到 薩丁尼亞服苦役。
19	教宗聖安塞羅 （Sanctus Anterus Papa）	235～236	羅馬帝國 希臘布魯蒂 伊	

20	教宗聖法比盎 （Sanctus Fabianus Papa）	236～250	羅馬帝國 羅馬	首位以一致歡呼的方式當選的教宗。將羅馬帝國分成7個區，由7名助祭管轄。羅馬帝國第34任皇帝德西烏斯開始大規模迫害基督教徒，因而殉教。
21	教宗聖科爾乃略 （Sanctus Cornelius Papa）	251～253	羅馬帝國 羅馬	曾被羅馬帝國皇帝馬克西米努斯迫害，被押解到桑圖塞拉服苦役。
22	教宗聖路基約一世 （Sanctus Lucius Papa I）	253～254	羅馬帝國 羅馬	
23	教宗聖斯提芬一世 （Sanctus Stephanus Papa I）	254～257	羅馬帝國 羅馬	
24	教宗聖西斯篤二世 （Sanctus Sixtus Papa II）	257～258	羅馬帝國 希臘雅典	

25	教宗聖狄約尼削（Sanctus Dionysius Papa）	259～268	羅馬帝國 大希臘布魯蒂伊	羅馬皇帝加里恩努斯宣布對基督教採取容忍政策，教會從此得到合法地位。 教宗狄約尼削任內重整教會的秩序，他發出大量金錢重建遭破壞的教堂，並下令釋放被囚禁的基督教徒。是首位未被列入殉道者的教宗。
26	教宗聖菲利克斯一世（Sanctus Felix Papa I）	269～274	羅馬帝國 羅馬	
27	教宗聖歐提齊盎（Sanctus Eutychianus Papa）	275～283	羅馬帝國 盧尼	
28	教宗聖加猶（Sanctus Caius Papa）	283～296	羅馬帝國 達爾馬提亞	第一位克羅埃西亞籍教宗。
29	教宗聖瑪策林（Sanctus Marcellinus Papa）	296～305	羅馬帝國 羅馬	在副皇帝加萊里主持下教難遍及全國。

30	教宗聖馬塞勒斯一世（Sanctus Marcellus Papa I）	308～309	羅馬帝國羅馬	
31	教宗聖歐瑟伯（Sanctus Eusebius Papa）	309～310	羅馬帝國撒丁尼亞	
32	教宗聖美基德（Sanctus Miltiades Papa）	311～314	羅馬帝國阿非利加行省	313年，西羅馬皇帝君士坦丁頒布《米蘭敕令》，正式結束對基督徒的迫害。
33	教宗聖西爾維斯特一世（Sanctus Silvester Papa I）	314～335	羅馬帝國羅馬	323年，君士坦丁東征再度統一羅馬帝國。325年，君士坦丁召開尼西亞會議，開啟政府干涉教會之例，形成政教合一。
34	教宗聖馬可斯（Sanctus Marcus Papa）	336	羅馬帝國羅馬	
35	教宗聖朱理一世（SanctusJulius Papa I）	337～352	羅馬帝國羅馬	
36	教宗利伯略（Papa Liberius）	352～366	羅馬帝國羅馬	皇帝朱利安又發起教難而遇害，雖然他的名字沒被列入《羅馬殉道聖人名錄》裡，但仍是聖人，受到東西方教會的普遍尊敬。

37	教宗聖達瑪穌一世 （Sanctus Damasus Papa I）	366～384	羅馬帝國 葡萄牙新伊達尼亞	380年，狄奧多西被任命為東方皇帝。次年頒詔諭，規定帝國中唯有正宗基督教是合法宗教。382年，西羅馬皇帝格雷克下令將羅馬女神像移出元老院，象徵傳統宗教在帝國的沒落。
38	教宗聖西里修 （Sanctus Siricius Papa）	384～399	西羅馬帝國 羅馬	392年，東羅馬皇帝狄奧多西一世宣布以基督教為國教。 395年，狄奧多西死後羅馬帝國又分裂為東西兩半。
39	教宗聖阿納斯塔修一世 （Sanctus Anastasius Papa I）	399～401	西羅馬帝國 羅馬	
40	教宗聖英諾森一世 （Sanctus Innocentiusius Papa I）	401～417	西羅馬帝國 阿爾巴諾	410年，西哥德統治者阿拉里克一世攻陷羅馬，縱兵大掠。
41	教宗聖佐西穆斯 （Sanctus Zosimus Papa）	417～418	西羅馬帝國 梅索拉卡	

42	教宗聖鮑尼法斯一世 （Sanctus Bonifacius Papa I）	418～422	西羅馬帝國坎帕尼亞	
43	教宗聖策肋定一世 （Sanctus Caelestinus Papa I）	422～432	西羅馬帝國羅馬	
44	教宗聖西斯篤三世 （Sanctus Sixtus Papa III）	432～440	西羅馬帝國羅馬	
45	教宗聖利奧一世 （Sanctus Leo Papa I）	440～461	西羅馬帝國托斯卡納	將羅馬教會提升至西方教會最高的地位，並從羅馬皇帝手中取得羅馬主教的合法地位。在452年說服匈人首領阿提拉從羅馬撤退，阻止匈人西進。 455年，皇帝瓦倫提尼安三世頒布詔書，命令所有西方主教聽命於教宗。 455年汪達爾人劫掠羅馬城時，與其首領該賽利協商，將羅馬城的傷害減到最小。

46	教宗聖希拉略 （Sanctus Hilarius Papa）	461〜468	西羅馬帝國 撒丁尼亞	
47	教宗聖辛普利修 （Sanctus Simplicius Papa）	468〜483	西羅馬帝國 提弗利	西羅馬帝國亡於476年
48	教宗聖斐理斯三 世 （Sanctus Felix Papa III）	483〜492	西羅馬帝國 羅馬	
49	教宗聖哲拉修一 世 （Sanctus Gelasius Papa I）	492〜496	西羅馬帝國 阿非利加行 省卡比利亞	
50	教宗阿納斯塔修 斯二世 （Papa Anastasius II）	496〜498	西羅馬帝國 羅馬	
51	教宗聖西瑪克 （Sanctus Symmachus Papa）	498〜514	西羅馬帝國 撒丁尼亞	
52	教宗聖賀密斯達 （Sanctus Hormisdas Papa）	514〜523	西羅馬帝國 弗羅西諾內	

53	教宗聖若望一世 （Sanctus Ioannes Papa I）	523～526	西羅馬帝國 錫耶納	
54	教宗聖菲利克斯 四世 （Sanctus Felix Papa IV）	526～530	西羅馬帝國 薩莫奈	查士丁尼一世繼為東羅馬皇帝，並於529年編成《查士丁尼法典》，為西方法律範本，同時建立聖索菲亞大教堂，其設計象徵基督的內在與性靈的特性。535年頒布詔諭強調政教和諧。
55	教宗鮑尼法斯二世 （Papa Bonifacius II）	530～532	西羅馬帝國 羅馬	
56	教宗若望二世 （Papa Ioannes II）	533～535	奧多亞塞王國 羅馬	
57	教宗聖阿加佩圖 一世 （Sanctus Agapetus Papa I）	535～536	奧多亞塞王國 切卡諾	
58	教宗聖維理 （Sanctus Silverius Papa）	536～537	東哥德王國 羅馬	

59	教宗維吉呂 （Papa Vigilius）	537～555	東哥德王國 羅馬	
60	教宗貝拉基一世 （Papa Pelagius I）	556～561	東哥德王國 羅馬	
61	教宗若望三世 （Papa Ioannes III）	561～574	東哥德王國 羅馬	570年，伊斯蘭教先知穆 罕默德出生於麥加。
62	教宗本篤一世 （Papa Benedictus I）	575～579	東哥德王國 羅馬	
63	教宗柏拉奇二世 （Papa Pelagius I）	579～590	東哥德王國 羅馬	
64	教宗格利葛雷一 世 （Sanctus Gregorius Papa I）	590～604	拜占庭帝國 羅馬	任內擴大教宗權力，並擴 充世俗統治權。生前強調 「懺悔」及「煉獄」，教會 稱之為「偉大的格利葛 雷」。
65	教宗沙比尼盎 （Papa Sabinianus）	604～606	拜占庭帝國 布萊拉	
66	教宗鮑尼法斯三 世 （Papa Bonifacius III）	607	拜占庭帝國 羅馬	

67	教宗聖鮑尼法斯四世 （Sanctus Bonifacius Papa IV）	608～615	拜占庭帝國 馬爾西卡	約612年，穆罕默德於麥加傳教，建立伊斯蘭教。
68	教宗聖亞狄達篤一世 （Sanctus Adeodatus Papa I）	615～618	拜占庭帝國 羅馬	
69	教宗鮑尼法斯五世 （Papa Bonifacius V）	619～625	拜占庭帝國 拿坡里	622年，麥加貴族鎮壓伊斯蘭教，傳說穆罕默德率門徒逃奔麥地那，史稱「聖遷」，同年建立阿拉伯政權，行神權統治，西方稱為薩拉森帝國，此年亦為回教時代的公元。
70	教宗霍諾里烏斯一世 （Papa Honorius I）	625～638	拜占庭帝國 坎帕尼亞	632年，穆罕默德逝世，阿布·巴克爾繼任，稱教主為哈里發，此後成為伊斯蘭教教主的頭銜。
71	教宗塞維里努斯 （Papa Severinus）	638～640	拜占庭帝國 羅馬	
72	教宗若望四世 （Papa Ioannes IV）	640～642	拜占庭帝國 達爾馬提亞	

73	教宗戴多祿一世 （Papa Theodorus I）	642～649	拜占庭帝國 耶路撒冷	
74	教宗聖馬丁一世 （Sanctus Martinus Papa I）	649～653	拜占庭帝國 托迪	
75	教宗聖尤金一世 （Sanctus Eugenius Papa I）	654～657	羅馬公國 羅馬	
76	教宗聖維達 （Sanctus Vitalianus Papa）	657～672	羅馬公國 塞尼	661年，阿拉伯奧米雅王朝建立，定都大馬士革。 伊斯蘭教分裂成遜尼派與什葉派。
77	教宗聖阿德奧達托二世 （Sanctus Adeodatus Papa II）	672～676	羅馬公國 羅馬	
78	教宗多諾 （Papa Donus）	676～678	羅馬公國 羅馬	
79	教宗聖佳德 （Sanctus Agatho Papa）	678～681	拜占庭帝國 巴勒莫	
80	教宗聖利奧二世 （Sanctus Leo Papa II）	682～683	拜占庭帝國 阿多伊內	

81	教宗聖本篤二世 （Sanctus 　Benedictus 　Papa II）	684～685	羅馬公國 羅馬	
82	教宗若望五世 （Papa Ioannes 　V）	685～686	拜占庭帝國 敘利亞	
83	教宗哥諾 （Papa Conon）	686～687	拜占庭帝國 色雷斯	第一位土耳其籍教宗。
84	教宗聖塞吉厄斯 一世 （Sanctus Sergius 　I）	687～701	拜占庭帝國 巴勒莫	
85	教宗若望六世 （Papa Ioannes 　VI）	701～705	拜占庭帝國 安那托利亞 以弗所	
86	教宗若望七世 （Papa Ioannes 　VII）	705～707	拜占庭帝國 希臘羅薩諾	
87	教宗西西諾 （Papa 　Sisinnius）	708/1/15～ 708/2/4	正統哈里發 敘利亞	
88	教宗君士坦丁 （Papa 　Constantinus）	708～715	倭馬亞 敘利亞	711年，阿拉伯入侵印度，伊斯蘭教開始傳入印度。

89	教宗聖格利葛雷二世（Sanctus Gregorius Papa II）	715～731	羅馬公國 羅馬	726年，東羅馬帝國皇帝利奧三世，發動「東羅馬破壞聖像運動」。
90	教宗聖格利葛雷三世（Sanctus Gregorius Papa III）	731～741	倭馬亞 敘利亞	
91	教宗聖匝加利亞（Sanctus Zacharias Papa）	741～752	拜占庭帝國 卡拉布里亞	
92	教宗斯提芬（Papa Stephanus II）	752/3/23～752/3/25	羅馬公國 羅馬	在位最短的教宗，還未就任便離世，一些天主教史書不承認他為教宗。
93	教宗斯提芬二世（Papa Stephanus II）	752～757	羅馬公國 羅馬	756年，卡洛林王朝創建者「矮子」丕平將拉文那、彭塔波利斯獻給教皇，史稱「丕平的捐獻」，自始教宗掌握世俗統治權，形成羅馬教皇國。
94	教宗聖保祿一世（Sanctus Paulus Papa I）	757～767	羅馬公國 羅馬	

95	教宗斯提芬三世（Papa Stephanus III）	767～772	拜占庭帝國希臘敘拉古	771年，丕平之子查里曼大帝成為法蘭克唯一國王，封建制度與農奴制度亦於此時確立。
96	教宗阿德里安一世（Papa Hadrianus I）	772～795	羅馬公國羅馬	
97	教宗聖利奧三世（Sanctus Leo Papa III）	795～816	教皇國羅馬	800年，利奧三世在羅馬為查理曼加冕，稱為「羅馬人皇帝」，以後法蘭克王國成為查理曼帝國。羅馬教會從此和「基督教共和國」之間產生主從的關係，皇帝居領導地位。
98	教宗斯提芬四世（Papa Stephanus IV）	816～817	教皇國羅馬	
99	教宗聖巴斯加一世（Sanctus Paschalis Papa I）	817～824	教皇國羅馬	
100	教宗尤金二世（Papa Eugenius II）	824～827	教皇國羅馬	

101	教宗瓦倫廷 （Papa Valentinus）	827/8/31～ 827/10/10	教皇國 羅馬	
102	教宗格利葛雷四 世 （Papa Gregorius IV）	827～844	教皇國 羅馬	843年，東羅馬帝國與教 會妥協，恢復聖像崇拜， 破壞聖像運動結束。
103	教宗塞吉厄斯二 世 （Papa Sergius II）	844～847	教皇國 羅馬	
104	教宗聖利奧四世 （Sanctus Leo Papa IV）	847～855	教皇國 羅馬	
105	教宗本篤三世 （Papa Benedictus III）	855～858	教皇國 羅馬	
106	教宗聖尼古拉斯 一世 （Sanctus Nicolaus Papa I）	858～867	教皇國 羅馬	教皇尼古拉斯一世宣稱， 在有關信仰和道德的領 域，教皇對所有的基督徒 應該擁有宗主權的權威， 甚至涵括皇室成員。為教 皇地位及權勢立下堅固 的基礎。
107	教宗阿德里安二 世 （Papa Hadrianus II）	867～872	教皇國 羅馬	

108	教宗若望八世 （Papa Ioannes VIII）	872～882	教皇國 羅馬	
109	教宗馬里納斯一 世 （Papa Marinus I）	882～884	教皇國 加萊塞	
110	教宗聖阿德里安 三世 （Sanctus Hadrianus Papa III）	884～885	教皇國 羅馬	
111	教宗斯提芬五世 （Papa Stephanus V）	885～891	教皇國 羅馬	
112	教宗福爾摩蘇斯 （Papa Formosus）	891～896	教皇國 奧斯蒂亞	死後屍骨被教宗斯提芬六世起出審判，史稱「僵屍審判」。
113	教宗鮑尼法斯六 世 （Papa Bonifacius VI）	896/4/4～ 896/4/19	教皇國 羅馬	
114	教宗斯提芬六世 （Papa Stephanus VI）	896～897	教皇國 羅馬	由於進行「屍審」使教廷聲望大為低落。
115	教宗羅曼努斯 （Papa Romanus）	897/8～897/11	教皇國 加萊塞	

116	教宗戴多祿二世（Papa Theodorus II）	897/12～897/12/20	教皇國羅馬	
117	教宗若望九世（Papa Ioannes IX）	898～900	教皇國蒂沃利	
118	教宗本篤四世（Papa Benedictus IV）	900～903	教皇國羅馬	
119	教宗利奧五世（Papa Leo V）	903/7～903/9	教皇國阿德亞	
120	教宗塞吉厄斯三世（Papa Sergius III）	904～911	教皇國羅馬	教宗塞吉厄斯三世謀殺了前任教宗利奧五世，才得以即位。
121	教宗阿納斯塔修三世（Papa Anastasius III）	911～913	教皇國羅馬	
122	教宗蘭多（Papa Lando）	913～914	教皇國薩比內	蘭多擔任教宗之後，直接使用原名作為稱號，這使他成為在2013年教宗方濟各未上任前最後一位使用獨特稱號的教宗。

123	教宗若望十世 （Papa Ioannes X）	914～928	義大利王國 托西巫格納諾	在位期間，羅馬元老西奧菲拉克特、其妻西奧多勒及其女兒馬羅齊亞干預教廷事務，史稱「淫婦政治」，自此羅馬教廷由馬羅齊亞與其子艾伯里克二世專權，直到954年，遺囑立自己兒子為教皇若望十二世。
124	教宗利奧六世 （Papa Leo VI）	928/5/28～928/12	教皇國 羅馬	
125	教宗斯提芬七世 （Papa Stephanus VII）	928～931	教皇國 羅馬	929年，奧米亞家族在西班牙哥多華建立伊斯蘭政權，俗稱「白衣大食」。
126	教宗若望十一世 （Papa Ioannes XI ）	931～935	教皇國 羅馬	
127	教宗利奧七世 （Papa Leo VII）	936～939	教皇國 羅馬	
128	教宗斯提芬八世 （Papa Stephanus VIII）	939～942	教皇國 羅馬	
129	教宗馬里納斯二世 （Papa Marinus II）	942～946	教皇國 羅馬	

130	教宗阿加佩圖斯二世（Papa Agapetus II）	946～955	教皇國羅馬	
131	教宗若望十二世（Papa Ioannes XII）	955～963	教皇國羅馬	962年，若望十二世加冕鄂圖一世為神聖羅馬帝國皇帝。
132	教宗本篤五世（Papa Benedictus V）	964/5/22～964/6/23	教皇國羅馬	他在教宗若望十二世逝世後當選成為教宗，但神聖羅馬帝國皇帝鄂圖一世並不同意樞機團的選擇，僅僅一個月便將教宗本篤五世廢除，並將前教宗送去漢堡市，命他為當地的執事，教宗本篤五世於965年7月4日逝世。這是教宗和君權的第一次對立。
133	教宗利奧八世（Papa Leo VIII）	963～965	教皇國羅馬	迫於鄂圖壓力公布敕令，授權皇帝可任命教宗和其他教會神職。
134	教宗若望十三世（Papa Ioannes XIII）	965～972	教皇國羅馬	965年利奧八世去世後，鄂圖一世指定若望十三世當教宗，受到羅馬人強烈反對。鄂圖一世於是進軍義大利，以武力扶持若望十三世任教宗。

135	教宗本篤六世 （Papa Benedictus VI）	973～974	教皇國 羅馬	
136	教宗本篤七世 （Papa Benedictus VII）	974～983	教皇國 羅馬	
137	教宗若望十四世 （Papa Ioannes XIV）	983～984	義大利王國 帕維亞	
138	教宗若望十五世 （Papa Ioannes XV）	985～996	教皇國 羅馬	
139	教宗格利葛雷五 世 （Papa Gregorius V）	996～999	神聖羅馬帝 國 薩克森	第一位日耳曼籍教宗。 996年，格利葛雷加冕 鄂圖三世為羅馬帝國皇 帝。
140	教宗西爾維斯特 二世 （Papa Silvester II）	999～1003	法國 奧弗涅貝里 拉克	第一位法國籍教宗，是當 代著名的學者和教育家， 也曾擔任鄂圖三世的導 師，教會與政府合作達 於最高峯。
141	教宗若望十七世 （Papa Ioannes XVII）	1003/5/16～ 1003/11/11	義大利王國 費爾莫拉帕 尼亞諾	

142	教宗若望十八世 （Papa Ioannes XVIII）	1003～1009	教皇國 羅馬	
143	教宗塞吉厄斯四世 （Papa Sergius IV）	1009～1012	教皇國 羅馬	
144	教宗本篤八世 （Papa Benedictus VIII）	1012～1024	教皇國 羅馬	
145	教宗若望十九世 （Papa Ioannes XIX）	1024～1032	教皇國 羅馬	
146	教宗本篤九世 （Papa Benedictus IX）	1032～1044	教皇國 羅馬	
147	教宗西爾維斯特三世 （Papa Silvester III）	1045/1/10～ 1045/3/10	教皇國 羅馬	1045年，亨利三世將教宗本篤九世革職。由於西爾維斯特、本篤九世、格利葛雷六世3人同時爭奪教宗位，是受制於地方貴族的結果。
148	教宗本篤九世 （Papa Benedictus IX）	1045～1046	教皇國 羅馬	

149	教宗格利葛雷六世 （Papa Gregorius VI）	1045～1046	教皇國 羅馬	1045年，義大利西北部城市米蘭取得獨立，成立米蘭政權。
150	教宗克雷門斯二世 （Papa Clemens II）	1046～1047	神聖羅馬帝國 薩克森霍爾恩堡	在位僅10月就逝世。
151	教宗本篤九世 （Papa Benedictus IX）	1047～1048	教皇國 羅馬	本篤九世三次即位，不到一年又遭亨利驅逐。
152	教宗達瑪穌二世 （Papa Damasus II）	1048/7/17～ 1048/8/9	神聖羅馬帝國 巴伐利亞公國	短暫在位逝世後，亨利任命第三位日耳曼人取名利奧九世，他也是最後一位由皇帝任命的教皇。
153	教宗聖利奧九世 （Sanctus Leo Papa IX）	1049～1054	神聖羅馬帝國 施瓦本公國	1051年，君士坦丁堡普世宗主麥克一世因神學意見紛歧，與羅馬教宗利奧九世發生爭執，遭革出教門。基督教正式分裂為羅馬公教（羅馬天主教）與希臘正教（東正教）。從1049年起到烏爾班二世教會展開一連串改革運動清除教士腐敗及外在政治力量的控制。其中取消「俗人

153				授職」和建立選舉教皇的程序引發最嚴重的衝突。
154	教宗維多二世（Papa Victor II）	1055～1057	神聖羅馬帝國 施瓦本公國	
155	教宗斯提芬九世（Papa Stephanus IX）	1057～1058	神聖羅馬帝國 洛林公國	
156	教宗尼古拉斯二世（Papa Nicolaus II）	1058～1061	神聖羅馬帝國 薩瓦郡摩科瑞	1059年，公布「選舉教宗條例」，杜絕外來政治干涉，並建立大主教團，作為選舉教宗的團體。
157	教宗亞歷山人二世（Papa Alexander II）	1061～1073	神聖羅馬帝國 米蘭巴喬	日耳曼當局經過3年拒絕但最後妥協，象徵尼古拉斯法令首次獲得勝利。
158	教宗聖格利葛雷七世（Sanctus Gregorius Papa VII）	1073～1085	神聖羅馬帝國 侯爵領地格羅塞托	1073年，重申「神聖交易」、「教士結婚」、「俗人授職」等禁令，禁止皇帝侵占教會權益。 1076年，廢除君主的聖職任命權。2月14日罷免亨利四世及支持者，並開除教籍，皇帝讓步並尋教宗赦免。 1080年，羅馬遭阿普利亞

158				公爵羅伯特·吉斯卡爾攻陷，格利葛雷七世流亡至薩勒諾，1085年病逝。
159	教宗維多三世（Beatus Victor Papa III）	1086～1087	貝內文托公國 貝內文托	
160	教宗烏爾班二世（Beatus Urbanus Papa II）	1088～1099	法國 沙蒂隆	1095年號召十字軍東征，次年發動第一次東征，為首次十字軍東征的發起人。
161	教宗巴斯加二世（Papa Paschalis II）	1099～1118	神聖羅馬帝國 侯爵領地聖索菲亞	
162	教宗哲拉修二世（Papa Gelasius II）	1118～1119	加埃塔公國 加埃塔	
163	教宗嘉禮二世（Papa Callistus II）	1119～1124	神聖羅馬帝國 弗朗什—孔泰坎熱	1122年簽訂「華木斯協定」解決俗人授職問題，由皇帝授予一切俗世職權（Regalia）。翌年舉辦「拉特蘭大公會議」。
164	教宗和諾理二世（Papa Honorius II）	1124～1130	神聖羅馬帝國 羅馬涅	

165	教宗英諾森二世（Papa Innocentius II）	1130～1143	教皇國 羅馬	1139年舉行「拉特蘭第二屆大公會議」。
166	教宗策肋定二世（Papa Caelestinus II）	1143～1144	神聖羅馬帝國 卡斯泰洛城	
167	教宗路基約二世（Papa Lucius II）	1144～1145	神聖羅馬帝國 波隆納	
168	教宗尤金三世（Beatus Eugenius Papa III）	1145～1153	比薩共和國 蒙泰馬尼奧	1147年發動第二次十字軍東征，1149年失利撤軍，是一位改革的教宗。
169	教宗亞納大削四世（Papa Anastasius）	1153～1154	教皇國 羅馬	
170	教宗阿德里安四世（Papa Hadrianus IV）	1154～1159	英格蘭王國 赫特福德郡	紅鬍子腓特烈在1155年被加冕為羅馬皇帝，1158年發表「隆卡里亞聲明」列舉皇帝種種特權。提倡「義大利政策」企圖恢復由日耳曼人所領導的古羅馬帝國，並統治全人類。

171	教宗亞歷山大三世 （Papa Alexander III）	1159～1181	神聖羅馬帝國 錫耶納共和國	1159年，教宗亞歷山大三世即位後，未獲「皇帝派」樞機接受，展開流亡，並號召義大利反「日耳曼」力量對抗神聖羅馬帝國皇帝腓特烈一世，米蘭成為反抗勢力中心。 1179年舉行「拉特蘭第三屆大公會議」。
172	教宗路基約三世 （Papa Lucius III）	1181～1185	神聖羅馬帝國 侯爵領地盧卡	1183年，教宗與腓特烈一世簽訂《康士坦茲合約》，結束了腓特烈的義大利政策。1189年腓特烈參加第三次十字軍東征，於小亞細亞溺斃。
173	教宗烏爾班三世 （Papa Urbanus III）	1185～1187	神聖羅馬帝國 庫焦諾	
174	教宗格利葛雷八世 （Papa Gregorius VIII）	1187/10/21～ 1187/12/17	教皇國 貝內文托	
175	教宗克雷門斯三世 （Papa Clemens III）	1187～1191	教皇國 羅馬	1189年，教廷發動第三次十字軍東征，史稱「帝王十字軍」。

176	教宗策肋定三世（Papa Caelestinus III）	1191～1198	教皇國羅馬	1192年，第三次十字軍結束。
177	教宗英諾森三世（Papa Innocentius III）	1198～1216	教皇國加維納諾	1215年召開第四次拉特蘭會議，這是第12屆大公會議，也是整個中世紀規模最大的宗教會議，革新教士生活與健全教會組織。這次的大公會議象徵教廷權力已經完全支配拉丁基督教界的每個層面。 1201年，第四次十字軍東征，大掠君士坦丁堡，東羅馬安吉勒斯王朝滅亡。建立「君士坦丁堡拉丁帝國」也擴展西方教會勢力。 1208年，教廷組織阿爾比十字軍，鎮壓法國阿爾比教派，史稱「阿爾比派戰爭」。 1215年，聖多明尼克建立「黑袍教團」，主要任務為對付異端，為中古教皇的審判者。英諾森在位18年使羅馬教宗權力達於最高峯。

			教皇國 羅馬	1217年，第五次十字軍東征，以進攻埃及為目標，因尼羅河氾濫而撤退。腓特烈二世與教宗雖有師生情誼；但腓特烈已計畫建立西西里專制王國成為統一義大利基地。 1227年，神聖羅馬帝國皇帝腓特烈二世發動第六次十字軍東征卻無故撤回，遭羅馬教宗格利葛雷九世革除教籍。
178	教宗和諾理三世 （Papa Honorius III）	1216～1227		
179	教宗格利葛雷九世 （Papa Gregorius IX）	1227～1241	教皇國 阿納尼	1237年，教廷與隆巴同盟的義大利城邦盟軍被腓特烈大敗。
180	教宗策肋定四世 （Papa Caelestinus IV）	1241/10/25～ 1241/11/10	神聖羅馬帝國 米蘭	在位僅17日。
181	教宗英諾森四世 （Papa Innocentius IV）	1243～1254	熱那亞共和國 馬納羅拉	1245年召開大公會議於里昂，其目的即在討論如何處理腓特烈衝突，這是教會所有大公會議中唯一針對個人問題而召開，之後兩人相繼逝世而告一段落。1248年，法蘭西發動第七次十字軍東征，進攻埃及，1254年撤退。

182	教宗亞歷山大四世 （Papa Alexander IV）	1254～1261	教皇國 延內	
183	教宗烏爾班四世 （Papa Urbanus IV）	1261～1264	法國 香檳郡	
184	教宗克雷門斯四世 （Papa Clemens IV）	1265～1268	法國 土魯斯縣	
185	教宗格利葛雷十世 （Beatus Gregorius Papa X）	1271～1276	神聖羅馬帝國 皮亞琴察	結束了史上最著名的宗座從缺期。日耳曼貴族於1273年推出哈布斯堡（Habsburg）之魯道夫為帝，而哈布斯堡偉大家族也首次出現歐洲歷史。而霍亨斯道芬（Hohenstaufen）家族勢力從此消失，也結束了神聖羅馬帝國統治者的義大利政策。
186	教宗英諾森五世 （Beatus Innocentius Papa V）	1276/1/21～ 1276/6/22	神聖羅馬帝國 薩瓦郡查姆陪格尼	

187	教宗阿德里安五世 （Papa Hadrianus V）	1276/7/11～ 1276/8/18	熱那亞共和國 熱那亞	
188	教宗若望廿一世 （Papa Ioannes XXI）	1276～1277	葡萄牙王國 里斯本	歷屆教宗中唯一的葡萄牙人。
189	教宗尼古拉斯三世 （Papa Nicolaus III）	1277～1280	教皇國 羅馬	
190	教宗馬丁四世 （Papa Martinus IV）	1281～1285	法國 蒙特龐謝	1281年，鄂圖曼土耳其帝國建立。
191	教宗和諾理四世 （Papa Honorius IV）	1285～1287	教皇國 羅馬	
192	教宗尼古拉斯四世 （Papa Nicolaus IV）	1288～1292	教皇國 阿斯科利	
193	教宗聖策肋定五世 （Sanctus Caelestinus Papa V）	1294/7/5～ 1294/12/13	西西里王國 莫利塞	第一位在沒有外部政治壓力下自願辭職的教宗。

			教皇國 阿納尼	在位期間強勢阻止民族國家發展失敗，導致教皇領導地位一蹶不振。
194	教宗鮑尼法斯八世 （Papa Bonifacius VIII）	1294～1303		1302年，法王腓利四世，企圖逮捕教宗鮑尼法斯八世，教宗高齡受驚嚇，於1303年逝世。從此「政教關係」在國際政治上已不再是重要問題了。在法國影響下，1309～1377年，教皇國定居法國境內的亞威農，基督教史稱之為「巴比倫之囚」。
195	教宗本篤十一世 （Beatus Benedictus Papa XI）	1303～1304	神聖羅馬帝國 特雷維索	
196	教宗克雷門斯五世 （Papa Clemens V）	1305～1314	法國 維朗德羅	宣布解散聖殿騎士團。
197	教宗若望廿二世 （Papa Ioannes XXII）	1316～1334	法國 卡奧爾	
198	教宗本篤十二世 （Papa Benedictus XII）	1334～1342	法國 福克斯縣薩韋爾丹	1337年，英法百年戰爭開始。

199	教宗克雷門斯六世 （Papa Clemens VI）	1342～1352	法國 羅謝爾代格勒通	1347年，黑死病開始流行歐洲。
200	教宗英諾森六世 （Papa Innocentius VI）	1352～1362	法國 貝薩克	
201	教宗烏爾班五世 （Beatus Urbanus Papa V ）	1362～1370	法國 勒蓬德蒙特韋爾	
202	教宗格利葛雷十一世 （Papa Gregorius XI）	1370～1378	法國 羅謝爾代格勒通	將教廷由法國遷回羅馬。1378年1月27日，教廷正式遷回羅馬。
203	教宗烏爾班六世 （Papa Urbanus VI）	1378～1389	那不勒斯王國 伊特里	在烏爾班任內，13名法國樞機主教自行選出教宗克雷門斯七世，稱為「亞威農教廷」，從此在羅馬及法國亞威農各有一位教宗，歷史稱為「大分裂」時期。
204	教宗鮑尼法斯九世 （Papa Bonifacius IX）	1389～1404	那不勒斯王國 卡薩拉諾	1398年，波希米亞布拉格大學教授胡斯，開始進行反教廷運動，史稱「胡斯運動」，其後形成「胡斯教派」。

205	教宗英諾森七世（Papa Innocentius VII）	1404～1406	那不勒斯王國 蘇爾莫納	
206	教宗格利葛雷十二世（Papa Gregorius XII）	1406～1415	威尼斯共和國 威尼斯	1409年，亞威農比薩宗教會議召開，決議罷黜羅馬教皇格利葛雷十二世和亞威農教皇本篤十三世，另選亞歷山大五世，形成三教皇並立。
207	教宗馬丁五世（Papa Martinus V）	1417～1431	教皇國 傑納扎諾	1417年，君士坦斯宗教會議選科隆納為教皇，改名馬丁五世，羅馬公教大分裂時期結束。
208	教宗尤金四世（Papa Eugenius IV）	1431～1447	威尼斯共和國 威尼斯	1436年，英法百年戰爭結束。 1438，法蘭西頒布《國是詔令》，宣布宗教會議的權力高於羅馬教皇。
209	教宗尼古拉斯五世（Papa Nicolaus V）	1447～1455	熱那亞共和國 薩爾扎納	1453年，鄂圖曼土耳其攻陷君士坦丁堡，東羅馬帝國滅亡。
210	教宗嘉禮三世（Papa Callistus III）	1455～1458	瓦倫西亞王國 克薩蒂瓦	第一位西班牙籍教宗。

211	教宗庇護二世 （Papa Pius II）	1458～1464	錫耶納共和國 皮恩扎	
212	教宗保祿二世 （Papa Paulus II）	1464～1471	威尼斯共和國 威尼斯	
213	教宗西斯篤四世 （Papa Sixtus IV）	1471～1484	熱那亞共和國 切萊利古雷	招聘當時的藝術家，將早期文藝復興帶入羅馬。
214	教宗英諾森八世 （Papa Innocentius VIII）	1484～1492	熱那亞共和國 熱那亞	
215	教宗亞歷山大六世 （Papa Alexander VI）	1492～1503	瓦倫西亞王國 克薩蒂瓦	1493年，教宗亞歷山大六世主持西班牙與葡萄牙協議，劃定兩國西半球勢力範圍分界線，隔年簽訂《托爾德西拉斯條約》，將兩國勢力範圍分界線向西移，是為「托爾德西拉斯線」，又稱「教皇子午線」，開啟大國瓜分殖民地先例。
216	教宗庇護三世 （Papa Pius III）	1503/9/22～ 1503/10/18	錫耶納共和國 薩爾泰亞諾	

217	教宗朱理二世 （PapaJulius II）	1503～1513	熱那亞共和國 上阿爾比索拉	1503年，發行「贖罪券」。 1512年召開「拉特蘭第五屆大公會議」。教宗朱理二世組建了今日梵諦岡的瑞士近衛隊。
218	教宗利奧十世 （Papa Leo X）	1513～1521	佛羅倫斯共和國 佛羅倫薩	1513年，米開朗基羅設計的聖彼得大教堂完成。 1517年，馬丁・路德貼出《九十五條論綱》，引發宗教改革。
219	教宗阿德里安六世 （Papa Hadrianus VI）	1522～1523	神聖羅馬帝國 烏得勒支	第一位荷蘭籍教宗。
220	教宗克雷門斯七世 （Papa Clemens VII）	1523～1534	佛羅倫斯共和國 佛羅倫薩	1527年5月6日，神聖羅馬帝國軍隊攻占並洗劫了羅馬城，克雷門斯七世被困於城中，史稱「羅馬之劫」。 1533年，英格蘭國王亨利八世因婚姻問題，遭羅馬教廷革出教門，隔年英格蘭通過《最高法案》，授予亨利八世以英格蘭教會最高元首之稱號，自始英格蘭教會脫離羅馬公教，改隸屬國王，形成英格蘭教會。

221	教宗保祿三世 （Papa Paulus III）	1534～1549	教皇國 卡尼諾	1534年，西班牙貴族羅耀拉創立耶穌會，捍衛羅馬公教。 1541年，喀爾文於日內瓦行宗教改革，實行神權統治，形成喀爾文教派。 1543年，哥白尼提出《天體運行論》，科學革命開始，中古西方世界的玄想主義逐漸被科學精神取代。 1545年，教宗保祿三世召開特蘭托宗教會議，改革教會陋習，恢復宗教裁判所，由耶穌會推行反宗教改革運動。
222	教宗朱理三世 （Papa Julius III）	1550～1555	佛羅倫斯共和國 蒙泰聖薩維諾	
223	教宗瑪策祿二世 （Papa Marcellus II）	1555/4/9～ 1555/5/1	教皇國 蒙泰法諾	
224	教宗保祿四世 （Papa Paulus IV）	1555～1559	那不勒斯王國 卡普里利亞伊爾皮納	

225	教宗庇護四世 （Papa Pius IV）	1559～1565	米蘭公國 米蘭	
226	教宗聖庇護五世 （Sanctus Pius Papa V）	1566～1572	米蘭公國 博斯科馬倫 戈	1572年，法國太后與吉斯公爵亨利一世屠殺胡格諾教派信徒，史稱「聖巴塞羅謬慘案」。在位期間完成《教義問答》，是特林特會議教義整理的具體表現。
227	教宗格利葛雷 十三世 （Papa Gregorius XIII）	1572～1585	教皇國 波隆納	1582年改革曆法，形成今日的公曆，中華民國於1912年開始採用，取代傳統的農曆。
228	教宗西斯篤五世 （Papa Sixtus V）	1585～1590	教皇國 格羅塔姆馬 雷	
229	教宗烏爾班七世 （Papa Urbanus VII）	1590/9/15～ 1590/9/27	教皇國 羅馬	
230	教宗格利葛雷 十四世 （Papa Gregorius XIV）	1590～1591	米蘭公國 索姆馬隆巴 爾多	
231	教宗英諾森九世 （Papa Innocentius IX）	1591/10/29～ 1591/12/30	教皇國 波隆納	

232	教宗克雷門斯八世 （Papa Clemens VIII）	1592～1605	教皇國 法諾	1598年，法王亨利四世頒布《南特詔書》，訂定羅馬公教為法蘭西具政治地位的宗教，並給予胡格諾教派與公教徒同等的政治權利。
233	教宗利奧十一世 （Papa Leo XI）	1605/4/1～ 1605/4/27	佛羅倫薩共和國 佛羅倫薩	
234	教宗保祿五世 （Papa Paulus V）	1605～1621	教皇國 羅馬	1618年，波希米亞爆發反奧地利起事，奧地利派兵平亂，引發日耳曼各邦、丹麥與瑞典君主反擊，史稱「三十年戰爭」。
235	教宗格利葛雷十五世 （Papa Gregorius XV）	1621～1623	教皇國 波隆納	
236	教宗烏爾班八世 （Papa Urbanus VIII）	1623～1644	佛羅倫薩共和國 佛羅倫薩	在位時對被譽為「現代觀測之父」的天文學家伽利略進行宗教審判。
237	教宗英諾森十世 （Papa Innocentius X）	1644～1655	教皇國 羅馬	

238	教宗亞歷山大七世 （Papa Alexander VII）	1655～1667	佛羅倫薩共和國 錫耶納	1656年下敕諭，允許中國天主教徒祭祖祭孔。
239	教宗克雷門斯九世 （Papa Clemens IX）	1667～1669	佛羅倫薩共和國 皮斯托亞	
240	教宗克雷門斯十世 （Papa Clemens X）	1670～1676	教皇國 羅馬	
241	教宗英諾森十一世 （Beatus Innocentius Papa XI）	1676～1689	米蘭公國 科莫	1680年，啟蒙運動興起。 1689年，英王威廉三世簽訂《權利法案》，接受限制王權，保障國會力。 1689年，中、俄簽訂《尼布楚和約》，是中國與歐洲國家所簽訂的第一個條約。
242	教宗亞歷山大八世 （Papa Alexander VIII）	1689～1691	威尼斯共和國 威尼斯	

243	教宗英諾森十二世 （Papa Innocentius XII）	1691～1700	米蘭公國 斯皮納佐拉	
244	教宗克雷門斯十一世 （Papa Clemens XI）	1700～1721	教皇國 烏爾比諾	1701年，英格蘭通過《王位繼承法》，確立英國國會至上地位。 1707年，英格蘭與蘇格蘭合併，成立「大不列顛聯合王國」，簡稱英國。
245	教宗英諾森十三世 （Papa Innocentius XIII）	1721～1724	教皇國 波利	
246	教宗本篤十三世 （Papa Benedictus XIII）	1724～1730	那不勒斯共和國 普利亞格拉維納	
247	克雷門斯十二世 （Papa Clemens XII）	1730～1740	佛羅倫薩共和國 佛羅倫薩	
248	教宗本篤十四世 （Papa Benedictus XIV）	1740～1758	教皇國 波隆納	

249	教宗克雷門斯 十三世 （Papa Clemens XIII）	1758～1769	威尼斯共和 國 威尼斯	
250	教宗克雷門斯 十四世 （Papa Clemens XIV）	1769～1774	教皇國 聖阿爾坎傑 洛—迪羅馬 涅	
251	教宗庇護六世 （Papa Pius VI）	1775～1799	教皇國 切塞納	1776年，北美發表《獨立宣言》，宣布解除與英王的隸屬關係，成立美利堅合眾國（簡稱美國），行邦聯制，各州保留獨立地位。 1778年，美國獨立戰爭結束，英國承認美國獨立。 1789年，法國大革命爆發。 1792年，丹麥禁止販賣黑奴，自此西方各國興起廢奴運動，陸續禁止販賣奴隸。 1792年，法國第一共和誕生。 1799年，拿破崙發動「霧月政變」，行獨裁統治。

252	教宗庇護七世（Papa Pius VII）	1800～1823	教皇國 切塞納	1804年，法國《拿破崙法典》頒訂，成為近代民法的典範；同年，拿破崙自立皇帝，為法蘭西第一帝國。
				1804年，奧地利大公法蘭西斯二世改稱皇帝，改名法蘭西斯一世，建立奧地利帝國。
				1806年，奧地利皇帝法蘭西斯一世放棄神聖羅馬帝國帝號，自此再無神聖羅馬皇帝尊號。
				1809年，法國併吞羅馬教皇國，囚禁教宗庇護七世。
				1813年，法國遭英、俄、普魯士聯軍打敗，拿破崙遭放逐。
				1814年，教宗庇護七世復辟羅馬教皇國。
				1815年，拿破崙重返法國，史稱「百日之變」重掌政權，但於滑鐵盧一役遭擊敗，法蘭西第一帝國滅亡。

253	教宗利奧十二世（Papa Leo XII）	1823～1829	教皇國 真加	
254	教宗庇護八世（Papa Pius VIII）	1829～1830	教皇國 欽戈利	
255	教宗格利葛雷十六世（Papa Gregorius XVI）	1831～1846	威尼斯共和國 貝盧諾	1837年，英國維多利亞女王即位，執政期間為英國「日不落國」時代，也被稱為「維多利亞時代」。
256	教宗庇護九世（Beatus Pius Papa IX）	1846～1878	教皇國 塞尼加利亞	1848年，法國二月革命爆發，法蘭西第二共和成立。 1848年，羅馬教皇國頒布憲法，行君主立憲制，隔年爆發革命，反對者成立羅馬共和國，後遭法國出兵推翻，恢復教皇統治和君主專制政體。 1851年，法國總統路易‧拿破崙發動政變，隔年改稱皇帝，為拿破崙三世，建立法蘭西第二帝國。 1861年，美國南北戰爭爆發。 1861年，俄皇亞歷山大二世廢除農奴制，歐洲農奴制度結束。

256				1862年，俾斯麥任普魯士首相，任內完成德意志統一，為德意志帝國首任總理，人稱「鐵血宰相」。 1867年，日本明治天皇開始明治維新。 1869年，第一屆梵諦岡會議，發表「教宗不謬性」教條。 1870年，普法戰爭爆發，法蘭西第二帝國被推翻，成立法蘭西第三共和。 庇護九世是教皇國最後一位君主，也是歷史上在位時間最長的教宗。在羅馬於1870年被皇家義大利軍攻陷並被併入義大利王國後，他避居至梵蒂岡內，並自稱為「梵蒂岡之囚」，此後直到1929年各教宗都自我囚禁於梵蒂岡內。
257	教宗利奧十三世 （Papa Leo XIII）	1878～1903	法國 卡皮內托羅馬諾	在位期間拉近教會與現代社會的差距，在政治方面對「自由主義」與「反教會主義」不讓步，承認現代文化有「善」也有「惡」。批准成立天主教工會組織，開啟現代神

			學。
257			1890年，埃及出土猶大福音，內容記載猶大受耶穌之命向當局告密，成全耶穌殉道，顛覆傳統《聖經》歷史。
258	教宗聖庇護十世（Sanctus Pius Papa X）	1903～1914	義大利王國列塞	1905年，法國宣布政教分離，教士薪資不再由國家負擔，天主教地位與其他宗教平等。
259	教宗本篤十五世（Papa Benedictus XV）	1914～1922	義大利王國熱那亞	1914年，爆發第一次世界大戰。 1917年，俄國列寧發動革命，成立蘇維埃政府。 1918年，俄國退出第一次世界大戰，定國名為俄羅斯蘇維埃聯邦社會主義共和國，由共產黨把持中央政府掌握大權。此後西方各國社會主義政黨左派紛紛改稱共產黨。 本篤十五世在任內主張消除東西方教會的隔閡，對國際和平的努力受人尊敬，土耳其的伊斯蘭教徒在首都伊斯坦堡在他逝世後豎立雕像，紀念「為全人類的保護者，無分國籍與信仰」。

| 260 | 教宗庇護十一世
（Papa Pius XI） | 1922～1939 | 義大利王國
迪塞奧 | 1922年，義大利莫索里尼發動政變，占領羅馬，行法斯西專政。

1929年，義大利墨索里尼與教宗庇護十一世簽訂《拉特蘭條約》，承認教廷為主權國家，領土位於梵諦岡城，稱為梵諦岡，此條約正式解決教廷與義大利間多年的問題。根據協定，教徒在思想、道德及婚姻方面均受「宗教法」（Canon Law）之約束，離婚需得教會許可。

1938年，德國爆發恐怖之夜，大舉搜捕猶太人。 |
| 261 | 教宗庇護十二世
（Venerabilis
Pius Papa
XII） | 1939～1958 | 義大利王國
羅馬 | 1939年，第二次世界大戰爆發。

1950年，教宗庇護十二世正式宣布聖母升天教條，禁止激進的包括演化論、存在主義與歷史主義的「新神學」。他雖被指責未盡保護猶太人之責，但在對抗共產主義思想上頗為堅定。 |

| 262 | 教宗聖若望廿三世
（Sanctus Ioannes Papa XXIII） | 1958～1963 | 義大利

索托伊爾蒙泰 | 在位期間，建立樞機治教原則，革新教會使之與現代政治及社會變遷相調合，另為了重修與東正教之間的關係，派代表參加普世基督宗教會議。1960年成立「促進基督合一」祕書處，主席為耶穌會的貝亞樞機主教。1961年派代表訪問君士坦丁堡宗主教，並於同年11月在印度新德里召開世界宗教會議。與猶太教修好，刪除彌撒經文中「為固執」的猶民祈禱等字。發表《和平於世》通諭（Peace in Terris）強調以和平與國家平等、合作、互信取代武備競爭。又被稱為和平教宗。

1962年，第二屆梵諦岡大會時，新教及東正教均列席為觀察員。是近代最卓越的教宗之一。 |
| 263 | 教宗保祿六世
（Beatus Paulus Papa VI） | 1963～1978 | 義大利

孔切肖 | 1968年，教宗保祿六世發表《通諭》，譴責以任何不自然方式避孕及節制生育。但他也准許彌撒使用方言主持，繼行樞機治教等開明措施。 |

264	教宗若望保祿一世 （Papa Ioannes Paulus I）	1978/8/26～ 1978/9/28	義大利 卡納萊達戈爾多	首位在生時自稱「一世」的教宗和首位雙名教宗。
265	教宗若望保祿二世 （Sanctus Ioannes Paulus Papa II）	1978～2005	波蘭 瓦多維采	首位波蘭籍教宗。 1979年，首位訪問共產國家的教宗。 1982年，以非國事訪問英國恢復兩國中斷450年的外交關係。 1992年，若望保祿二世公開承認異端裁判所是錯誤的，也為伽利略平反，並向所有曾經遭受羅馬教廷迫害的人道歉。 2003年訪問耶路撒冷時宣稱「猶太人是我們信仰上兄長」。
266	教宗本篤十六世 （Papa Benedictus XVI）	2005～2013	德國 馬克特爾	2010年，教宗本篤十六世赴英國進行國事訪問，是自1534年英王亨利八世與羅馬教會決裂後，首次進行國事訪問的教宗。

| 267 | 教宗方濟各（Papa Franciscus） | 2013～今（2015） | 阿根廷布宜諾斯艾利斯 | 2013年3月13日獲選為教宗，成為首位出身於美洲與耶穌會的教宗，也是繼格利葛雷三世後1300年以來首位非歐洲出身的教宗。2014年將已故教宗若望廿三世及若望二世封聖。同年召開的主教會議中有關接納同性戀者，以及離婚和再婚教徒可領聖餐三個段落，並未被多數（三分之二）主教接納。 |

附錄三　人文藝術百大名家

一、文學類

類別	時間	人物	備註
文學	約前9世紀～前8世紀	荷馬（Homer）	古希臘吟遊詩人，創作史詩《伊利亞德》和《奧德賽》，兩者統稱《荷馬史詩》（Homeric Hymns），不僅具有文學藝術價值，也是史地、考古和民俗學等研究的重要資料。
文學	496B.C./497B.C.～405 B.C./406 B.C.	索福克勒斯（Sophocles）	古希臘悲劇作家，創作量極高，共寫過123個劇本，如今只有7部完整流傳下來。劇作主題多是個人意志與命運的衝突，以《伊底帕斯王》（Oedipus the King）最有名。
文學	480 B.C.～406 B.C.	歐里庇得斯（Euripides）	希臘悲劇大師，共創作90多部作品，保存至今有18部。作品取材自日常生活，出現平民、奴隸、農民等人物形象。現存作品中有12部探討女性心理，以《美狄亞》（Medea）最有名。
文學	70 B.C.～19 B.C.	味吉爾（Virgil）	古羅馬詩人，羅馬人奉為國民詩人，後人則稱他是古羅馬最偉大的詩人。作品《埃涅阿斯記》（Aeneid）長達12卷，敘述了羅馬人的起源。
文學	43 B.C.～17 B.C./18 B.C.	奧維德（Publius Ovidius Naso）	古羅馬詩人，代表作《變形記》描述250個古希臘、羅馬神話傳說，以豐富的想像力，不同的敘述手法，精彩描述許多著名的古代神話傳說，深深影響了中世紀文學與藝術。

文學	1265～1321	但丁 （Dante Alighieri）	歐洲文藝復興時代的開拓者，以史詩《神曲》（Divine Comedy）留名後世。與佩脫拉克、薄伽丘並稱文藝復興三傑。
文學	1343～1400	喬叟 （Geoffrey Chaucer）	英國中世紀作家、哲學家及天文學家，代表作《坎特伯雷故事》（The Canterbury Tales）反映了當時生活和社會全貌，被譽為英國中世紀最傑出的詩人，也是首位葬在西敏寺的詩人。
文學	1547～1616	塞凡提斯 （Miguel de Cervantes Saavedra）	西班牙小說家、劇作家、詩人，被譽為西班牙文學世界裡最偉大的作家。作品《唐吉訶德》（Don Quijote de la Mancha）被視為西班牙最有影響力的作品之一，也是現代西方文學的奠基作品。
文學	1564～1616	莎士比亞 （William Shakespeare）	英國最傑出的戲劇家與文學家，作品流通全球，擁有各種語言譯本與改編版本，表演次數遠多於其他任何戲劇家的作品。
文學	1572～1631	約翰‧鄧恩 （John Donne）	17世紀英國玄學派詩人，作品包含十四行詩、愛情詩、宗教詩、拉丁譯本、雋語、輓歌、歌詞等。擅長運用獨特字彙的巧喻，陳述人與神之間的關係，對現代詩歌的產生有很大影響。
文學	1608～1674	彌爾頓 （John Milton）	英國詩人與思想。以依據《舊約聖經‧創世紀》而撰寫的史詩《失樂園》（Paradise Lost），和反對書報審查制的《論出版自由》（Areopagitica; A speech of Mr. John Milton for the

			liberty of unlicensed printing to the Parliament of England）聞名於後世。
文學	1749～1832	歌德（Johann Wolfgang von Goethe）	德國戲劇家、詩人、自然科學家和政治人物，是德國古典主義最著名的代表。作品《少年維特之煩惱》與《浮士德》反映了人類追求生命意義的偉大精神，奠定歌德在世界文學史上的崇高地位。
文學	1775～1817	珍・奧斯汀（Jane Austen）	19世紀英國小說家，世界文學史上最具影響力的女性文學家之一。代表作《傲慢與偏見》（Pride and Prejudice），以細緻入微的觀察和活潑風趣的文字著稱。
文學	1795～1821	濟慈（John Keats）	英國著名的浪漫主義詩人，與拜倫、雪萊齊名，因受疾病與經濟問題困擾，26歲逝世。作品有《希臘古甕頌》（Ode on a Grecian Urn）、《夜鶯頌》（Ode to a Nightingale）。
文學	1799～1837	普希金（Aleksandr Sergeyevich Pushkin）	俄國文學家、詩人、俄國現代文學奠基者，19世紀俄國浪漫主義文學代表。他的敘述風格結合戲劇性、浪漫主義和諷刺於一體，作品多被改編成歌劇、舞蹈、話劇、兒童劇和電影。
文學	1812～1870	狄更斯（Charles Dickens）	英國維多利亞時期最偉大的作家，擅長以高超技巧描繪社會現象，揭露和批判現實生活。代表作品有《孤雛淚》、《雙城記》、《塊肉餘生錄》等。作品呈現懲惡揚善的人道主義精神，塑造令人難忘的人物形象，深受各地

			讀者喜愛，對英國文學和世界文學有卓越貢獻。
文學	1819～1880	喬治‧艾略特（George Eliot）	英國19世紀維多利亞時期三大小說家之一，擅長以深刻方式描述平凡的人事物，開創了現代小說常用的心理分析創作方式。代表作品有《佛羅斯河畔上的磨坊》、《米德爾馬契》等。
文學	1819～1891	梅爾維爾（Herman Melville）	美國小說家、散文家和詩人，被視為美國首位現代主義詩人，但部分評論家認為他的作品更富有後現代主義色彩。代表作《白鯨記》（Moby-Dick），被認為是美國最偉大的長篇小說之一。
文學	1821～1881	杜斯妥也夫斯基（Fyodor Mikhailovich Dostoyevsky）	俄國作家，擅長描寫19世紀俄國社會底層小人物的心聲。其文學風格對20世紀世界文壇產生深遠的影響。代表作有《罪與罰》（Crime and Punishment）、《白痴》（The Idiot）以及《卡拉馬助夫兄弟》（The Brothers Karamazov）。
文學	11828～1910	托爾斯泰（Leo Nikolayevich Tolstoy）	俄國小說家、哲學家、思想家。著有《戰爭與和平》（War and Peace）、《安娜‧卡列尼娜》（Anna Karenina）和《復活》（Resurrection），被認為是世界最偉大的作家之一。
文學	1871～1922	普魯斯特（Marcel Proust）	法國意識流文學大師。代表作《追憶似水年華》（In Search of Lost Time）以「我」為主體，貫穿全作情節，融合所見所聞與內心情感，對20世紀中後期文學產生重要影響。

文學	1865～1939	葉慈 （William Butler Yeats）	愛爾蘭詩人、劇作家。早年創作具有浪漫主義華麗風格，在親身參與愛爾蘭民族主義政治運動後，作品趨近現代主義。1923年，以其高度藝術化且洋溢著靈感的詩展現了整個民族的靈魂，而獲得諾貝爾文學獎。
文學	1882～1941	喬伊斯 （James Augustine Aloysius Joyce）	愛爾蘭現代主義作家、詩人，雖然旅居他國，但大部分創作都以愛爾蘭為背景和主題。代表作《尤利西斯》（Ulysses）、《芬尼根的守靈夜》（Finnegans Wake）。
文學	1888～1965	湯瑪士・艾略特 （Thomas Stearns Eliot）	美國出生的英國詩人、評論家、劇作家，其創作與評論對20世紀英美現代文學具有開拓作用。由於他對現代詩具有先鋒性的卓越貢獻，1948年獲得諾貝爾獎文學獎。代表作品有《荒原》、《四個四重奏》等。
文學	1897～1962	福克納 （William Cuthbert Faulkner）	美國小說家、詩人和劇作家，美國意識流文學代表人物。作品常不按照時空順序來組織情節，大量使用象徵和隱喻，既具現實，又有豐富想像。1949年獲得諾貝爾文學獎。代表作品有《喧譁與騷動》、《我彌留之際》等。

二、音樂類

類　別	時　間	人　物	備　注
音樂	1678～1741	韋瓦第 （Antonio Vivaldi）	義大利神父、巴洛克音樂作曲家，小提琴演奏家。創作了許多聖歌、歌劇和樂器協奏曲（尤其是小提琴協奏曲）。最著名的作品是《四季》。
音樂	1685～1750	巴哈 （Johann Sebastian Bach）	德國巴洛克音樂作曲家，傑出的管風琴、小提琴、大鍵琴演奏家，被尊稱為「西方現代音樂之父」，也是西方文化史上最重要的人物之一。
音樂	1685～1759	韓德爾 （George Frideric Handel）	巴洛克音樂作曲家，出生於德國，後來定居並入籍英國。創作歌劇、神劇、頌歌及管風琴協奏曲，代表作《彌賽亞》。逝世前15年失明，深受世人尊重。葬禮享有國家級的榮譽，安葬於西敏寺。
音樂	1732～1809	海頓 （Joseph Haydn）	奧地利作曲家，古典主義音樂的傑出代表。作品幽默、明快，含有宗教式的超脫。他將奏鳴曲式從鋼琴發展到弦樂重奏上，被譽為交響樂之父和弦樂四重奏之父，綽號「海頓爸爸」。
音樂	1756～1791	莫札特 （Wolfgang Amadeus Mozart）	出生於奧地利薩爾茲堡，逝世於維也納，是歐洲偉大作曲家。作曲風格兼具旋律感及藝術性，令人感受到音樂由巴洛克時期轉向古典主義時期的不同。雖然英年早逝，但留下許多重要作品，內容涵蓋了當時所有的音樂類型。

音樂	1770～1827	貝多芬 （Ludwig van Beethoven）	集古典主義大成的德國作曲家，也是鋼琴演奏家，其作品對音樂發展有深遠影響，被尊稱為樂聖。同時，他也改變了作曲家的地位，從接受委託進行創作，轉變成以音樂表達自己情感與想法的藝術家。
音樂	1792～1868	羅西尼 （Joaquin Rossini）	義大利浪漫主義樂派歌劇作家，其作品呈現強烈戲劇性與優美旋律，並具有鮮明的民族感情，能引發廣大共鳴，被譽為義大利歌劇藝術的復興者。同時，他也確立了義大利歌劇向現代邁進的作曲方向。
音樂	1797～1828	舒伯特 （Franz Schubert）	奧地利作曲家，作品有抒情曲、敘事曲、愛國歌曲，也有源於民間音樂的歌曲。他也將詩人作品寫成歌曲，讓音樂與詩歌緊密結合。
音樂	1810～1849	蕭邦 （Frederic Chopin）	波蘭作曲家、鋼琴家，被喻為鋼琴詩人，是歐洲19世紀浪漫主義音樂的代表人物。其作品以鋼琴曲為主，雖然技巧艱深，但他從不以炫技為最終目的，而是更注重詩意和細膩的情感。
音樂	1809～1847	孟德爾頌 （Felix Mendelssohn-Bartholdy）	德國猶太裔作曲家，身兼鋼琴家、指揮、作曲家、教師等多重身分。作品富有詩意，曲式完美嚴謹。獨創無言歌的鋼琴曲體裁，對於標題音樂和鋼琴藝術的發展都深具影響。

音樂	1813～1901	威爾第 （Giuseppe Verdi）	義大利作曲家，19世紀最有影響力的歌劇作家之一。他遵循以聲樂為中心的義大利歌劇傳統，創作優美旋律與戲劇性結構的作品，受到世界各地愛樂者的喜愛。
音樂	1813～1883	華格納 （Richard Wagner）	德國作曲家、歌劇作家。他整合詩歌、視覺藝術、歌劇及劇場，並將這些概念放入歌劇《尼伯龍根的指環》中。因他在政治、宗教、思想層面的複雜性，成為歐洲音樂史上最具爭議的人物。
音樂	1825～1899	小約翰・史特勞斯 （Johann Strauss II）	奧地利作曲家，被譽為「圓舞曲之王」，為19世紀維也納圓舞曲的流行作出了巨大貢獻。圓舞曲代表作是《藍色多瑙河》，他創作的波爾卡、進行曲以及輕歌劇也相當著名。
音樂	1833～1897	布拉姆斯 （Johannes Brahms）	德國新古典主義作曲家，新古典樂派領導者。生於漢堡，逝世於維也納，創作過許多鋼琴曲、室內樂、交響樂及合唱曲。
音樂	1838～1875	比才 （Georges Bizet）	法國作曲家，代表作是歌劇《卡門》。他譜寫了將近10首歌劇，管弦樂作品中以戲劇配樂《阿萊城姑娘》最受人們喜愛。
音樂	1840～1893	柴可夫斯基 （Pyotr Ilyich Tchaikovsky）	俄羅斯浪漫樂派作曲家，擅長譜寫管弦樂、芭蕾、歌劇。他主張用現實主義手法來表現歌劇，作品雖屬浪漫風格，但有民族樂派特徵。

音樂	1858～1924	普契尼 （Giacomo Puccini）	義大利作曲家，著名作品有《波希米亞人》、《托斯卡》與《蝴蝶夫人》。他的作品內容真實，情感激烈，並直接採用各國民歌曲調，仔細考究歌劇中異國場景的時空或文化。
音樂	1860～1911	馬勒 （Gustav Mahler）	奧地利作曲家、指揮家。作品主題變化多端，深富自傳色彩，大部分是個人人格與情感的寫照。此外，在他的作品中也能找到許多民謠。
音樂	1862～1911	德布西 （Claude Debussy）	法國作曲家，印象樂派的代表人物。他在法國音樂傳統的影響下，結合東方音樂、西班牙舞曲和爵士樂的特點，以法國印象派藝術手法，共同運用到音樂上。
音樂	1873～1943	拉赫曼尼諾夫 （Sergei Rachmaninoff）	俄國出生，1943年臨終前入美國籍的作曲家、指揮家及鋼琴演奏家。作品具俄國色彩，悲切哀傷，流露真情，優美而富於旋律。其鋼琴作品以難度見稱。
音樂	1875～1937	拉威爾 （Maurice Ravel）	法國作曲家和鋼琴家，印象樂派代表人物。音樂講求精準度，以纖細、豐富和尖銳著稱，同時帶有西班牙風格。
音樂	1876～1946	法雅 （Manuel de Falla）	西班牙作曲家，致力於西班牙民族音樂復興，作品多以愛情故事或西班牙風俗為題材，音樂包含西班牙歷史文化，並融合不同族群的音樂語言。

音樂	1882～1971	史特拉汶斯基（Igor Stravinsky）	俄國作曲家，1934年歸化法國，1945年入籍美國。他是20世紀現代音樂的傳奇人物，作品數量眾多，風格迥異，被譽為音樂界的畢卡索。
音樂	1898～1937	蓋希文（George Gershwin）	美國作曲家，出生於紐約布魯克林的俄國猶太移民家庭。他結合古典音樂、爵士樂和布魯斯，成為舞臺劇與電影歌曲的創作。這樣的組合成為後人在爵士樂或歌曲創作時仿效的對象。
音樂	1906～1975	蕭士塔高維奇（Dmitri Shostakovich）	蘇聯時期的俄國作曲家，一生多在蘇聯，卻能聞名西方世界。他的作品融合了後浪漫主義和新古典主義風格，但也有20世紀不協調音色和創作手法。

三、建築類

類別	時間	人物	備註
建築	前5世紀中期	伊克蒂諾（Iktino）	古希臘建築師，巴賽阿波羅神廟與雅典娜帕德嫩神廟的建造者。
建築	前4世紀	皮泰歐（Pytheos）	古希臘建築師，衛城建築群的建造者。
建築	80B.C./70 B.C.～25 B.C.	維特魯威（Marcus Vitruvius Pollio）	古羅馬作家與建築師，著有《建築十書》，是第一本關於建築原理的書籍。
建築	1444～1514	布拉曼帖（Donato Bramante）	義大利文藝復興時期著名建築師，將古羅馬建築轉化為文藝復興時期的建築語言，是復興古代希臘、羅馬建築的第一人。
建築	1475～1564	米開朗基羅（Michelangelo Buonarroti）	文藝復興時期傑出的雕塑家、建築師、畫家和詩人，以人物健美著稱。一生追求藝術完美，堅持自己的藝術思路，其創作風格深深影響後世的藝術家。
建築	1598～1680	貝尼尼（Gian Lorenzo Bernini）	巴洛克時期最重要的義大利藝術家，主要成就在於雕塑和建築設計。他也是畫家、繪圖師、舞臺設計師、煙火設計者和葬禮設計師，影響了17、18世紀的藝術風格。
建築	1624～1683	瓜里尼（Guarino Guarini）	義大利巴洛克建築的代表，活躍於西西里島、杜林、法國、葡萄牙等地。他精通數學，其設計和著作是中歐和北義大利巴洛克建築的主要參考。

建築	1612～1670	勒沃 （Louis Le Vau）	法王路易十四的建築師，法國古典主義中興者，曾參與凡爾賽宮、羅浮宮的設計與建築。
建築	1632～1723	克里斯多夫‧雷恩 （Christopher Wren）	英國巴洛克時期著名建築師及天文學家，被譽為建築界中的莎士比亞。曾參與倫敦災後重建，以及聖保羅大教堂重建。
建築	1646～1708	孟薩 （Jules Hardouin Mansart）	法國建築師，也是法國古典主義和義大利巴洛克建築集大成者，深受法王路易十四喜愛。曾參與設計凡爾賽宮，在當時歐洲享有盛譽。
建築	1741～1825	丹斯 （George Dance）	英國建築師，被譽為創造神祕光線的建築詩人。他將古希臘、羅馬建築風格應用在創作中，並將歌德式和古典主義的建築風格融合在一起，創造出奇特的簡化形式。
建築	1794～1881	托恩 （Konstantin Thon Thurn）	俄國最具代表性的建築師，曾設計大克里姆林宮與救世主大教堂。1868年當選美國皇家建築學院榮譽院士，該榮譽僅頒給歐洲最有名的建築師。
建築	1832～1923	艾菲爾 （Gustave Eiffel）	法國工程師，金屬結構專家、建築師、作家。紐約自由女神的鐵骨架，以及1889年巴黎世界博覽會造的艾菲爾鐵塔，都是他著名的作品。
建築	1841～1918	華格納 （Otto Wagner）	維也納分離學派大師、奧地利建築師、設計家、都市計畫師。他的大量建築作品改變了維也納的城市風貌，呈現19世紀末維也納建築界的革新與探索。他的作品和建築理念、思想對後世影響深遠。

建築	1852～1926	高第 （Antoni Gaudi）	西班牙新藝術運動代表人物，極力在自己的設計中追求自然。他的作品幾乎找不到直線，大多採用充滿生命力的曲線與有機型態的物件。
建築	1856～1924	蘇利文 （Louis Sullivan）	美國建築師，功能主義的宗師。他創造了許多現代化摩天大樓，因此被稱為「摩天大樓之父」和「現代主義之父」。
建築	1867～1959	萊特 （Frank Lloyd Wright）	美國建築師、室內設計師、作家、教育家。他創造有機建築理論，相信建築設計應達到人類與環境之間的和諧。作品「落水山莊」被譽為美國史上最偉大的建築物。
建築	1883～1969	羅佩斯 （Walter Gropius）	德國建築師、教育家，現代設計學校先驅包浩斯的創辦人。他的設計令20世紀建築擺脫19世紀各種主義與流派的束縛，大規模朝向商業化。
建築	1887～1965	科比意 （Le Corbusier）	法國建築師、室內設計師、雕塑家、畫家，20世紀新建築代表人物，被稱為「功能主義之父」。他致力於讓居住在擁擠都市的人們有更好的生活環境，對都市計畫有重要的影響。
建築	1917～	貝聿銘 （Ieoh Ming Pei）	美籍華人建築師，1983年普利茲克獎得主，被譽為「現代主義建築的最後一位大師」。作品以公共建築、文教建築為主，運用鋼材、混凝土、玻璃與石材，設計大量的劃時代建築作品。
建築	1918～2008	烏戎 （Joern Utzon）	丹麥建築設計師，2003年普利茲克獎得主。他的設計理念大膽前衛，最著名的作品是雪梨歌劇院。

建築	1928～2000	百水 （Friedensreich Hundertwasser）	奧地利畫家、雕塑家，主張環保與自然。作品具有強烈的個人藝術見解，常出現線條、鮮亮顏色、有機結構、人類和自然的調和，是奧地利20世紀晚期最重要的藝術家。
建築	1935～	福斯特 （Norman Foster）	英國建築師，1999年普利茲克獎得主。他是高科技建築師的代表，設計金融證券類商業建築和機場，引導英國當代建築潮流。
建築	1941～	安藤忠雄	日本建築師，1995年利茲克獎首位得主。他的建築理念緊扣著日本文化精神，並包容各種文化的優點，創造出屬於自己的風格。
建築	1950～	薩哈·哈迪 （Zaha Hadid）	伊拉克裔英國建築師，2004年普利茲克獎首位女性得主。因其前衛藝術風格而聞名世界。

四、美術類

類別	時間	人物	備注
美術	1267～1337	喬托 （Giotto di Bondone）	義大利畫家與建築師，對義大利文藝復興運動影響深遠，被譽為「西方繪畫之父」。
美術	1445～1510	波提且利 （Sandro Botticelli）	義大利文藝復興初期畫家，深受麥第奇家族喜愛。他創作的宗教畫與寓意畫（以神話或歷史為題材）都饒富詩意，且具有精緻明淨的獨特畫風。
美術	1452～1519	達文西 （Leonardo da Vinci）	義大利文藝復興時期全才型人物，是畫家、雕刻家、建築師、音樂家、數學家、工程師、發明家、解剖學家、自然科學家和作家，也是文藝復興時期人文主義的代表人物。義大利文藝復興三傑之一。
美術	1483～1520	拉斐爾 （Raffaello Sanzio）	義大利文藝復興三傑之一，是畫家，也是建築師。他的作品呈現安寧、和諧、協調、對稱及恬靜的秩序，具有圓潤柔和的風格。擅長用世俗方式處理宗教題材，如用生活中母親與幼兒的形象將聖母抱聖嬰的畫像加以理想化。
美術	1485～1576	提香 （Tiziano Vecellio）	義大利文藝復興時期畫家，貝尼尼的學生。他打破以往繪畫中的種種規定，創造出如詩般的畫作，並將油畫的色彩、造型和筆觸運用推進到新的境界。

美術	1525～1569	老布勒哲爾 （Pieter Bruegel the Elder）	荷蘭畫家，作品主題政治、社會諷刺、自然素描，幻想、聖經故事畫等。因善於描繪日常生活景象，因此有「農夫老布勒哲爾」的封號。
美術	1577～1640	魯本斯 （Peter Paul Rubens）	法蘭德斯派畫家，巴洛克時期重要人物，也是知名的和平大使。他擅長神話、歷史、宗教及風俗畫，也精於肖像畫及風景畫。
美術	1541～1614	葛雷柯 （El Greco）	西班牙文藝復興時期畫家、雕塑家與建築家。其畫作以彎曲瘦長的身形為特色，融合了拜占庭傳統與西方繪畫風格。他的創作兼具戲劇性與表現主義，被公認是表現主義及立體主義先驅。
美術	1571～1610	卡拉瓦喬 （Caravaggio）	義大利畫家，巴洛克時期重要人物。他排斥理想化及繁複的內容，將一般人畫入作品中。他以生動與寫實的方式，採用當時服飾及現實背景，由於這些革命性的表現技巧，使他飽受非難。
美術	1594～1665	普桑 （Nicolas Poussin）	法國巴洛克時期重要畫家，但屬於古典主義畫派。法國繪畫界推崇他研究文藝復興繪畫的專注，出現了「普桑主義」的派別，主張素描比顏色還重要。
美術	1599～1660	維拉斯奎茲 （Diego Velazquez）	葡裔的西班牙宮廷畫家，下筆謹慎，技巧考究，色調嚴謹。他的肖像畫多以簡單色彩為背景，讓人物的輪廓浮現出來，並表現出各種布料的質感及人的肌膚感。

美術	1606〜1669	林布蘭 （Rembrandt Harmenszoon van Rijn）	歐洲巴洛克藝術代表人物，被稱為荷蘭歷史上最偉大的畫家。林布蘭的作品以光影效果聞名，透過光線和陰影的捕捉，使主角栩栩如生。他的肖像畫與《聖經》故事的繪畫，都呈現出畫家的自我審視，真誠而深刻。
美術	1632〜1675	維梅爾 （Jan Vermeer）	荷蘭畫家，一生都未離開居住的臺夫特（Delft）。他的作品構圖嚴謹，對光影有極為巧妙的運用，善於精細的描寫一個限定的空間，優美的表現出物體本身的光影效果、人物的真實感與質感。
美術	1703〜1770	布雪 （Francois Boucher）	法國洛可可畫家，深諳各種裝飾畫和插畫的製作。他繪畫的主題大多是歷史故事，畫面充滿感性與視覺歡愉。他為皇宮作室內裝飾，為歌劇做道具設計。
美術	1748〜1825	大衛 （Jacques-Louis David）	法國畫家，新古典主義畫代表人物。他從古希臘、羅馬藝術中尋求新題材，開創嚴謹莊重的新畫風，此外也擅長描繪人物與歷史事件，符合了當時法國大革命的需求。
美術	1764〜1828	哥雅 （Francisco Goya）	西班牙畫家，畫風多變，對現實主義畫派、浪漫主義畫派和印象派都有很大的影響，被後人譽為古代大師的延續，現代繪畫之開創者。
美術	1775〜1851	泰納 （Joseph Mallord William Turner）	英國浪漫主義風景畫家，喜歡從大自然中汲取靈感，如暴風雨、極端惡劣或美妙的天氣。他重視光的效果，對印象派繪畫發展有極大影響。

美術	1776～1837	康斯塔伯 （John Constable）	英國19世紀風景畫大師，喜歡描繪眼前的大自然。因不喜愛模仿或追隨時代潮流，故畫作簡單質樸，描繪的都是身邊經常看到的日常事物。
美術	1796～1875	柯洛 （Jean-Baptiste Camille Corot）	法國的風景畫及肖像畫家，被譽為19世紀最出色的抒情風景畫家。經由實地寫生的方式，發展個人敏銳的繪畫技巧，以色調的明度來處理光線、形式和距離。畫風自然，樸素，充滿迷濛的空間感。
美術	1798～1863	德拉克洛瓦 （Eugène Delacroix）	法國浪漫主義畫家，對英國畫風的色彩和技法，以及非洲動物畫深感興趣。1830 年代中期，他開始受到政府器重，接下許多大規模裝飾畫的製作工程，但他最喜愛的仍是色彩豐富的小品畫。
美術	1808～1879	杜米埃 （Honore Daumier）	法國畫家及諷刺漫畫家，以諷刺當持的政治和社會著稱。他的作品是當代生活的見證，帶有敏銳的觀察力，諷刺的誇張作風，並且一針見血的描繪當代的社會生活。
美術	1840～1926	莫內 （Claude Monet）	法國畫家，印象派代表人物和創始人之一，對於色彩的運用相當細膩。他擅長光與影的實驗與表現技法，「印象」一詞就是源自他的名作《印象·日出》。

美術	1841～1919	雷諾瓦 （Pierre-Auguste Renoir）	法國印象派畫家、雕刻家，也是印象派中唯一以致力人物畫為主軸的畫家，但他並未因此忽略風景畫及靜物畫。他的作品以讚頌女性美及純真兒童的肖像畫聞名。
美術	1853～1890	梵谷 （Vincent van Gogh）	荷蘭後印象派畫家，表現主義的先驅。他的畫作具有獨特魅力，在形與色的處理上，用誇張或簡化的方式，減去傳統的光影手法，利用色彩對比取得和諧。他的畫作目前是全球最廣為人知的藝術作品。
美術	1881～1973	畢卡索 （Pablo Picasso）	西班牙畫家、雕塑家和版畫家，是20世紀現代藝術的代表人物。作品變化多端，涵蓋大多數20世紀藝術發展的樣式。

附錄四　世界20大知名博物館

本表依據英國2014年3月25日所發布的統計，介紹世界參觀人數最多的前20名人文藝術博物館。

排 名	博 物 館	地 點	簡 介
1	羅浮宮（Louvre）	法國巴黎	原是監獄與防禦性的城堡，後來成為法國王宮。1793年，法國共和政府決定將收歸國有的皇室收藏集中於羅浮宮，並將其作為博物館向公眾開放。此後不斷擴充收藏，今日擁有藝術收藏達3.5萬件，包括雕塑、繪畫、美術工藝及古代東方、古代埃及和古希臘羅馬等7個門類，主要收藏1860年以前的藝術作品與考古文物。目前成為世界參觀人數最多的藝術博物館。
2	大英博物館（British Museum）	英國倫敦	設館淵源最早可追溯自1753年史隆爵士（Hans Sloane, 1660～1753）的收藏，他的藏品在通過公眾募款籌集博物館建築的資金後，於1759年在倫敦市區附近的蒙塔古大樓（Montague Building）成立並對公眾開放。因日後不斷增加收藏，乃成為今日的樣貌。大英博物館目前擁有1,300多萬件藏品，著名的藏品包括埃及羅塞塔石碑、雅典帕德農神廟的大理石雕刻、中國《女史箴圖》，是一所綜合藝術博物館，也是世界上規模最大、最著名的博物館之一。

3	大都會藝術博物館（Metropolitan Museum of Art）	美國紐約	1872年首次開放，當時位於紐約市第五大道內，之後取得中央公園旁的土地成為永久館址。目前館藏超過200萬件，分屬19個館部，收藏品包括古典藝術、古埃及藝術、歐洲大師的油畫、美國視覺藝術和現代藝術作品。同時還收藏非洲、亞洲、大洋洲、拜占庭和伊斯蘭藝術品，以及眾多世界樂器、服裝、飾物、武器、盔甲等。博物館的室內設計則模仿不同的歷史時期，從一世紀的羅馬風格延續至現代美國。
4	國家美術館（National Gallery）	英國倫敦	1824年成立，是世界上最有價值的博物館之一，以收藏世界名畫為主，如達文西、拉斐爾、魯本斯、林布蘭、梵谷等畫家的傑作。館內分為東、南、西、北四個方位，按年代順序展出13～19世紀的2,300件繪畫作品。該館參觀便捷，完全免費（特展區除外），不僅向公眾開放，也允許兒童進入。
5	梵蒂岡博物館（Vatican Museums）	梵蒂岡	梵蒂岡博物館創建於16世紀，是世界上最小的國家博物館。該館是教皇宮廷，擁有12個陳列館和5條藝術長廊，彙集了希臘、羅馬的古代文物以及文藝復興時期的藝術精華，展現了羅馬天主教會收集、積累的成果。藏品包含卡拉瓦喬、達文西、安傑利科、喬托、拉斐爾、普桑和提香的繪畫作品，以及擁有米開朗基羅壁畫的西斯汀禮拜堂。

| 6 | 泰德現代藝術館（Tate Modern） | 英國倫敦 | 泰德美術館在英國有四個據點，分別是泰德不列顛（1897年成立、2000年重新命名）、泰德利物浦美術館（1988年）、泰德聖艾富思美術館（1993年）以及泰德現代藝術館（2000年），加上網站「泰德線上」（Tate Online），合稱「泰德」。泰德現代藝術館的建築物前身是座落於泰晤士河的河畔發電站，1981年發電站停止運作後，改成國家級現代藝術館，館藏包含馬諦斯、畢卡索以及羅斯柯等大師的作品。 |
| 7 | 國立故宮博物院（National Palace Museum） | 臺灣臺北 | 前身是成立於北京紫禁城外廷的古物陳列所，1965年在臺北現址復院，由國立北平故宮博物院和國立中央博物院合併為現行的組織。其藏品承襲自宋、元、明、清四朝的宮中收藏，再透過各界捐贈和購藏逐年增加，目前擁有新石器時代至今長達8,000年的文物。其中以青銅器、名家書畫、善本古籍和官窯瓷器等收藏最具影響力。名列全球最受歡迎藝術博物館之一，也是研究中國藝術史與漢學研究的重要機構。 |

8	國家藝廊 （National Gallery of Art）	美國華盛頓特區	設於1937年，最早是為了管理兩位富豪所捐贈的義大利藝術收藏。藝廊本身分為東、西兩棟建築，靠地下通道相通。1941年，建築師約翰‧盧梭‧派普（John Russell Pope）所設計的西棟正式開放民眾參觀，主要收藏歐洲中世紀至19世紀的重要畫作與雕塑。東棟則由建築師貝聿銘設計，於1978年開放，主要收藏現代藝術作品。1999年，國家藝廊增設一個雕塑公園。
9	龐畢度中心 （Musée National d'Art Moderne）	法國巴黎	1969年由法國總統龐畢度確定興建，1972年動工，1977年開幕。外觀像石油工廠，本身是一棟高科技建築。建築物由四種顏色所構成，分別是藍色空調、綠色水管、黃色電線管、紅色電梯。龐畢度中心包含四個部分：資訊公共圖書館、法國國立現代藝術美術館（典藏20世紀豐盛的藝術作品）、聲響及音樂研究協會（專門探討當代音樂）、工業設計中心。
10	奧塞美術館 （Musée d'Orsay）	法國巴黎	主要收藏1848～1914年的繪畫、雕塑、家具和攝影作品，其中以印象派畫作的收藏聞名世界。原址本為奧塞車站，1978年被列為受保護的歷史建築，1986年改建成博物館，將原來存放在羅浮宮、國立網球場現代美術館，以及在龐畢度中心法國國立現代藝術美術館的相關藏品，全部集中在奧塞美術館展出。大廳中還保留著原來的車站大鐘，被稱為歐洲最美的博物館。

11	維多利亞與艾伯特博物館（Victoria and Albert Museum）	英國倫敦	成立於1852年，簡稱為「V&A」，是一座工藝美術、裝置及應用藝術的博物館。英國女王維多利亞的丈夫艾伯特親王在成功策劃萬國工業博覽會後，決定在倫敦南肯辛頓區興建博物館，以陳列博覽會的優秀作品和當代名家設計。館內藏品約5百萬件，以歐洲展品居多，但也有中國、日本、印度和伊斯蘭藝術和設計。V&A對設計界與歐洲各博物館具有深遠的影響，吸引無數喜愛藝術與設計之士前來參觀。
12	索菲亞王后國家藝術中心博物館（Reina Sofía）	西班牙馬德里	前身是一座醫院，經改造成博物館後，於1992年正式對外開放。該館雖以收藏世界各地現代藝術品為主，但外國藝術家的作品不多，仍偏重西班牙藝術風格，尤其是19～20世紀西班牙現代風格的轉變。其中以畢卡索、達利、米羅的傑作最受喜愛。
13	現代藝術博物館（Museum of Modern Art）	美國紐約	1929年正式開幕，簡稱「MOMA」。主要收藏品包含油畫與雕塑、攝影、影片與傳媒、建築與設計、印刷品與指南書、繪畫藝術等，是世界最傑出的現代藝術收藏單位之一。博物館外觀呈現典型國際式風格的水平與垂直線條。2000年，現代藝術博物館宣布與英國泰德美術館聯盟，共同投資設立以現代藝術為主的大型網站。

14	韓國國立中央博物館 （National Museum of Korea）	韓國首爾	韓國國立中央博物館正式成立於1996年，原本位於景福宮內的社會教育館內，2005年擴大規模並搬遷到位於龍山家族公園內的現址。館藏舊石器時期到20世紀初的22萬多件文物，在南韓各地共有11個分館。
15	艾米塔吉博物館 （State Hermitage Museum）	俄羅斯聖彼得堡	位於俄羅斯聖彼得堡，共有6座主要建築：冬宮（主要建築，曾是沙皇宮邸）、小艾米塔吉、舊艾米塔吉、艾米塔吉劇院、冬宮儲備庫、新艾米塔吉。艾米塔吉博物館收藏了自石器時代至今的世界文化，約300萬件藝術珍品。
16	國立民俗博物館 （National Folk Museum of Korea）	韓國首爾	此博物館是美國在二戰結束後（1945年）所建立，展示從史前時期到1910年的韓國民俗歷史。最初建於首爾南山，1975年搬到景福宮。1972年，依照韓國傳統歷史建築特徵新建今日建築，1986年以前是韓國國立中央博物館，1993年重新裝修後作為國立民俗博物館重新開館。
17	薩默塞特府 （Somerset House）	英國倫敦	是英國倫敦中部的一幢大型建築，建築主體於1776～1796年間完成，採用新古典主義形式。20世紀晚期，薩默塞特府因舉辦各種展覽活動、音樂表演活動而再度崛起，成為熱門的參觀地點。

18	普拉多博物館（Museo del Prado）	西班牙馬德里	又名普拉多美術館，是西班牙最大的美術館。普拉多博物館繼承皇室珍藏，收藏14～19世紀來自全歐洲的繪畫、雕塑和各類工藝品。除了涵蓋歐洲名家畫作之外，也收藏哥雅的大多數作品。同時，還有眾多西班牙本土畫家的代表作也在此館展示。
19	阿姆斯特丹國家博物館（Rijksmuseum）	荷蘭阿姆斯特丹	原本設立於海牙，1800年開始對外開放，館內收藏以畫作為主。1808年遷移到阿姆斯特丹，1885年將荷蘭歷史與藝術博物館和國家畫廊結合，在現址設立今日的國家博物館。其建築是一座歌德式色彩的紅磚建築，是阿姆斯特丹的重要地標。
20	國立新美術館（The National Art Center）	日本東京	2007年開館，館內沒有收藏品，定位在「森林中的美術館」，主要是利用其國內最頂級展示空間，舉辦展覽會、展示收藏作品和普及美術教育，是一所具有藝術中心功能的新型態美術館。

附錄五　重要國際組織與會議

名　稱	起訖時間	英　文	簡　介
非政府組織		Non-Governmental Organization, NGO	不屬於任何政府、不由任何國家建立的組織，不屬於政府的機構，通常獨立於國家政府。非政府組織通常是非營利組織，他們的基金至少有一部分來源於私人捐款。現在該名詞的使用一般與聯合國或由聯合國指派的權威非政府組織相關。
維吉尼亞議會	1619/7	Virginia Assembly	世界最早的代議制機構。
第一屆大陸會議	1774/9/5	1774 Continental Congress	殖民代表決定終止對英貿易，不接納「唐申德法案」，號召歐洲殖民者加強武裝，準備作戰。
大陸會議	1774～1789	Continental Congress	1776年7月4日通過《獨立宣言》，宣示新國家是獨立的，完全脫離英國，目的是為「圖生存、求自由、謀幸福」，實現啟蒙運動的理想。
制憲會議	1787/5/25～9/17	Constitutional Convention	最終制訂了世界上第一部成文憲法：美利堅合眾國憲法。
紅十字國際委員會	1863～現今	International Committee of the Red Cross, ICRC	紅十字國際委員會是一個公正、中立和獨立的組織，其特有的人道使命是保護戰爭和國內暴力事件受難者的生命與尊嚴，並向他們提供援助。

柏林會議	1878/6/13~7/13	Berlin Conference	在德國柏林舉行的會議,這次會議旨在確定俄土戰爭後巴爾幹半島各國的領土。
巴黎和平會議	1919/1/18	Paris Peace Conference in 1919	在巴黎凡爾賽宮召開的會議,勝利的協約國集團為了解決戰爭所造成的問題,以及奠定戰後的和平,於是召開巴黎和會。
華盛頓會議	1921/11/12~1922/2/6	Conference of Washington	華盛頓會議的議程主要有兩項:一是限制海軍軍備問題;二是太平洋和遠東問題。為此組成兩個委員會:「限制軍備委員會」由英、美、日、法、義五個海軍大國參加;「太平洋及遠東問題委員會」則有九國代表參加,兩個委員會分別進行討論。該會議的主要成果包括三個重要條約:四國公約,限制海軍軍備條約,九國公約。這三個公約統稱「華盛頓條約」。
國際航道測量組織	1921~現今	International Hydrographic Organization, IHO	國際航道測量組織主要為協調各國航道測量部門之間的活動,統一海圖和航海文件。

國際刑警組織	1923～現今	International Criminal Police Organization, ICPO	為聯合國以外，世界上規模第二大的國際組織，包括190個成員國，每年預算逾3,000萬歐元，其運作資金由成員國撥出。其主要責任為調查恐怖活動、有組織罪案、毒品、走私軍火、偷渡、清洗黑錢、兒童色情、科技罪案及貪汙等大型嚴重跨國罪案，不過並無執法權力。
國際結算銀行	1930～現今	Bank for International Settlements, BIS	致力於國際貨幣政策和財政政策合作的國際組織。
卡薩布蘭卡會議	1943/1/14～1/24	Casablance Conference	會議中討論了二戰晚期非洲、地中海、太平洋戰爭和爾後對軸心國作戰問題。本次會議也是美國總統第一次在戰爭期間離開了美國本土。
開羅會議	1943/11/23～11/26	Cairo Conference	第二次世界大戰期間14次高峰會議之一，由中華民國、英國、美國在埃及開羅召開，三國領袖中華民國國民政府軍事委員會委員長蔣中正、英國首相邱吉爾、美國總統羅斯福出席，商討反攻日本的戰略及戰後國際局勢的安排，制定盟軍合作反攻緬甸的戰略及援華方案，會後公布〈開羅宣言〉，要求日本無條件投降，歸還一切侵占的土地，其中包括中國的東北、臺灣與澎湖，以及韓國的獨立。

德黑蘭會議	1943/11/28 ～12/1	Tehran Conference	是由羅斯福、邱吉爾、史達林舉行的第二次世界大戰戰略會議，會中決定開闢第二戰場，並且決定在諾曼第登陸。
國際君主立憲組織	1943～現今	International Monarchist Conference, IMC	一個以宣傳君主主義作為主要任務的國際組織，主張依靠君主的力量保護由於左翼興起而日漸受到威脅的宗教、信仰等。
敦巴頓橡樹園會議	1944	Dumbarton Oaks Conference	第二次世界大戰中，盟國勝利在望，為了協調戰後國際關係，蘇美英三國在華盛頓附近的敦巴頓橡樹園舉行會議，擬訂聯合國成立草案。
雅爾達會議	1945/2/4～2/11	Yalta Conference	在蘇聯克里米亞雅達里瓦幾亞宮內舉行之一次關鍵性首腦會議。這次會議，制定了戰後的世界新秩序和列強利益分配方針，會中決定分區占領德國，並由蘇聯接收中國東北三省，對第二次世界大戰後的世界局勢產生深遠的影響。
波茨坦會議	1945/7/17～8/2	Potsdam Conference	在第二次世界大戰中取得勝利的同盟國一方在此聚首，討論決定如何管理八周前（5月8日）無條件投降的納粹德國、在戰勝德國後一起致力於戰勝日本帝國，以及履行〈開羅宣言〉等對戰後日本處理方式的決定。

阿拉伯國家聯盟	1945～現今	League of Arab States, LAS	由阿拉伯國家組成的地區性國際政治組織。
國際貨幣基金	1945～現今	International Monetary Fund, IMF	為世界兩大金融機構之一，職責是監察貨幣匯率和各國貿易情況、提供技術和資金協助，確保全球金融制度運作正常。
聯合國	1945～現今	United Nations, UN	成立於第二次世界大戰結束後，致力於促進各國在國際法、國際安全、經濟發展、社會進步、人權、公民自由、政治自由、民主及實現持久世界和平方面的合作。
國際復興開發銀行（又稱世界銀行）	1945～現今	International Bank for Reconstruction and Development, IBRD	成立於1945年，初期的宗旨是致力於戰後歐洲復興。法國是第一個從世界銀行得到貸款的國家。1948年以後轉向世界性的經濟援助，通過向生產性項目提供長期性貸款和對改革計畫提供指導，幫助欠發達成員國實現經濟發展。
萬國郵政聯盟	1946～現今	Universal Postal Union, UPU	協調成員國之間的郵務政策的聯合國專門機構。
世界自然保護聯盟	1948～現今	International Union for Conservation of Nature, IUCN	旨在為全球最緊要的環境與發展挑戰尋求系統化解決方案。

世界衛生大會	1948～現今	World Health Assembly, WHA	成立於1948年，是世界衛生組織（WHO）的最高權力機構。世界衛生大會每年5月在瑞士日內瓦的萬國宮召開一次大會，審議世界衛生組織總幹事的工作報告、世界衛生組織的預算報告、接納新會員國等諸多重要的議題。
大英國協	1949～現今	Commonwealth of Nations	英國與其前殖民地國家之間的邦聯，要求其成員國基於共同的歷史背景，彼此獨立但維持自由平等的關係。
北大西洋公約組織	1949～現今	North Atlantic Treaty Organization, NATO	以美國為主導。最早為防衛蘇聯及其附庸而成立的軍事性質國際組織。
美洲國家組織	1952～現今	Organization of American States, OAS	加強美洲大陸的和平與安全；確保成員國之間和平解決爭端；成員國遭侵略時，組織聲援行動；謀求解決成員國之間的政治、經濟、法律問題以及致力著重轉化，促進各國間經濟、社會、文化的合作以及清潔組織社會，加速美洲國家一體化進程。
日內瓦會議	1954/4～1954/7	Geneva Conference	在瑞士日內瓦召開的一次國際性多邊會議。其議程是關於重建印度支那和朝鮮和平的問題。

拉丁語聯盟	1954～現今	Latin Union	1954年由西班牙和前殖民地國家所組成，目前有34個會員國及3個永久觀察員。其官方語言有五種。保護和規劃拉丁語世界共同文化遺產並促進一體化。
萬隆會議	1955/4/18～4/24	Asian-African Conference	是部分亞洲和非洲的第三世界國家在印尼萬隆召開的國際會議，也是有史以來亞非國家第一次在沒有殖民國家參加的情況下討論亞非事務的大型國際會議，主要討論了保衛和平，爭取民族獨立和發展民族經濟等各國共同關心的問題。
歐洲議會	1958～現今	European Parliament	歐洲議會的組成是依照會員國人口的多寡而分配不同的名額，它只有有限的監督權、預算審查權與有限的立法權，並且在某些特定事項上擁有事實的否決權，但仍舊缺少作為一個議會最基本的立法權。

石油輸出國組織	1960～現今	Organization of the Petroleum Exporting Countries, OPEC	協調和統一成員國石油政策和價格，確定以最適宜的手段來維護它們各自和共同的利益；並藉撤除有害和不必要的波動，策劃出不同的方法來確保國際石油市場價格的穩定；給予產油國適度的尊重和穩定的收入；給予石油消費國有效而穩定的供應；並給予石油工業投資者公平的回報。
歐洲自由貿易協會	1960～現今	European Free Trade Association, EFTA	歐洲一個促進貿易的組織。
不結盟政策	1961～現今	Non-Aligned Movement, NAM	成立於冷戰時期，其成員國奉行獨立自主、不與美蘇兩個超級大國中的任何一個結盟的外交政策。
經濟合作與發展組織	1961～現今	Organization for Economic Cooperation and Development, OECD	幫助各成員國家的政府實現可持續性經濟增長和就業，成員國生活水準上升，同時保持金融穩定，從而為世界經濟發展作出貢獻。
亞洲開發銀行	1966～現今	Asian Development Bank, ADB	亞太地區的政府之間金融機構。
世界智慧財產權組織	1967～現今	World Intellectual Property Organization, WIPO	一個致力於促進使用和保護人類智力作品的國際組織。

東南亞國家協會	1967～現今	Association of Southeast Asian Nations, ASEAN	1967年發表《曼谷宣言》成立，目前正式會員10個，主要任務之一為防止區域內共產主義勢力擴張，合作側重在軍事安全與政治中立，冷戰結束後各國政經情勢趨穩，並接納社會主義國家越南等加入。
國際文憑組織	1968～現今	International Baccalaureate Organization	是一個非牟利性質的國際教育基金會，使命宣言是：培養勤學好問、知識淵博、富有愛心的年輕人。
伊斯蘭會議組織	1969～現今	Organisation of Islamic Cooperation	組織的宗旨是促進各成員國之間在經濟、社會、文化和科學等方面的合作；努力消除種族隔離和種族歧視，反對一切形式的殖民主義；支持巴勒斯坦人民恢復民族權利和重返家園的鬥爭；支持穆斯林保障其尊嚴、獨立和民族權利的鬥爭。
安第斯國家共同體	1969～現今	西班牙文：Comunidad Andina, CAN	南美洲安第斯山地區發展中國家區域性經濟合作組織。
法語國協	1970～現今	法文：Organisation internationale de la Francophonie, La Francophonie	由法國及前殖民地國家於1970年所組成，總部在巴黎。目前成員有57國，觀察員20國。法語圈國際組織的格言是「平等、互補、團結」（Égalité, Complémentarité, Solidarité）。

太平洋島國論壇	1971～現今	Pacific Islands Forum	由太平洋諸國參加的國際組織。
八大工業國組織	1975～現今	Group of eight, G8	始於1975年的六大工業國，1976年增為七大，1997確定為八大成員，包括：英、法、義、德、美、加、日本及俄羅斯。促進每年該八大世界經濟先進國的領袖與歐洲聯盟官員在國際貨幣基金世界銀行年會前舉行會談。
西非國家經濟共同體	1975～現今	Economic Community of West African States, ECOWAS	促進西非地區國家的經濟一體化，推動成員國經濟、社會和文化上的發展與合作。
歐洲太空總署	1975～現今	European Space Agency, ESA	歐洲數國政府間的太空探測和開發組織。
東加勒比海國家組織	1981～現今	Organization of Eastern Caribbean State, OECS	跨政府組織，致力於經濟協調和一體化、保護人權和法律權利，並鼓勵東加勒比海各國之間的良好治理和依賴，也執行颱風等自然災害的救援。
海灣阿拉伯國家合作委員會	1981～現今	Gulf Cooperation Council, GCC	包括阿拉伯波斯灣地區的6個國家（即波斯灣六國）在內的政府國際組織和貿易集團，其目標主要針對經濟和社會方面。

南亞區域合作聯盟	1985~現今	South Asian Association for Regional Cooperation	旨在推動南亞人民間友誼、信任與理解的平臺。
里約集團	1986~現今	The Rio Group	拉丁美洲地區負責協調的政治機構，同時也可以代表拉丁美洲國家與世界其他地區或集團進行談判。
亞洲太平洋經濟合作會議	1989~現今	Asia-Pacific Economic Cooperation, APEC	通過非約束性承諾、開放對話、平等尊重各成員意見，不同於世界的其他政府間組織。
中美洲統合體	1991~現今	Central American Integration System, SICA	中美洲國家政府間的組織。該組織以觀察員身分受邀參與聯合國大會，並且在聯合國總部設有常駐代表團。
北極理事會	1991~現今	Arctic Council	高層次國際論壇，關注鄰近北極的政府和原住民所面對的問題。
南方共同市場	1991~現今	Mercosur	成立宗旨為促進自由貿易及資本、勞動、商品的自由流通。
獨立國協	1991~現今	Commonwealth of Independent States Free Trade Agreement, Unescap	蘇聯解體後由部分原蘇聯加盟共和國協調成立的一個國家聯盟。
南部非洲發展組織（南非）	1992~現今	Southern African Development Community, SADC	促進南非地區國家的經濟一體化，推動成員國經濟、社會和文化上的發展與合作。

黑海經濟合作組織	1992～現今	Black Sea Economic Cooperation Organization, BSEC	在促進成員國之間的互動與和諧，以及確保和平，穩定與繁榮鼓勵在黑海地區的友好睦鄰關係。
加勒比海國家聯盟	1993～現今	Association of Caribbean States, ACS	以加勒比海共同體為核心組建，是加勒比海沿岸國家的國際組織，宗旨是推動該地區一體化。
歐洲聯盟	1993～現今	European Union, EU	促進和平，追求公民富裕生活，實現社會經濟可持續發展，確保基本價值觀，加強國際合作。
世界貿易組織	1995～現今	World Trade Organization, WTO	負責監督成員經濟體之間各種貿易協議得到執行的國際組織。
國際民主選舉基金會	1995～現今	The International Institute for Democracy and Electoral Assistance, IDEA	國際民主選舉基金會監督和觀察世界各地的公民投票、人民複決和選舉，與聯合國合作，提供選舉援助。
歐洲安全與合作組織	1995～現今	Organization for Security and Cooperation in Europe, OSCE	世界目前唯一包括所有歐洲國家在內的機構，負責維持歐洲的局勢穩定。

環印度洋區域合作聯盟	1995～現今	The Indian Ocean Rim-Association for Regional Cooperation, IOR-ARC	發布關於貿易和投資狀況的訊息，以幫助環印度洋地區的企業界更好的了解本地區內的貿易和投資障礙。這些訊息的交換是為了拓展區域內貿易。
亞歐會議	1996～現今	Asia-Europe Meeting	亞洲國家和歐洲聯盟國家的政府間論壇。
國際專業管理亞太年會	1996～現今	International Professional Management Assembly- Asian Pacific Region, IPMA-ASIA	專業管理業界交流的國際非營利組織，透過IPMA-ASIA國際會員組織間的會議合作與交流活動，達成在學術研究與專業技術的提升與精進。
葡語國家共同體	1996～現今	葡萄牙文：Comunidade dos Países de Língua Portuguesa, CPLP	1996年以葡萄牙語為官方語言的國家組成的友好論壇，目前成員有8個，多為葡萄牙前殖民地。
亞洲相互協作與信任措施會議	1999～現今	Conference on Interaction and Confidence-Building Measures in Asia	亞洲多國參與的論壇。
亞洲政黨國際會議	2000～現今	International Conference of Asian Political Parties, ICAPP	促進亞洲國家各政黨間的相互交流與合作，增進亞洲國家的相互理解與信任，通過政黨的獨特作用和渠道推動亞洲地區合作。
歐亞經濟共同體	2000～現今	Eurasian Economic Community, EAEC	其成員國公民可無需簽證進出其他成員國。

博鰲亞洲論壇	2001～現今	Boao Forum for Asia	為政府、企業及專家學者等提供一個共商經濟、社會、環境及其他相關問題的高層對話平臺。
非洲聯盟	2002～現今	African Union, AU	屬於集政治、經濟和軍事於一體的全非洲性的政治實體。非洲聯盟於未來有計畫統一使用貨幣、聯合防禦力量、以及成立跨國家的機關，這包括一個管理非洲聯盟的內閣政府。此聯盟的主要目的是幫助發展及穩固非洲的民主、人權、以及能永續發展的經濟，並希望減少非洲內部的武裝戰亂及創造一個有效的共同市場，最終目標是建立「非洲合眾國」。
南美洲國家聯盟	2004～現今	Union of South American Nations, UNASUR	聯盟將合併現有的兩個自由貿易組織南方共同市場和安第斯山國家共同體，建立起一個涵蓋南美洲的自由貿易區。
東亞峰會	2005～現今	East Asia Summit, EAS	每年一次由泛東亞地區16個國家領導人參加的國際會議，東南亞國協（東協）是該會議的領導者。

亞洲基礎設施投資銀行	2015～現今	Asian Infrastructure Investment Bank, AIIB	向亞洲國家和地區政府提供資金以支持基礎設施建設的區域多邊開發機構，成立宗旨在促進亞洲區域的建設互聯互通化和經濟一體化的進程，並加強中國及其他亞洲國家和地區的合作。總部設在中國北京，法定資本為1,000億美元。

參考資料

一、中文書目

Bernie Trilling、Charles Fadel，《教育大未來——我們需要的關鍵能力》，劉曉華譯，臺北：如果出版社，2011年。

Crane Brinton, John B. Christopher & Robert Lee Wolff，《西洋文化史》，劉景輝譯，臺北：皇冠，1982年8月4版。

E. J. Hobsbawn，《二十世紀史——極端的年代》，鄭明萱譯，臺北：麥田，1996年。

E. J. Hobsbawn，《帝國的年代》，臺北：麥田出版社，1997年。

E. J. Hobsbawn，《革命的年代》，臺北：麥田出版社，1997年。

E. J. Hobsbawn，《資本的年代》，臺北：麥田出版社，1997年。

Edward McNall Burns，《西洋文化史》上、下，周恃天譯，臺北：黎明書局，1987年。

Frantz Fanon，《黑皮膚，白面具》，陳瑞華譯，臺北：心靈工坊，2005年。

John Hirst，《你一定愛讀的極簡歐洲史》，席玉蘋譯，臺北：大是文化，2010年。

Samuel P. Huntington，《文明衝突與世界秩序的重建》，黃裕美譯，臺北：聯經，1997年。

W. McNeil，《西方的興起》，郭方等譯，臺北：五南圖書，1990年。

王仟光，《西洋中古史》，臺北：國立編譯館，1984年。

王任光，《中古歐洲史上之政教關係》，臺北：臺灣商務，1972年11月。

王曾才，《西洋近代史》，臺北，正中書局，2003年7月4版。

王曾才，《西洋近世史》，臺北：國立編譯館，1976年。

李邁先，《西洋現代史》，臺北：三民書局，1995年。

施植明，《閱讀巴黎建築群象與歷史印記》，臺北：典藏藝術家庭，2011年。

高亞偉著，《世界通史》，臺北：文和印刷，1980年3版。

瑪克斯·韋伯，《基督新教的倫理與資本主義的精神》，張漢裕譯，臺北：

協志工業叢書，1904年。

《新約聖經 New Testament》，臺中：國際基甸會。

劉明翰，《羅馬教皇列傳》，北京：東方出版社，1995年。

二、中文期刊

《周刊巴爾幹The BALKANS》，臺北：聯華，2015年。

三、英文書目

Richard L. Greave, Civilizations of the World: The Human Adventure, USA: Addison-Wesley Educational Publishers Inc., 1997.

Callum Brines, Concise Dictionary of History, London: Tiger Books International PLC, 1993.

四、網路資源

世界政治史年表，http://www.geocities.com/kfzhouy/Chronc.html

Governments on the WWW，http://www.gksoft.com/govt/

Wikipedia, the Free Encyclopedia，http://en.wikipedia.org/wiki/Main_Page

圖片來源

第一篇書眉：昵圖網
第二篇書眉：維基百科
第三篇書眉：維基百科
第四篇書眉：維基百科
第五篇書眉：維基百科

國家圖書館出版品預行編目資料

西洋史大事長編／陳逸雯, 郡祖威, 沈超群著. -- 三版. --
臺北市：幼獅, 2015.10
面；　公分. --（生活閱讀）
ISBN 978-986-449-020-2（平裝）

1. 西洋史

740.1　　　　　　　　　　　　　　　104016894

・生活閱讀・

西洋史大事長編（三版）
History of the Western World: A Handbook

主　　　編＝李功勤
作　　　者＝陳逸雯、邵祖威、沈超群
出　版　者＝幼獅文化事業股份有限公司
發　行　人＝李鍾桂
總　經　理＝王華金
總　編　輯＝劉淑華
副總編輯＝林碧琪
編　　　輯＝朱燕翔
美術編輯＝華漢電腦排版有限公司
總　公　司＝(10045)臺北市重慶南路1段66-1號3樓
電　　　話＝(02)2311-2832
傳　　　真＝(02)2311-5368
郵政劃撥＝00033368

門市
・松江展示中心：(10422)臺北市松江路219號
　電話：(02)2502-5858轉734　傳真：(02)2503-6601

印　　　刷＝崇寶彩藝印刷股份有限公司　　幼獅樂讀網
定　　　價＝380元　　　　　　　　　　　http://www.youth.com.tw
港　　　幣＝127元　　　　　　　　　　　e-mail:customer@youth.com.tw
三　　　版＝2015.10
書　　　號＝960147

幼獅文化公司／讀者服務卡／

感謝您購買幼獅公司出版的好書！
為提升服務品質與出版更優質的圖書，敬請撥冗填寫後（免貼郵票）擲寄本公司，或傳真
（傳真電話02-23115368），我們將參考您的意見、分享您的觀點，出版更多的好書。並
不定期提供您相關書訊、活動、特惠專案等。謝謝！

姓名：＿＿＿＿＿＿＿＿＿＿＿＿＿＿先生／小姐

婚姻狀況：□已婚 □未婚　職業：□學生 □公教 □上班族 □家管 □其他

出生：民國＿＿＿＿＿＿年＿＿＿＿＿月＿＿＿＿＿日

電話：（公）＿＿＿＿＿＿（宅）＿＿＿＿＿＿（手機）＿＿＿＿＿

e-mail：＿＿＿＿＿＿＿＿＿＿＿＿＿＿＿＿＿＿＿＿

聯絡地址：＿＿＿＿＿＿＿＿＿＿＿＿＿＿＿＿＿＿

1.您所購買的書名：**西洋史大事長編**

2.您通常以何種方式購書？：□1.書店買書 □2.網路購書 □3.傳真訂購 □4.郵局劃撥
　（可複選）　　□5.幼獅門市 □6.團體訂購 □7.其他

3.您是否曾買過幼獅其他出版品：□是，□1.圖書 □2.幼獅文藝 □3.幼獅少年
　　　　　　　　　　　　　　　□否

4.您從何處得知本書訊息：□1.師長介紹 □2.朋友介紹 □3.幼獅少年雜誌
　（可複選）　　□4.幼獅文藝雜誌 □5.報章雜誌書評介紹＿＿＿＿＿報
　　　　　　　　□6.DM傳單、海報 □7.書店 □8.廣播(　　　　　　)
　　　　　　　　□9.電子報、edm □10.其他＿＿＿＿

5.您喜歡本書的原因：□1.作者 □2.書名 □3.內容 □4.封面設計 □5.其他

6.您不喜歡本書的原因：□1.作者 □2.書名 □3.內容 □4.封面設計 □5.其他

7.您希望得知的出版訊息：□1.青少年讀物 □2.兒童讀物 □3.親子叢書
　　　　　　　　　　　　□4.教師充電系列 □5.其他

8.您覺得本書的價格：□1.偏高 □2.合理 □3.偏低

9.讀完本書後您覺得：□1.很有收穫 □2.有收穫 □3.收穫不多 □4.沒收穫

10.敬請推薦親友，共同加入我們的閱讀計畫，我們將適時寄送相關書訊，以豐富書香與心
　　靈的空間：
(1)姓名＿＿＿＿＿＿＿e-mail＿＿＿＿＿＿電話＿＿＿＿＿
(2)姓名＿＿＿＿＿＿＿e-mail＿＿＿＿＿＿電話＿＿＿＿＿
(3)姓名＿＿＿＿＿＿＿e-mail＿＿＿＿＿＿電話＿＿＿＿＿

11.您對本書或本公司的建議：

10045　台北市重慶南路一段66-1號3樓

幼獅文化事業股份有限公司

. . . .

請沿虛線對折寄回

客服專線：02-23112832分機208　　傳真：02-23115368

e-mail：customer@youth.com.tw

幼獅樂讀網http：//www.youth.com.tw